■ 현대성서주석

여호수아

목회자와 설교자를 위한 주석

Joshua

INTERPRETATION

제롬 F. D. 크리치
(Jerome F. D. Creach)

2010

한국장로교출판사

여호수아

목회자와 설교자를 위한 주석

총편집자 제임스 루터 메이스
구약 편집자 패트릭 D. 밀러
신약 편집자 폴 J. 악트마이어

여호수아

저자 : **제롬 F. D. 크리치(Jerome F. D. Creach)**

· 피츠버그 신학교의 구약학 조교수

한·미 공동 주석편집 / 번역위원회 편

번역위원 : **조용식**

· 연세대학교 신학과 및 동대학원 신학과(구약전공)
· 예루살렘 히브리 대학교 성서학과(Ph. D.)
· 영진교회(서울 노원구) 시무 중

이 책은

미국장로교출판사인 Westminster / John Knox Press와의

정식 계약에 의해 번역, 출판되었다.

Jerome F. D. Creach

Joshua

INTERPRETATION

A Bible Commentary
for Teaching and Preaching
tr., by Publishing House of the PCK

INTERPRETATION / 현대성서주석

여호수아

초판발행 2010년 12월 30일 / 2014년 9월 25일 2쇄발행
저자 : 제롬 F. D. 크리치(Jerome F. D. Creach)
번역 : 한·미 공동 주석편집 / 번역위원 조용식

기획 · 편집

기획 · 편집인 : 박노원
미국장로교총회(PCUSA) 한국어자료개발실 김춘자
Rev. Grace Choon Kim
Curriculum and Resource Development, Korean Adult, CMD
100 Witherspoon St. Louisvill, KY 40202-1396, USA
Tel (502)569-5478, 5484 / Fax (502)569-8329, 8263

발행

한국장로교출판사
발행인 : 채형욱
주소 / 110-470 / 서울시 종로구 대학로3길 29
(한국교회100주년기념관 별관)
전화 / (02) 741-4381 / 팩스 (02) 741-7886
등록 / No.1-84(1951. 8. 3.)

ISBN 978-89-398-0212-4 / 978-89-398-0206-3(세트)
Printed in Korea

값 12,000원

한국어판 발간사

새로운 천년이 시작되는 첫해인 2000년 아침에, 한국교회는 현대성서주석시리즈라는 뜻깊은 축복의 선물을 받게 되었다.

한국장로교출판사는 새로운 천년을 맞아 수년 간의 준비와 노력 끝에, Westminster/John Knox 출판사에서 절찬리에 발간되고 있는 Interpretation/현대성서주석시리즈를 번역하여 출간하게 된 것을 자랑스럽게 생각하며, 그 기쁨을 여러분과 함께 나누고 싶다. 이 주석 시리즈는 교회에서 성경을 해석하는 이들에게는 훌륭한 안내자로서, 성경을 가르치고 설교하는 이들에게는 풍부한 말씀의 샘으로써 큰 기여를 하게 될 것으로 믿는다.

이 주석 시리즈의 특징은 역사적 연구와 신학적 이해를 결합시키고, 이를 오늘날의 삶과 신앙에 다양한 방식으로 접근시키는 데에 있다. “21세기 성서해석의 결정판”이라고 불려질 현대성서주석시리즈는 한국교회뿐만 아니라 해외에서 목회하는 한인교회를 위해서도 크게 공헌할 것으로 확신한다.

전 43권으로 발행되는 방대한 주석서를 번역함에 있어서 한국장로교출판사는 먼저 저자들과 상의하여 역자를 선정하기도 하였고, 전문적으로 성서신학을 공부한 분들을 중심으로 번역위원을 구성하였다. 번역작업에 있어서 원서의 어떤 부분은 한국장로교출판사의 신학적 견해와 일치하지 않는 내용이 있음에도 불구하고, 원문에는 충실하였음을 밝힌다. 이렇게 함은 저자들과 Westminster/John Knox 출판사와의 약속에 의한 것이다.

또한 내용에 있어서는 신학적 흐름이 한국의 그것과 다를 수 있으며, 전통적인 입장과는 차이를 보이는 학자들의 견해라도 하나의 학문적인 자료로서 소개되고 있다는 점을 염두에 두기 바란다. 그럼에도 불구하고 이런 학자들의 연구 결과는 목회자들의 설교강단을 풍요롭게 하는 데 적지 않은 도움을 줄 것으로 기대한다.

이 귀중한 작업은 한국장로교출판사 전임 사장 김봉익 목사와 미국장로교총회 회중사역부 김춘자 목사의 노고가 없었다면 이루어질 수 없는 일이었기에 두 분에게 깊은 사의를 표한다.

이 현대성서주석시리즈를 통해서 교회사역의 주요 부분인 설교와 성경공부를 성공적으로 이끌어 갈 수 있기를 기대한다. 또한 새로운 천년을 맞은 한국교회의 강단에, 그리고 선교 21세기의 복음사역에 큰 공헌이 될 수 있기를 간절히 소망한다.

한국장로교출판사
사장 **채형욱** 목사

한국어판 기획·편집에 즈음하여

Interpretation/현대성서주석은 현재 미국의 교회와 신학계를 대표하는 세계 유수의 성서학자들이 오늘의 교회와 목회자들을 위해 각고의 노력을 기울여 집필한 주석 시리즈이다. 이처럼 큰 연구 성과를 오랜 준비 기간을 거쳐 번역, 출간하게 된 기쁨을 한국의 교회와 모든 목회자들과 함께 나누고 싶다.

이 새로운 주석 시리즈는 성경본문의 각 구절들과 낱말들을 일일이 다루기보다는 성경을 가르치고 설교하는 데 사용되는 본문의 단원들을 차례대로 다룸으로써, 설교와 성경공부를 중심으로 하는 목회사역을 성공적으로 준비하는 데 많은 도움을 줄 것이다. 아울러 이 주석은 성경본문이 말하고자 하는 것이 무엇인지를 잘 이해하게 함과 동시에, 그러한 이해를 가지고 오늘날의 삶과 신앙이 안고 있는 문제들과 더불어 대화를 나눌 수 있게 해 줄 것이다. 이로 인하여 오늘날의 교회와 그리스도인들은 성경본문이 오늘의 신앙과 삶에 어떤 의미를 주는지를 분명하게 깨달을 수 있을 것이며, 그것을 자신의 일상적인 삶에 적용하는 데 큰 도움을 얻을 수 있을 것이다.

바라기는 이 주석 시리즈로 인하여 한국교회 강단의 영적인 깊이가 더해지고, 말씀이 더욱 풍성하게 되기를 소원한다. 그리하여 강단마다, 교회마다 생수의 강이 흐르고 생명의 떡을 배설하는 잔치 자리가 되기를 희망한다. 또한 이 성서주석이 한국교회는 물론이고 전 세계에 흩어져 있는 이민 한국목회자들과 그들의 설교와 성경공부 사역에 생명력을 불어넣을 것을 기대한다.

이 번역서는 성서원문에 충실하고자 했으며, 우리말 성경은 개역한글판을 사용하였다. 그리고 때로는 시대적 요청에 맞추어 개역개정판을 사용하기도 하였다. 이 주석의 번역위원들은 국내외의 탁월한 번역가들인 동시에 전문적인 성서학자들이다.

이 주석 시리즈의 번역과 출판은 한국장로교출판사가 1992년에 미국장로교출판사인 Westminster /John Knox Press와 정식으로 계약하여 오늘에 이르렀다. 이 주석의 기획과 편집은 미국장로교총회(PCUSA) 회중사역부 내의 한국어자료개발실 김춘자 목사와 한국장로교출판사 전임 사장 김봉익 목사가 공동으로 추진하였으며, 모든 실무 작업은 한국장로교출판사 편집부에서 수고해 주었다.

그리고 무엇보다도 이 시리즈의 번역사업을 추진함에 있어서, 미국장로교총회 교육부에서 수고하다가 은퇴하여 지금은 '카이로스 연구원'의 책임을 맡은 최창욱 목사와 역시 미국장로교총회 한미목회 총무인 김선배 목사의 도움이 컸다. 이 두 분의 도움에 힘입어 한국장로교출판사는 미국장로교총회 회중사역부 한국어자료개발실과 공동으로 이 주석 시리즈를 기획, 편집, 번역, 출판하기로 협의하여 이제까지 그 작업을 진행하여 왔다. 그동안 협력해 준 번역위원들과 수고한 모든 분들께 마음 깊이 감사를 드린다.

2000년 1월 일

Interpretation / 현대성서주석 한·미 공동기획·편집인

박노원·김춘자

한국어판을 위한 서문

현대성서주석시리즈*(Interpretation : a Bible Commentary for Teaching and Preaching)*를 한국 독자들에게 소개하게 된 것은 영광이며 특권으로 생각한다. 본 주석 시리즈의 편집자들과 저자들은 한국장로교출판사가 본 주석 시리즈에 대해 관심을 갖고 한국어판을 출판하기 위해 기울인 헌신적인 작업을 감사히 여기고 있다.

이 주석의 한국어판을 한국장로교출판사가 출판하는 것은 적절한 일이다. 이 주석은 원래 미국장로교(PCUSA) 안에서 계획하고 준비되었다. 비록 본 주석의 저자들은 다양한 교단의 배경을 갖고 있으나 그 성격과 의도는 전적으로 장로교단이 결정했다. 이 주석은 교회의 예배와 성경공부 모임에서 설교하고 가르치는 일에 있어서 성경이 얼마나 중요한 비중을 차지하는지를 단적으로 입증하고 있다. 이 주석은 성경이 우리에게 하나님의 백성이 무엇을 믿어야 하며, 하나님은 당신의 백성들이 어떻게 살기 원하는지를 가르친다는 확신을 바탕으로 준비되었다.

성경에 대한 이러한 확신과 성경의 가르침에 대한 신뢰는 한국장로교회의 특성이다. 이러한 확신은 한국과 미국의 장로교회를 공부하는 교회로 만들 것이다. 미국교회에서 이미 그 유용성이 입증된 본 주석이 한국에서도 성경공부에 공헌할 수 있기를 간절히 소망한다. 각 주석의 저자들은 디모데후서 3 : 16 이하의 말씀이 얼마나 옳은 말씀인지를 보여 주려고 노력했다 : "모든 성경은 하나님의 감동으로 된 것으로 교훈과 책망과 바르게 함과 의로 교육하기에 유익하니 이는 하나님의 사람으로 온전케 하며 모든 선한 일을 행하기에 온전케 하려 함이니라". 이러한 의도가 한국에서 본 주석을 통하여 이루어지기를 기도한다.

제임스 루터 메이스
총편집자
사이러스 맥코믹 히브리어 / 구약학 명예교수
버지니아 유니온 신학교

Preface for the Korean Edition

It is an honor and a privilege to present *Interpretation : a Bible Commentary for Teaching and Preaching* to Korean readers. The editors and authors of the commentary series are grateful to the editors of the Publishing House of the Presbyterian Church of Korea for their enthusiastic interest in Interpretation and for their devoted work in producing a Korean version.

It is fitting that the Interpretation commentary should be sponsored in Korea by the Publishing House of the Presbyterian Church. The series was planned and developed in the context of the Presbyterian Church in the United States of America. Though its authors come from different churches, it is a thoroughly Presbyterian project in character and purpose. The commentary is a witness to the vital importance of the Holy Scriptures for the gathering and instruction of the Church of Jesus Christ through preaching and teaching. The foundation of the series is the conviction that the Bible provides the knowledge of what the people of God are to believe about God and what kind of life God requires his people to live.

This confidence in the Bible and reliance on its illumination is characteristic of the Presbyterian Church in Korea. It is a confidence that binds the Churches in Korea and in America into a community of study. I earnestly hope that these volumes, which have proved so useful in the American Church, will also prove fruitful for the study of the Bible in Korea. The authors of the individual commentaries have sought to show how the Scripture is "profitable for teaching, for reproof, for correction, and for training in righteousness that the man of God may be complete, equipped for every good work"(2 Timothy 3 : 16f.). I pray that this purpose will be fulfilled in the use of the commentary in Korea.

James Luther Mays
General Editor
Cyrus McCormick Professor Emeritus
of Hebrew and the Old Testament
Union Theological Seminary in Virginia

여호수아

여호수아

차 례

▶ 주 석

시리즈 서문

이 주석 시리즈는 성경 각 권들에 대한 해석을 담고 있다. 이 시리즈는 현대적인 강해 주석을 원하는 학생과 교사, 목회자, 사제 등의 필요에 부응하고자 만들어진 것이다. 이 책들이 역사비평적인 주석이나 설교학적인 보조자료들을 대신할 수는 없을 것이다. 오히려 이 시리즈의 목적은 제3의 자료—곧 성경본문들에 대한 역사적이고도 신학적인 작업의 통합된 결과를 보여 주는 주석—를 제공하는 데에 있다.

본래적인 의미에서 볼 때 해석 작업이라는 것은 본문, 해석자, 그리고 해석을 필요로 하는 사람 등을 포함한다. 여기서 말하는 본문은 '예언자들과 사도들'의 시대 이후로 전해 내려오는 성경의 기록을 가리킨다. 본문은 신앙생활을 가르치고, 그것에 생기를 불어넣고, 또 그것을 인도하려는 목적으로 읽혀진다. 해석자는 본문에 충실하면서도 교회에 유익한 해석을 만들어 내려고 애쓰는 사람이다. 이 시리즈는 성경을 신앙 공동체에서 가르치고, 설교하고, 연구하려는 사람들을 위해 쓰여진 것이다.

이 시리즈의 주석은 일반적으로 강해적인 에세이 형태를 취하고 있다. 그것은 성경을 사용할 때 생겨나는 여러 필요들과 질문들에 비추어 기획되고 쓰여진 것이다. 본 주석 시리즈는 효과적인 강해를 위해 현대적인 학문 연구의 통찰들과 결과들을 충분히 활용하였다. 해석자들은 주석가들로서, 그리고 신학자들로서 이 시리즈를 집필하였다. 그들의 작업은 본문이 말하고자 하는 것을 취급함과 동시에, 그것이 신앙과 생활에 주는 의미를 분별하려는 목적을 가지고 있다. 그러므로 강해는 한 해석자의 통일된 작업의 결과이다.

본 시리즈는 표준개역성경(Revised Standard Version)을 주석의 기초로 삼고자 한다(한글판에서는 '개역한글판' 또는 '개역개정판'을 사용하였다 – 편집위원회 주). 이 영문 번역판의 일반적인 용이성으로 번역본문을 다시금 반복할 필요가 없게 되었으며, 주석 공간을 확보하는 데에도 도움을 주었다. 본 주석은 해당되는 책의 특성에 맞도록 각각의 본문을 세분화하였다. 이 시리즈의 주석은 낱말이나 구절의 의미를 낱낱이 밝히는 방법보다는 모든 본문들을 전체로 취급하는 방법을 취하고 있다.

이 시리즈의 저자들은 자신에게 맡겨진 책들을 강해하는 데 필요한 것들에 맞추어 본 주석서를 기획하였다. 성경의 각 책들은 그 성격이나 내용, 배열 등에 있어서 서로 다르다. 그들은 또한 나름대로 교회의 예전(liturgy)이나 사상, 경건 등에서 사용하는 방식에 있어서도 서로 다르다. 저자들은 주석 방법이나 강조점, 주석 공간의 활용 등에 대한 결정을 내림에 있어서 개개 책들의 독특성이나 용례를 고려하였다. 이 주석 시리즈는 저자들로 하여금 그들의 해석 결과를 가장 잘 드러나게 하는 형식을 개발하도록 허용하였다.

저자들과 편집자들은 이 시리즈가 성경본문들을 바르게 설명하고 적용하는 주석이기를 바라며 또한 성경본문들의 의미와 중요성을 제대로 다루는 훌륭한 해설서이기를 희망한다. 물론 성경 각 권들에 대한 모든 주석은 집필자 자신의 방법론과 그의 독특한 교회관과 세계관을 반영한다. 그것은 달리 집필될 수도 있고, 또 마땅히 그러해야 할 것이다. 따라서 이 시리즈에 있는 해석은 그것이 어떤 종류의 것이든 간에 개별적인(각각의 독특성을 갖고 있다 – 편집위원회 주) 것이다. 그것은 어디까지나 본문에 대한 다양한 해석들 중의 하나에 지나지 않는다. 그러나 교회 안에서 성경을 해석하는 일에 종사하는 모든 이들은 다른 사람들이 성경본문을 어떻게 읽고, 어떻게 해석하는가를 통해서 그들 나름대로의 도움과 자극을 받을 필요가 있다. 만일에 이 주석 시리즈가 그런 식의 해석작업에 이바지하고 또 그것을 자극한다면, 이 시리즈를 준비하고 출판하는 목적을 충분히 이루었다고 볼 수 있겠다.

편집자 일동

저자 서문

어떤 학문적인 작품을 쓴다는 것은 기독교 신앙과 같이 한 공동체의 일이며, 그것은 홀로 성취할 수 없다. 그래서 비록 내 이름으로 이 책이 나오고 여기에 흠이 있는 것은 나의 책임이지만, 이 책을 더 좋은 작품으로 만들도록 영향을 끼치신 많은 분들을 인정하지 않는다면 나는 무책임한 사람일 것이다. 나는 이 전집의 편집자들인 제임스 루터 메이스(책임 편집자)와 패트릭 D. 밀러(구약 편집자) 씨에게 이 주석을 쓰도록 호의를 베푼 것과 여호수아서를 신학적으로 서술하는 것에 관하여 귀중한 통찰력을 주신 것에 대해 감사한다. 여기에 덧붙여 그분들이 내가 바톤 칼리지에서 피츠버그 신학교로 자리를 옮기는 것 때문에 작업 기간이 길어졌음에도 불구하고 이해해 주신 것에 특히 감사한다.

피츠버그 신학교의 많은 동료들이 지원과 편달을 아끼지 않았다. 특별히 그중에 셋은 내가 그들의 전문적인 의견을 참조하도록 허락함으로써 이 책을 개선시켜 주었다. 나는 여호수아서와 관계된 역사적, 고고학적, 비성서적 자료들에 관한 론 태피와의 대화를 통해서 덕을 보았다. 존 버기스는 기독교 교리와 관련된 문제들에 대해서는 준비된 정보의 원천이었다. 나는 또한 신약 전공 동료인 데일 앨리슨으로부터 많이 배웠다. 성서와 외경과 위경 본문들에 관한 그의 백과사전적 지식, 그리고 성서 전승 안에서의 폭력 문제에 대한 그의 논문은 수많은 2차 자료들로 인도해 준 것은 말할 것도 없고, 생각을 살찌게 했다. 학과 동료들 외에 원고 준비에 도움을 준 학과 직원들인 케이시 앤더슨과 쉐릴 길리런에게 감사해야 한다.

수없이 많은 그룹들이 여호수아서에 대한 나의 이런저런 초창기 생각을 기꺼이 경청해 주었는데, 나는 또한 그들의 통찰력에 감사한다. 나는 혼자 또는 내 아내 페이지와 함께 여호수아서의 여러 부분을 세 군데의 교회(First Baptist Church, Wilson, N. C. ; First Presbyterian Church, Rocky Mount, N. C. ; The Presbyterian Church, Sewickley, Pa.)와 피츠버그의 West Hills Ministerial Association에 있는 은퇴 선교사들 과정에서 가르쳤었다. 2002년 봄에 피츠버그 신학교에서 진행한 여호수아서와 사사기 세미나는 여러 개념들을 시험해 볼 수 있는 유익한 정황을 제공해 주었다.

마지막으로, 나는 이 책을 가장 집중적으로 지원해 준 사람, 그리고 이 책을 쓰는 데 가장 많이 희생한 사람에게 감사해야만 한다. 나의 아내 페이지는 지치지 않고 격려해 주었다. 그녀는 또한 초고마다 읽고서는 규칙적으로 복음서를 설교하는 사람의 관점에서 귀중한 조언을 해 주었다. 우리 아이들 아데어와 데이비스는 비록 이 일을 방해할 때조차도 이 작업을 하는 내내 끊임없는 기쁨의 원천이었다. 여호수아서는 그 앞에 있는 신명기와 마찬가지로 다음 세대에게 신앙을 전달하는 것에 관하여 최상의 관심을 갖고 있다는 사실만으로도 이 책을 아이들에게 헌정하는 데 적합하다.

서 론

성서와 교회신학에서 여호수아의 위치

여호수아서는 이스라엘을 위해 행하신 하나님의 전능하신 행사들에 관한 성서의 가장 위대한 증언들 중의 하나이다. 여호수아서는 어떻게 주님께서 이스라엘에게 가나안 땅을 주셨는지(수 1-12장), 그리고 어떻게 그 땅이 기업으로 할당되었는지를(수 13-19장) 보도하고 있는데, 이것은 아브라함에게 하셨던 약속의 성취이다(창 12 : 7 ; 15 : 12-16). 신앙을 촉구하는 결론과 함께(수 23-24장) 이러한 이야기는, 그 자료들이 어떻게 형성되었든 구약의 신학과 문학의 핵심이다. 히브리 성서의 분류에서 여호수아서는 전기 예언서의 첫 번째 책이다. 정경의 그러한 분류는 여호수아서가 자신이 뒤따르고 있는 창세기~신명기, 곧 율법에 순종할 것을 촉진한다는 사실을 강조한다. 참으로 여호수아 서두(수 1 : 7-8)의 토라 준수 강조는 오경을 가나안에서의 이스라엘 삶의 핵심 권위서로, 이스라엘 사회에 대한 후기 예언서(이사야로부터 말라기까지)의 평가 지침서로 확립한다. 더 나아가서, 말라기 4 : 4과 함께 여호수아 1 : 7~8은 예언문서 전체를 모세의 법과 연결시키는 틀을 이룬다.

학자들은 구약성서가 세 부분으로 형성되기 전에, 따라서 여호수아서가 '예언서'의 첫 번째 책이 되기 전에 여호수아서는 그 주위에 있는 다른 자료들과 문학적 관련이 있다는 사실을 인식해 왔다. 그럼에도 불구하고 여호수아서가 원래 어떻게 만들어졌는지에 대한 두 개의 주요 가설들은 여호수아서의 중요성을 확증해 준다. 주된 이론은 여호수아서가 원래는 신명기에서 열왕기까지 뻗어 있는 문학적 단위인 신명기 역사의 일부분이었다는 것인데, 신명기 역사는 이스라엘이 심판을 받아야만 되는 기준으로 종교적 순수성에 대한 신명기의 인식을 고취한다. 다르게 말하면, 여호수아서는 신명기와 함께 읽히도록 의도되었는데, 정경적인 목적 때문에 후에 신명기로부터 분리되었다는 것이다. 그러나 신명기 역사에서 여호수아서의 중요성은 유대교 정경 안에서의 중요성과 유사하다. 말하자면, 여호수아서는 그 땅에서의 이스라엘의 성공적인 삶을 위한 주된 요구로써 모세의 가르침을 고수할 것을 심어 준다.

여호수아서의 형성에 대한 또 다른 이론은 여호수아가 '육경'(a Hexateuch)의 일부분으로 시작되었다는 것인데, '육경'은 창세기 12장에서 하나님이 이스라엘에게 가나안 땅을 주시겠다고 약속하신 것에서 시작하여, 여호수아서에서 그 약속의 성취가 이루어지는 이스라엘의 구원사를 말하고 있다. 이 이론은 여호수아서의 '기원'을 설명하는 데는 거의 쓰이지 않는다(여호수아서와 창세기-민수기 사이의 몇 가지 문학적 관련성은 여호수와서와 신명기서의 관계에 비해서는 부수적으로 여겨지는데, 신명기와의 관계가 더 강력하고 광범위하기 때문이다). 그럼에도 불구하고, 이 이론은 족장설화들이 여호수아서에도 들어 있으며, 실제로 족장설화 없이는 여호수아서의 전개가 불완전하다는 것을 인식했다는 점에서는 적절하다.

여호수아서가 구약의 이야기와 정경의 중심에 위치한다는 점에서, 교회를 위한 풍성한 신학적 자료가 되어 왔다는 사실은 놀랄 것이 없다. 전통적으로 기독교공동체는 여호수아서를 선택, 예정, 은혜와 같은 기본적 교리의 터전으로 보았다. 18세기의 한 주해서에 쓴 것으로써 :

> 우리는 그 안에서 하나님의 풍성하심과 그의 섭리를 본다. …… 족장들에게 하신 약속에 대한 그분의 신실하심, 이스라엘이 진노를 초래함에도

> 불구하고 그의 백성 이스라엘에 대한 그분의 친절하심(헨리, 신구약 주해 〈Henry, *An Exposition of the Old and New Testament*〉, 2 : 4).

교회는 또한 여호수아 안에서 유형론적인 신앙 표현을 길어 낼 수 있는 깊은 샘물을 발견했다. 초기 기독교인들은 여호수아의 히브리 이름인 '예호슈아'(yehošua', '주께서 구원하신다'는 의미)가 헬라어로 '이에수스'(Iēsous, 예수)라고 표기되는 것을 중요하게 여겼다. 원수로부터 이스라엘에 안식을 주려는 여호수아의 시도(수 1 : 13, 15 ; 참조. 21 : 44)는 죄악의 세력으로부터 평안을 주시는 예수(히 4 : 1-11)의 모델로 보였다. 이러한 개념에서 이스라엘의 족장들에게 약속으로 주어졌고, 여호수아를 통해 소유하게 된 땅 가나안은 예수를 따르는 자들에게 주어질 하늘나라 상급의 상징이 되었다. 이스라엘이 그 땅을 정복하는 통로로 건넜던 요단 강은 내세의 길을 말하는 암호가 되었다.

그러나 구약성서 안에서의 중요성과 기독교공동체에서 보여 주었던 전통적인 위치에도 불구하고, 여호수아서는 특히 현대에 와서 어떤 신자들에게는 별로 선호하지 않는 책으로 전락했다. 여호수아서의 문제는 그 땅 정복의 일환으로써 가나안 사람을 몰살시키라는 하나님의 명령에 호응한다는 것이다. 본문의 이러한 모습은 현대인들이 '전쟁 범죄'라고 부를 만한 것이다. 「이성의 시대」(*The Age of Reason*)라는 유명한 저서에서 토마스 페인(Thomas Paine)은 그 쟁점을 이렇게 요약했다.

> 그 책에는 하나님의 '분명한 명령'에 의해 수행되었다고 하지만, 프랑스에서 로베스피에르에 의해, 까리에에 의해, 요셉 르 봉에 의해, 그리고 동인도에서 영국 정부에 의해, 또는 현대에 어떤 다른 학살자가 행한 것만큼이나 인류와 우리가 가진 도덕적 정의의 개념에 충격을 주는 사안들이 있다(104쪽).

이러한 관점을 공유하는 사람들에게 여호수아서는 신의 뜻이라는 표현으로 옷 입혀져서 인류에게 가했던 최악의 폭력들을 대표하고 있다. 그러한 입장의 결과로써, 어떤 기독교인들은 여호수아서가 예수 그리스도의 아버지와는 아주 다른 어떤 폭력적인 신을 섬기는 원시적이고 야만적인 책이라는 이유로 여호수아서를 거부한다. 그러나 여호수아서를 편하지 않게 여기는 대다수의 사람들은 단순히 그러한 사실들을 무시함으로써, 거의 그런 소리가 들리지 않는 일종의 '성서적 게토' 안에서 여호수아서를 무미건조하게 만들어 버린다. 개정 예식서(The revised lectionary)는 이것이 여호수아서의 내용에 관한 문제를 해결하는 가장 보편적 방법이라는 사실을 증거하고 있다. 예식서는 여호수아서로부터 아주 적은 분량을 골라서 포함시켰는데, 전쟁 이야기는 전혀 나타나지 않는다(수 3 : 7-17 ; 5 : 9-12 ; 24 : 1-3a, 14-25〈격년에는 24 : 1-2a, 14-18〉). 그러나 여호수아서를 회피하는 것은 성서가 더 큰 것을 이야기하는 데 있어, 이 책이 얼마나 필요한지를 깨닫지 못하게 한다. 실제로, 여호수아서에 포함된 이야기는 14권의 다른 성서 본문들에서 참조되거나 직접 인용되고 있다(왕상 16 : 34 ; 시 44편 ; 68 : 12-14 ; 78 : 54-55 ; 94 : 4-5 ; 합 3 : 11 ; 행 7 : 45 ; 히 4 : 8 ; 11 : 30-31 ; 13 : 5 ; 약 2 : 25). 본 주해의 논지 하나는 이 시대의 신앙공동체가 여호수아서에 참여하는 데 실패할 경우 신학적으로 매우 빈곤해진다는 사실이다. 본 주해는 여호수아서가 모든 부정적인 내용들과 함께, 하나님의 모습과 특히 현대 기독교인들이 들을 필요가 있는 하나님의 백성들에 대한 하나님의 요구를 묘사하고 있음을 보여주려는 시도이다. 만약 여호수아서에 대한 아래의 논쟁이 그러한 이해의 문을 열어 준다면, 그것이 바로 주된 목표를 성취하는 일이 될 것이다.

이 주석의 본질과 계획

이 주석은 교회와 관련 기관에서 고등 과정을 가르치고 설교하는 이들을 대상으로 한다. 그러므로 여호수아서를 '성서'로 읽는 사람들은 이어지는 대부분의 강해가 유익할 것이다. 본 주석에서 독자는 의심의 여지없이 본문에 대한 공감과 여호수아서가 개인의 신앙과 공동체의 신앙을 개선하고 촉구하는 잠재력을 갖고 있다는 전제를 느끼게 될 것이다. 그러한 가정은 특히 폭력과 전쟁에 대해 적어도 두 가지 중요한 방식으로 논쟁한다. 첫째, 본 주석은 이러한 쟁점들에 대해 집착하는 초점이, 때로 여호수아서의 명백하고 가치 있는 신학적인 진리를 모호하게 하는 현대적인 현상이라고 인식한다. 계몽주의 이전의 학자들은 여호수아서가 전형적으로 신학적 진술이 분명하다고 보았고, 그것들을 적절하게 강조했다. 그러므로 나는 그러한 관점을 추구하는 학자들을 참조하는 것이 도움이 된다는 사실을 발견했다. 이러한 측면에서, 이를테면 오리겐(Origen)이나 칼뱅(Calvin)과 같은 근대 이전의 주석가들 저서는 본문의 신학적 주장들을 분명하게 보지 못하도록 방해하는 몇몇 현대적 질문들을 일소하는 데 도움을 준다. 둘째, 폭력과 전쟁에 대한 논쟁은 여호수아서가 이러한 문제들에 대하여 말해 주는, 의미 있고 구조적인 어떤 것을 갖고 있다는 사실을 전제한다. 물론 그러한 해석의 렌즈는 직면해야 할 문제를 오도할 위험성이 있다. 그럼에도 불구하고, 나는 여호수아서를 본문의 역사적, 사회적 정황에 대한 이해와 함께 주의 깊게 읽음으로써, 나의 가정이 사실이었다고 확증해 줄 것을 희망한다.

본 주석의 해설 목표는 다루어져야 할 쟁점들을 선택하는 문제와 그 쟁점들에 얼마만큼의 논의를 할애할지에 대한 문제와 맞닥뜨리게 된다. 여기서는 저자, 기록 및 편집 단계들, 역사성 등과 같은 비평적 질문들이 학문적 관심의 산물인 연구서들에서보다는 더 적은 관심의 대상이 될 것이다. 비평적 문제들은 그것들이 본문의 정경화 과정을 조명하는 한에서만, 또는 독자들이 여호수아서의 신학적 의미를 더 잘 이해하도록 돕는 경우에만 다루게 될 것이다. 이러한 문제들에 대한 조금 더 자세한 언급은 본 주석의 의도를 명료하게 한다.

1. 지난 세기에 학자들은 여호수아서의 역사적 자료에 지대한 관심을 가졌는데, 예를 들면 그 정복 기사가 후기 청동기 시대(기원전 1550-1200년) 이스라엘에 대하여 무엇을 드러내 주는지 발견하기 위해서였다. 본 주석

은 역사적 현상으로써 이스라엘이 그 땅을 차지한 것을 재구성하려는 시도는 하지 않는다. 대신, 그 사건에 대한 그 이야기(the story of the event)가 어떻게 보편적 이야기(a story)로 작용하게 되었는지에 초점을 둔다. 이스라엘의 가나안 소유라는 학문적 개념(정복이론, 침투이론, 농노들의 혁명이론, 기타 등등)에 관심을 갖는 사람들은 참고문헌 목록에 있는 버틀러(Butler), 보링(Boling)과 라이트(Wright), 그리고 소진(Soggin) 등의 주석들과 함께, 브라이트(Bright), 갓월드(Gottwald), 그리고 마자르(Mazar)의 저서들을 참조하면 될 것이다.

2. 여호수아서의 편집사 문제 역시 논의할 것이 매우 많은 주제이다. 본 주석은 그 쟁점들이 여호수아서의 현재 형태, 또는 그 책에 들어 있는 몇 가지 신학적 쟁점들을 조명하는 범위로만 제한한다(아래 참조. "저자와 독자", 36-39쪽). 캠프벨(Campbell), 오브라이언(O'Brien), 메이스(Mayes), 넬슨(Nelson), 노트(Noth), 폰 라드(von Rad), 반 시터스(Van Seters), 그리고 웬함(Wenham)의 저서들이 이 질문을 탐구하기 시작하는 데에 적절한 자료들을 제공해 준다.

3. 본 주석은 대부분의 현대 번역들처럼, 마소라 텍스트(MT)가 여호수아서의 원어를 가장 잘 반영한다고 전제한다. 그러나 독자들은 고대 그리스어(이를테면, 우리가 칠십인역으로 알고 있는 것〈LXX〉의 원어)가 많은 부분에서 마소라 텍스트보다 더 나은 독본(reading)을 포함하고 있다는 사실을 알아야만 한다. 넬슨은 그의 주석에서 그 증거를 철저하게 다루었다. 그 주제에 관한 추가적인 연구로 올드(Auld)와 그린스푼(Greenspoon)의 저서들을 참조할 수 있다.

4. 여호수아서의 신학적 의미에 대한 관심 때문에, 본 주석은 본문의 어떤 부분에 대해서는 다른 곳보다 더 많은 논의를 할애했다. 비록 본문의 모든 단락이 다루어지지만, 본문에서 구조적으로나 신학적으로 중요하다고 여겨지는 단락이나 교리와 교회생활에 의미를 주는 부분에 더 많은 지면이 할당되었다. 예를 들면, 여호수아 1~12장과 23~24장은 13~22장보다 근본적으로 더 많이 논의된다. 그 이유는 간단하다. 비록 여호수아

13~22장이 약간의 매력적인 역사적(심지어 신학적) 정보를 포함하고 있지만, 지파의 영역이나 경계에 관한 목록은 하나님과 여호수아의 연설 및 그 땅을 얻고 지키는 이야기들에 비해서 신학적 비중을 두지 않아도 될 만큼 단순하다.

자료의 본질 : 여호수아서는 역사인가?

어떠한 문헌이든지 그것을 연구할 때 제기되는 중요한 질문은 "그것이 무슨 유형의 글인가?"라는 것이다. 여호수아서는 '신명기적 역사'(Deuteronomistic History)의 한 부분이지만, 무슨 의미로 여호수아서가 '역사'인가? 고대세계에서 역사서는 오늘날 그것(역사서)이 수행하고 있는 종류의 학문적 접근을 하지 않았다. 역사는 결코 가공되지 않은 단순한 기록이나 과거에 대한 해석되지 않은 '사실'이 아니다. 제2차세계대전 역사가는 자료에 어떤 기획을 하기 위해, 아마 현 세대에게 용기를 주기 위해 특정한 전투들 또는 특정한 전투부대들에 관해서만 쓸 수 있다. 그럼에도 불구하고 현대의 역사서는 고대 세계에서는 그리 폭넓게, 지속적으로 수행되지 않았던 정확성과 기록물이라는 전통을 갖고 있다. 헤로도투스(Herodotus)와 같은 저자들은 자료들과 증거 제시에 관심을 보였지만, 여호수아서에 실제로 그런 관심의 표시는 없다. 그럼에도 불구하고, 여호수아서는 민족의 기원을 추구하고 민족적인 목표를 지지하기 위해 고대 세계에서 기록된 역사의 한 종류로 분류된다. 미국인들에게 우리가 여호수아서에서 발견하는 역사의 종류에 가장 유사한 것으로 생각되는 것은 플리머스에서 청교도들이 최초의 추수감사를 지냈다는 이야기, 또는 조지 워싱턴(George Washington)이 체리 나무를 베어 버렸다는 이야기 등이 있다. 그런 이야기들은 청중들로 하여금 실제로는 일어나지도 않았던 어떤 것이 정말로 일어났다고 생각하게끔 속이기 위한 의도가 있는 것이 아니다. 그리고 어떤 경우에는 그들이 실제 사건을 말하고 있는 것이다. 그러나 그들의 관심은 정체성을 창조하고 가치를 가르치는 것이지, '실제로 일어난 것'을 보도하는 것이 아니다. 그러한 목표를 달성하는 과정에서 역사적인 핵심을 담고 있던 이야기들은 일련의 복잡한 역사적 사건들을 단순화된 진술로 분해시킨다(미국인들의 추수감사 이야기와 같이). 다른 것들은 영감을 주는 데 의미가 있는 영웅의 모습을 묘사하는 전설이 된다(조지 워싱턴 이야기). 여호수아서는 그 목표와 내용에서 유사하다. 만약 여호수아서가 역사라면, 리차드 넬슨(Richard Nelson)이 명명한 대로 이것은 '선포된 역사'(preached history)이다(*The Historical Books*, p. 29). 달리 말해서, 여호수아서의 역사는 신학적 목적을 위해 구성된 것이지, 현대 독자들의 지적인 호기심을 만족시키기 위한 것이 아니다.

두 가지 보기들이 여호수아서는 주로 신학적 문서로 읽어야지, 현대적 의미에서의 역사로 읽으면 안 된다는 사실을 충분히 묘사해 줄 것이다. 첫째, 여호수아 2~11장은 다소 간단명료하게 차지하게 된 모든 땅을 묘사하는데, 여호수아 11 : 23에서 다음과 같이 결론을 맺는다. "이와 같이 여호수아가 여호와께서 모세에게 말씀하신 대로 그 온 땅을 점령하여 이스라엘 지파의 구분에 따라 기업으로 주매 그 땅에 전쟁이 그쳤더라" 그러나 12장에서 정복한 왕들의 명단을 요약한 후에, 여호수아 13 : 1b에서 하나님은 여호수아에게 말씀하신다. "너는 나이가 많아 늙었고 **얻을 땅이 매우 많이 남아 있도다**"(참조. 삿 1 : 1-3 : 6). 이 책을 신학적인 문서로 읽을 때는 모순되게 보이는 그러한 진술들을 수긍할 수 있지만, 그 용어의 현대적인 의미로써 이 책을 역사서라고 주장할 때는 불가능하다. 두 번째, 고고학적인 자료가 이스라엘이 정복한 도시들에 관한 여호수아의 언급과 일치하지 않는다. 실제로, 명백한 증거들은 많은 전쟁 기사들이 전설임을 보여 주는 듯하다. 문제의 근본은 이스라엘의 이름이 새겨져 있는 메르넵타 비석(Mernepthah Stele)으로 알려진 이집트의 승전비가 세워진 그 해를 토대로, 이스라엘의 가나안 정복이 객관적으로 기원전 1220년으로 확정될 수 있다는 사실이다(이스라엘은 '메르넵타'에 의해 패배한 나라들 목록 중에 있다. 참조. *Pritchard, Ancient Near Eastern Texts*, p. 378). 여리고(수 6장)와 아이(수 8 : 1-29)는 그 시기와 제2청동기 시대(기원전

1400-1200년) 전체에 걸쳐서 주거지에 성벽이 갖추어지지 않은 작은 도시들이었다. 그러나 여호수아서는 주요 전투에서 이 도시들을 정복하고 파괴했다고 주장한다. 베델, 하솔, 라기스와 같은 도시들은 같은 시기에 방어시설들이 파괴되었다는 증거를 보여 주지만, 곧바로 그 지역에 사람들이 다시 살기 시작했다는 증거가 전혀 없고, 그 거주민들 가운데 이스라엘이 존재하고 있었다는 증거도 거의 없다.

여호수아가 포함하고 있는 역사의 유형을 감안하는 것이 중요하다. 왜냐하면 이것이 어떤 신앙인들에게는 잠재적인 신학적 걸림돌을 만들어내기 때문이다. 그러한 문제는 신앙을 유효하게 하는 데 있어 과연 역사적 기초가 필요한지 그렇지 않은지에 관한 논란에 시동을 걸었다. 그런 문제는 성서 자체(고전 15 : 12-19)에서도 제기되며 간단하게 지나칠 수 없다. 그러나 그 논란은 결코 해결되지 않을 것이다. 왜냐하면 여호수아의 저자는 역사에 관해서 우리가 갖고 있는 것과 같은 강박관념을 소유하고 있지 않기 때문이다.

더군다나 현대의 독자에게 가장 큰 문제는 여호수아가 어느 정도로 역사적이냐 아니냐에 있는 것이 아니라 역사 그 자체에 관한 여호수아서의 주장에 있다. 여호수아서는 하나님이 인간의 역사에 규칙적으로 개입하시며 거기에서 그분의 주권이 보인다고 전제한다. 그러나 현대적인 것은 실재에 대한 이러한 이해를 급진적으로 바꾸어 버렸는데, 말하자면 현대인의 의식으로는 인간이 역사를 '만든다'. 그렇게 도도한 자기 인식은 하나님이 역사적 과정에 전혀 상관없도록 만들어 버릴 수 있다.

그러므로 이 시대의 독자들에게 주된 도전은 여호수아서의 세계에 들어오는 것이고, 여호수아서에 의해 형성된 '우리의' 역사와 '우리의' 미래를 갖는 것이다. 만약 우리가 이런 방식으로 이 책에 접근할 수 있다면, 본문은 옛날의 독자들에게와 마찬가지로 우리들에게도 확실히 자극을 줄 수 있다.

신학적인 정황 : 여호수아서와 신명기

지금까지 말한 대로 그리고 앞으로 주석에서 보게 되듯이, 여호수아서는 오경의 많은 부분과 광범위한 문학적, 신학적인 관계를 맺고 있다. 여호수아서의 각 단락들은 이를테면 '야훼그룹'(J)이나 '제사장 그룹'(P)으로부터 왔을 것이다. 그러나 여호수아서는 가장 광범위하게, 그리고 신학적으로 신명기서와 관련이 있다. 그러므로 여호수아서의 신학을 개괄하는 데 신명기적 전승에 토대를 두고 있는 요소들에 초점을 맞추는 것이 적절하다.

1. 모세의 토라

신명기 4 : 44~30 : 29은 율법 또는 교훈이라고 지칭된 모세의 연설을 포함하고 있다. 신명기는 모세가 그의 말을 구두로 전한 후에, 자신이 죽은 다음 자신을 대신할 수 있는 계시의 담보로써 그 가르침을 글로 써서 남겼다는 사실을 지적한다(신 31 : 9-13, 24-29 ; 32 : 44-47). 여호수아에게 이 토라 문서는 가나안 땅에서의 이스라엘 백성들 삶에 가장 우선하는 권위이다. 실제로, 여호수아서는 하나님이 여호수아에게 '모세 율법'(수 1 : 7) 준수의 책임을 주셨다는 여호수아의 위임식으로 시작된다. 더군다나 여호수아 1 : 8은 여호수아가 따를 그 율법은 '책'이라는, 말하자면 모세가 남겨 준 것은 글로 된 문서라는 사실을 분명하게 해 준다. 우리는 여기 여호수아서에서 성서(Scripture)라는 인식, 곧 신앙공동체에게 최우선의 권위를 행사하는 거룩한 문서라는 인식 가운데 하나가 처음으로 나타나는 것을 본다. 여호수아가 모세의 가르침들을 완전하게 수행했기 때문에 칭찬 받는다는 흥미로운 사실은 글로 기록된 것의 영속성 때문에 가능하다(수 11 : 15). 우리가 앞으로 보게 될 것인즉, 새로운 상황에서 모세의 율법이 적용되어야 하고 재해석되어야 하는 다양한 점들이 존재한다. 여호수아서는 성서의 역동성은 그것이 권위의 일부분이라는 사실을 조명해 준다.

2. 전쟁과 진멸의 법[1]

여호수아서는 가나안에서의 전쟁이 거룩한 투쟁이라는 개념을 신명기서와 함께 공유하고 있다. 이 책들은 그 땅을 차지하는 데 있어서 신의 주도권을 특히 강력하게 강조한다. 예를 들면, 신명기 20 : 4은 다음과 같이 말한다. "너희 하나님 여호와는 너희와 함께 행하시며 너희를 위하여 너희 적군과 싸우시고 구원하실 것이라 할 것이며" 물론, 여호와께서 이스라엘을 위해 싸우신다는 관념은 구약의 다른 부분에도 많이 있다. 그럼에도 불구하고, 신명기서와 여호수아서는 그 땅이 하나님이 이스라엘에게 주신 선물이라는 근본적인 관점을 갖고 있다. 이것은 민수기 33 : 51~52과 여호수아 13 : 6을 비교할 때 명백하다. 민수기에서는 모세가 이스라엘 백성에게 말하도록 명령을 받고 그들에게 "(**너희가**) 그 땅의 원주민을 너희 앞에서 다 몰아내고"라며 확신을 준다(민 33 : 52a). 그러나 여호수아 13 : 6a에서는 여호와께서 강하게 말씀하신다. "**내가** 그들을 이스라엘 자손 앞에서 쫓아내리니" 그 땅은 하나님의 선물이라는 이러한 인식이 정복 기사에 중요한 기초를 제공한다. 여호수아서에서 전투에 이기는 것은 하나님의 힘이기 때문에, 전쟁은 이스라엘 백성에게 일종의 제의가 된다. 여리고에서 백성들은 제사장들을 행렬의 맨 앞에 세우고, 하나님이 명령하신 육 일 동안 예식에 맞춰 행진을 하는데, 제칠 일에 성벽이 제사장들의 나팔 소리에 무너진다. 어떻게 그 도시의 성벽을 깨뜨릴 것인지에 대한 군사 작전은 없다. 왜냐하면 이스라엘은 하나님의 능력으로 여리고와 가나안을 점령한 것이지, 그들 군대의 용맹함으로 한 것이 아니기 때문이다

---

1. 본문에서 '진멸의 법'으로 옮긴 영어 the Ban은 히브리어 '헤렘'을 설명하는 단어로써 우리말로 대개 '금기'라고 번역된다. 그러나 우리말 '금기'는 '마음에 꺼려서 하지 않거나 피함'이라는 소극적 의미를 나타내는 데 반해, 히브리어 '헤렘'은 단순히 피하거나 꺼리는 것에서 한 걸음 더 나아가 완전히 '파괴할 것'을 요구한다. 따라서 본문은 히브리어 '헤렘'의 도발적인 뉘앙스를 살리기 위해 the Ban을 '금기' 대신 '진멸의 법'으로 옮긴다. '파괴' 대신 '진멸'이라는 표현을 사용한 이유는 '헤렘'의 요구 사항은 물건에만 한정되지 않고, 사람까지 포함하기 때문이다. -역자주.

(수 6 : 8-21).

성전(holy war)의 신학에서 특히 중요한 것은 이스라엘이 점령하게 될 가나안 도시들에 부과되었던 '진멸의 법'(히브리어로 '헤렘'〈ḥerem〉) 개념이다(참조. 신 20 : 16-18). 수전 니디치(Susan Niditch)는 그러한 진멸의 법이 희생제사(sacrifice)와 인과응보(justice)라는 두 가지 방식으로 인식될 수 있는데, 둘 다 여호수아서에 나타난다고 통찰력 있게 설명한다(*War in the Hebrew Bible*, 제1-2장). 진멸의 법이 희생제사라는 첫 번째 관점은 진멸해야 되는 항목들이 번제 예물처럼 취급된다는 개념에 근거를 두고 있는데, 그 물건들은 대개 태워짐으로써 완전히 파괴된다(레 27 : 28-29 ; 수 7 : 25 ; 삼상 15 : 17-21). 그것은 또한 '헤렘' 또는 '바쳐진 물건'으로 선언된 항목들은 여호와께서 이스라엘을 위해 역사하셨다는 것을 인정하기 위해 하나님께 드리는 것이 적절하다는 의미를 함축하고 있다. 이것은 특히 여리고 이야기에 적용되는데, 거기서는 남녀노소를 불문한 그곳 거주민들, 모든 생축과 물건들을 포함한 거주지 전체의 파괴가 자행된다(수 6 : 17a, 18, 21). 여기에서의 금기는 곧 전리품을 취하지 않는 것인데, 그것은 승리가 여호와께 속한 것이라는 사실을 고백하는 방법이기 때문이다. 탈취한 물건이나 포로에 대한 권리주장을 거절하는 것은 승리를 가져다주신 분이 실제로 누구인지를 지속적으로 기억하게 만드는 수단이 될 수 있었다.

진멸의 법이 인과응보라는 두 번째 인식은 진멸의 법이 가나안의 사악함 때문에, 곧 이들이 이스라엘에게 올무를 놓아 배교하도록 만들기 때문에 시행된다고 인정한다(신 7장). 월터 브루그만(Walter Breuggemann)이 주목했듯이 "'헤렘'의 기본은 이스라엘이 아무것도 소유해서는 안 된다는 것이 아니라 이스라엘이 유혹 받지 말아야 한다는 것"이다(*Revelation and Violence*, p. 70). 가나안의 이교적인 환경에서 거의 모든 부의 과시는 종교적으로 적용되었던 것들이었으므로, 가나안의 도시들에서 탈취된 물건들은 우상숭배를 조장할 수 있었다(신 7 : 2-5). 더군다나, 전투에서 붙잡힌 사람들이 이스라엘로 하여금 그들의 이교 신앙을 받아들이도록 유혹

할 수 있었다. 결국, 신명기 사가(Deuteronomistic historian)는 솔로몬 왕국의 몰락이 자신의 이방 부인들이 섬기던 신들에 대한 솔로몬 왕의 관용적이고도 혼합주의적인 태도에서 기인했다고 말한다(왕상 11 : 1-13). 이러한 이유들 때문에 가나안의 도시들과 그 거주민들, 그리고 그들의 모든 소유는 멸절되어야 했다. 이러한 순수함과 절대적인 헌신에 대한 관심이 또한 이스라엘이 가나안의 모든 민족들을 — 헷, 기르가스, 아모리, 가나안, 브리스, 히위, 여부스 — 학살해야 했지만(수 7 : 1), 또한 이스라엘에게 영향을 줄 수 없는 먼 곳의 적들에게는 왜 평화를 선포할 수 있었는지를 설명해 준다(신 20 : 10-15 ; 참조. 수 9 : 3-15). 하나님이 기업으로 주시지 않은 지역에 속한 도시들에 관한 한, 이스라엘은 군신의 계약(vassal treaties)을 맺을 수 있었고, 그런 경우에 만약 전투를 통해 그 도시를 정복했다면, 이스라엘은 자유롭게 적들로부터 전리품을 취할 수 있었다(신 20 : 14). 진멸의 법은 오직 가나안 도시들과 그 주민들에게만 적용되었다.

> "네 하나님 여호와께서 그들을 네게 넘겨 네게 치게 하시리니 그때에 너는 그들을 진멸할 것이라 그들과 어떤 언약도 하지 말 것이요 그들을 불쌍히 여기지도 말 것이며 또 그들과 혼인하지도 말지니 네 딸을 그들의 아들에게 주지 말 것이요 그들의 딸도 네 며느리로 삼지 말 것은 그가 네 아들을 유혹하여 그가 여호와를 떠나고 다른 신들을 섬기게 하므로"(신 7 : 2-4a).

이러한 신학적인 입장은 더 이상 명확할 수는 없다. 그러나 라합(수 6장)과 기브온인들(수 9 : 3-27)은 이러한 규정(진멸의 법)에 예외를 만드는데, 아마 정복설화 가운데 가장 중요한 신학적 단편일 것이다. 이들이 왜 남겨졌는지에 대한 질문은 진멸의 법이라는 특이한 관념을 이해하는 데에 지극히 중요하게 될 것이다(본 주석 43-48쪽에서 다룰 "폭력의 문제 : 미리 보기"를 보라).

3. 모든 이스라엘

신명기와 마찬가지로, 여호수아서는 종종 교훈과 정복을 위해 모인 '모든 이스라엘'에 관하여 말한다(신 1 : 1 ; 5 : 1 ; 11 : 6 ; 27 : 14 ; 29 : 9 ; 수 3 : 7, 17 ; 4 : 14 ; 7 : 22-26 ; 8 : 21, 24 ; 23 : 2). 여호수아서에서 민족의 화합에 대하여 정말로 관심을 갖고 있다는 사실은 불화의 위협을 다루고 있는 본문들을 통해서 분명하게 나타난다. 이것은 특별히 르우벤, 갓, 그리고 므낫세 반 지파가 요단 동편에 거주하게 되었을 때 보인다. 모세가 그보다 앞서 했던 것과 똑같이, 여호수아는 조심스럽게, 그리고 외교적 수완을 발휘해서 요단 강 건너편 지파들이 분리해서 살도록 허락하지만, 그들이 먼저 자신들의 형제들이 요단 동편을 정복하도록 도운 후에야 그렇게 하도록 한다(신 3 : 12-20 ; 수 1 : 12-15 ; 4 : 12). 이스라엘이 단일 그룹이라는 비교적 단순화된 모습은 사사기에 나타나는 더 실제적인 모습과 상충하게 된다. 거기서 우리는 지파 간의 충돌(삿 20장)과 군사 행동을 지원하는 데 실패하는 몇몇 지파들의 모습을 본다(삿 5장). 신명기와 여호수아서에 나타나는 이상적인 상은 아마도 포로귀환기(the period of restoration)에 있었던 몇몇 이스라엘 그룹들 간의 긴장에 의해 영향 받았을 것이다. 여호수아 22장은 요단 동편 땅이 부정하게 여겨졌으며(수 22 : 19), 그곳을 점령한 지파들은 비주류(secondary status)였음을 암시하고 있는데, 아마도 이스라엘 역사의 후대에 굳어진 상황이었을 것이다(수 22장에 관한 주석을 보라). 그런 이유 때문에 여호수아서에서는 요단 동편 지파들의 위상을 높여 준다(1 : 12-18 ; 13 : 8-32). 여호수아는 그들도 이스라엘의 한 부분이며, 모든 지파들이 일치단결했다고 확증한다.

저자와 독자

여호수아서는 저자의 정확한 신분에 관하여 거의 단서를 제공하지 않는다. 비록 전승은 여호수아 8 : 32과 24 : 26에 불과한 제한된 근거에 따라 여호수아 자신이 저술했다는 입장을 고수하지만, 책에 나오는 여러 모습들은 여호수아 시대를 지나 오랜 후에 기록되었음을 보여 준다. 이 중에 가장 명백한 것은 정복 시대의 어떤 관습이 '지금까지' 계속 이어지고 있음을 상기시키는 부연설명이다(수 5 : 9 ; 6 : 25 ; 7 : 26 ; 9 : 27 ; 14 : 14 ; 15 : 63 ; 16 : 10). 그런 언급은 이야기된 사건들로부터 역사적으로 아주 동떨어져 있는 어떤 편집자의 관점을 반영한다(참조. Childs, "A Study of the Formula 'Until This Day'"). 거기에는 또한 그 과정에 다수의 저자들이나 편집자들이 포함되어 있다는 암시도 있다. 여호수아서는 오랜 세월에 걸쳐 발전되었다는 증거를 보여 준다. (1) 23장에 나오는 여호수아의 고별연설은 논리상 결론으로 보이지만, 이어서 여호수아가 지파들을 세겜에 모으고 이스라엘이 여호와께 충성할 것을 다짐시키는 계약 갱신 예식에 대한 이야기가 뒤따른다. (2) 여호수아서는 두 번의 결말을 이끌어 내는 것처럼 보이는데, 매번 나이 많은 여호수아가 그의 마지막 업무를 수행하는바, 첫 번째는 최후의 땅 분배이며(수 13 : 1), 두 번째는 이스라엘 백성에게 주는 그의 최후 연설이다(수 23 : 1). (3) 여호수아서는 갈렙이 영토를 할당 받는 것을 두 번 보도한다(수 14 : 6-15 ; 15 : 13-19). (4) 13~22장에 나오는 영토 분배에 대한 최종적인 보고는 1~12장에 나오는 처음의 정복과 영토 취득에 대한 설명과 눈에 띄게 다르다. 여호수아서의 이 두 부분에 들어 있는 어휘와 스타일은 각각 서로 다른 저자들의 작품임을 보여 준다. 비록 여기서의 목표가 발전과정의 각 단계나 이러한 단계들의 성장 배후에 있는 다양한 청중들을 재구성하는 것은 아니지만, 본문 안에서 '이음새들'을 만들어 주는, 추가된 것으로 보이는 몇몇 자료들을 살펴보는 것은 도움이 된다. 여기서는 여호수아서의 최초 버전은 어떤 것이었는지에 대한 밑그림을 제공할 것이며, 완성된 작품으로 덧입혀진 이러한 추가자료들이 보여 주는 신학적인 충격과 함께, 초기 작품에 부가된 두 가지의 두드러진 유형들을 분류할 것이다.

여호수아서가 형성되는 가장 최초의 단계는 아마도 2~11장에서 찾을 수 있을 것이다. 여호수아서의 이 단락은 베냐민 영토의 정복과 길갈에 있는 성소에 대한 토착적 연관성에 관하여 일관된 관심을 갖고 있다(수

4 : 19-24 ; 5 : 8-9 ; 10 : 43). 그러므로 여호수아 2~11장에 있는 어떤 형태들은 그러한 배경 밖에서 성장했을 수 있다. 보다 더 확실한 것은 현재 여호수아서의 이 단락은 원래 신명기 역사의 일부분이었던 여호수아서의 초기 형태와 합쳐졌다는 사실이다. 신명기 사가의 편집은 특히 여호수아 1장 ; 12장 ; 21 : 43~22 : 6 ; 그리고 23장에서 분명한데, 이 부분들은 신명기의 스타일로 도입부나 요약 정보를 제공한다. 이 부분들은 여호수아서 초기 형태의 틀을 이루고 있는데, 바벨론 유수 직전(주전 587년), 왕정 시대 후기에 유다의 거주민들을 위해 기록되었음 직하다. 요시야 왕(주전 640-609년)이 그 저술의 후원자였을 것이다(신명기, 사사기, 사무엘, 열왕기 목록의 끝에서 두 번째 형태에 따라). 왜냐하면 요시야 통치의 세부사항들이 여호수아서의 이 단락들과 강하게 연결되어 있기 때문이다.

여호수아서 최초의 형태에 뒤따르는 추가자료들의 내용과 연대에 관해서는 격렬하게 논쟁 중이다. 그러나 이 책이 완성된 것은 주전 587년에 예루살렘이 함락된 다음이거나 아마도 주전 539년에 유다의 거주민들이 귀환한 이후라는 사실은 분명해 보인다. 최종적인 산물은 바벨론 유수의 트라우마와 그것이 산출한 정체성 위기의 관점에서 읽어야 한다. 비록 편집 과정에 대한 어떤 공식적인 표명도 가설에 불과하지만, 텍스트에 부가된 두 가지 유형을 고려함은 가치 있는 일로 보인다.

1. 여호수아서에서 눈에 띄는 부분들은 결정적으로 '제사장적' 취향을 갖고 있으며, 이 부분들은 여호수아서의 주류로부터 다소 한 발짝 물러나 있다. 이것은 비느하스와 엘르아살에게 초점을 맞추고 있는 여호수아서 끝 언저리에 있는 단락들을 보면 분명하다. 예를 들어, 여호수아 14~19장에서 엘르아살은 여호수아와 함께 기업을 결정하기 위해 제비뽑는 데 서 있다. 여호수아 22 : 13~34에서 이스라엘이 요단 동편에 있는 형제들과의 논쟁을 종식하기 위해 요단 서편으로 보내는 것은 여호수아가 아니라 비느하스이다. 게다가 여호수아가 아니라 엘르아살의 죽음에 관한 언급으로 책이 종결된다!(24 : 33) 이러한 부가 자료들은 여호수아를 왕처럼 묘사하는 초기의 (또한 더욱 주된) 묘사들과 별도로 존재하면서 여호수아

의 권위를 누그러뜨리는 역할을 한다. 끝에 가서 이 자료들은 더욱더 효과적으로 여호수아라는 인물을 제사장이나 민수기 27 : 20~23 ; 34 : 17의 군장들과 권위를 공유하는 대표 수준으로 데려온다. 왕권으로 땅을 유지하는 데 실패하는 것을 경험한 포로로 잡혀간 백성들에게, 그러한 왕권과 제사장이 결합한 모습은 유용성, 남용, 왕의 한계 등에 대한 의심을 불러일으켰을 것이다.

2. 여호수아서 초기 형태에 부가된 또 다른 중요한 유형은 영토 획득에 대하여 만들어진 일련의 해설들이다 : 여호수아 1 : 7~9a ; 13 : 1b~6 ; 23 : 6~13. 이들 세 단락은 각각 땅의 획득이나 할당에 관한 연설의 맥락을 끊고 있으며, 앞서 나왔거나 뒤따르는 땅의 소유에 대한 무조건적인 약속을 제한한다(Smend, "Das Gesetz und die Völker", pp. 494-509). 이러한 편집적인 해설들의 처음과 마지막에 따르면 가나안 정복은 율법 순종이라는 정황에 놓여 있지만, 두 번째 보기에서는 그 지역을 완전히 다스리게 해 주신다는 하나님의 맹세에도 불구하고(수 1 : 3 ; 13 : 7), 그 땅이 완전히 이스라엘의 손에 주어진 것은 아니라는 인식을 드러낸다. 유사하게 변경된 해설이 사사기 2 : 17, 20~23에도 나타난다. 직접적이든 함축적이든, 이러한 진술들은 각각 그 땅의 완벽한 소유가 의문의 여지없이 토라에 대한 헌신에 달려 있다고 한다. 비록 이러한 단락들은 하나님이 이스라엘에게 주신 가나안 땅 점령의 권리는 부정하지 않지만, 이차적으로 모세의 율법에 대한 복종을 요구함으로써 그러한 권리 행사는 제한한다. 그러므로 이러한 부가된 자료들은 정복에 대한 초기의 강조점들을 바꾼다. 여호수아서의 최종적인 형태에서 가장 큰 관심은 마음의 정복이다. 말하자면, 이스라엘이 하나님께 온전히 헌신하라는 토라의 요구이다.

문학적 구조와 통일성

어떤 책에서 '통일성'을 찾기 위해서는 그것을 연속적이며 일관된 것으로 보게 해 주는 모종의 논리나 지속성을 찾아야 한다. 첫눈에 보기에도 여호수아서는 불일치 정도가 높다. 세 개의 주된 부분들이 이러한 인상을 준다. 1~12장에는 이스라엘의 가나안 입성과 땅 소유를 보고하는 이야기들과 연설들이 있다. 여호수아 13~22장은 그 땅의 할당에 대해서 다루는데, 이 단락은 주로 도시와 영토의 목록들이 동쪽과 서쪽 지파들의 갈등이 불거지는 22장까지 나온다. 23~24장은 여호수아가 이스라엘에게 주는 최후의 교훈을 보여 주는데, 연설(수 23장)과 계약 갱신 예식(수 24장)을 통해서 보여 준다. 특히 12장과 13장 사이의 스타일과 내용상의 분명한 단절은 여호수아 13~22장이 원래는 1~12장과 관계가 없었다는 결론을 내리게 한다.

땅의 할당에 관한 부분은 후대의 첨가일 수 있지만, 두 단락 사이에는 또한 이 둘이 잘 어울리는 것을 보여 주는 훌륭한 연결이 있다. 특별히, 여호수아 1 : 1~9과 13 : 1~7은 두 개의 단락을 서로 연결해 주는 문체상의 유사성이 있다. 둘 다 때에 대한 언급으로 시작한다."모세가 죽은 후에"(1 : 1), "여호수아가 나이가 많아 늙으매"(13 : 1). 두 경우에 이러한 시간적 언급 다음에 하나님이 여호수아에게 그때를 또다시 반복하신다(1 : 2 ; 13 : 1). 또한 양쪽 본문에서 여호수아에게 하시는 하나님의 말씀은 여호수아가 직면한 현실에 대한 묘사를 포함하고 있으며, 그 다음에 특별한 행동과 관계된, 여호와께서 주시는 임무가 뒤따른다. "……땅을 이 백성에게 차지하게 하리라"(1 : 6), "너는 이 땅을…… 나누어 기업이 되게 하라"(13 : 7). 이러한 유사성은 여호수아 1~12장과 13~22장이 그 땅의 정복과 할당이라는 여호수아의 주요한 두 가지 역할을 순차적 임무로 묘사하려는 의도임을 보여 준다(민 33 : 50-56에서 이스라엘에게 특별히 부여된 두 가지 역할을 참조할 것). 비록 여호수아 1~12장과 13~22장을 다른 저자들이 편찬했을지라도, 여호수아서의 편집자들은 분명히 그들을 이스라엘 지도자의 단일한 모습 안에서 하나로 보았다. 더욱이 여호수아서가 최종적으로 형성될 때 13~22장은 아마도 여호수아의 이중적인 역할이 요약된 11 : 23에 대한 확대 및 설명으로 인식되었을 것이다.

> "이와 같이 여호수아가 여호와께서 모세에게 말씀하신 대로 그 온 땅을 점령하여 이스라엘 지파의 구분에 따라 기업으로 주매 그 땅에 전쟁이 그쳤더라"

1~12장과 13~22장 사이의 편집적인 연결들 외에, 여호수아서의 더 작은 부분들을 통일하는 다수의 또 다른 기법들이 있다. 예를 들면, 처음의 세 장은 여호수아의 취임(1 : 11), 라합 이야기(2 : 22), 그리고 이스라엘이 요단을 건너는 이야기(3 : 2)와 관계가 있는, '삼 일'에 대한 일련의 언급들을 담고 있다. 그러한 언급들은 그것들이 나오는 단락에 관한 주석에서 더욱 자세히 조사하게 될 것이다. 또한 이스라엘이 그 땅에 존재하는 것에 대한 가나안인들의 반응에 관한 일련의 언급들이 2~11장의 통일성에 도움을 준다(수 2 : 9-11 ; 5 : 1 ; 9 : 1-2 ; 10 : 1-5 ; 11 : 1-5). 이 말들은 유사한 구조를 갖고 있는데, 우선 그 땅의 민족들이 이스라엘의 존재에 대해서 '들었다'는 것을 말하고 그 다음에 가나안인들의 반응을 이야기해 준다. 여호수아 2~11장의 통일성에 있어서 가장 중요한 이 간결한 언급들은, 이스라엘에 대한 가나안인들의 최초 두려움으로부터(수 2 : 9-11 ; 5 : 1) 여호수아 군대에 대항하려는 그들의 전쟁 계획(9 : 1-2 ; 11 : 1-5)과 여호수아와의 화친에 대한 계획(10 : 1-5 ; 참조. Stone, "Ethical and Apologetic Tendencies")으로 발전해 나간다.

더 큰 범주에서 여호수아서는 책 전체의 틀을 이루는 데 도움을 주고 신학적으로 비중이 있는 문제들을 짚어 주는 두 개의 반복되는 주제를 포함하고 있다. 첫째, '모든 이스라엘'이라는 틀이 있다. 그것은 핵심적인 장소에서 여호수아의 지도력 아래 완전히 통일되어 있는 이스라엘에 대한 여호수아서의 관심이다. 책의 첫 부분에서(수 1 : 12-18) 지파별로 제비뽑기를 시작할 때(13 : 8-32) 그리고 책의 거의 끝에서이다(수 22장). 이들 지파들에 대한 최후의 언급은 통합에 대한 가장 크고 명확한 관심을 보여준다. 여호수아 22장은 동쪽 그룹들이 요단 강가에 제단을 세움으로써 동쪽 지파들과 서쪽 지파들 사이에 틈이 생겼다고 보도한다. 22장에서 그 문제는 해결되고, 지파들 사이에서 사건은 평화스럽게 종결되지만, 이들 동쪽 지파들과 관련된 언급들이 전략적으로 배치된 것과 이들에 대한 이야기가 여호수아서의 마지막 내용이라는 사실은 요단 강 건너편 지파들과 그들이 차지한 땅이 중요한 신학적 쟁점임을 가리키고 있다.

여호수아서의 의도를 이루고 있는 두 번째 틀은 여호수아서의 중심적인 신학적 주제를 강조하는 율법에 복종하라는 일련의 언급들이다. 이러한 율법에 대한 강조는 하나님이 여호수아에게 모세의 후계자 사명을 맡기시면서 말씀하시는 권두언에 처음 나타난다. 여호와께서 말씀하시기를,

> "오직 강하고 극히 담대하여 나의 종 모세가 네게 명령한 그 율법을 다 지켜 행하고 우로나 좌로나 치우치지 말라 그리하면 어디로 가든지 형통하리니 이 율법책을 네 입에서 떠나지 말게 하며 주야로 그것을 묵상하여 그 안에 기록된 대로 다 지켜 행하라 그리하면 네 길이 평탄하게 될 것이며 네가 형통하리라"(수 1 : 7-8).

율법 순종이라는 주제는 여호수아 8 : 30~35에서 여호수아가 이스라엘 백성들을 주도하여 처음에 모세가 전한 계약을 새롭게 하는 예식을 할 때 또다시 부상하게 된다. 익숙한 독자는 중간중간에 있는 많은 자료들이 이야기하는 것은 상당량 율법 순종에 대한 시험으로 이어지고 있음을 깨닫게 될 것이다. 긍정적인 예로서 이스라엘이 여리고에서 "그 성안에 있는 모든 것을 온전히 바치되…… 칼날로 멸하니라"(수 6 : 21)라고 했을 때, 그들은 신명기 20 : 10~18 말씀에 따랐음을 보여 주는 것이며, 부정적인 예로서 아간이 여리고(* 원서에는 '아이'라고 잘못 기록됨.)에서 전리품의 얼마를 취했을 때, 그는 감히 똑같은 계명을 범함으로써 이스라엘이 화를 입게 한다(수 7장). 정복 기사의 결론에서 여호수아는 그가 모세의 율법을 준수했다는 것으로써 두 번의 평가를 받는다(수 11 : 15, 23 ; cf. 수 11 : 12). 그리하여 모든 정복 기사(수 1-11장)는 하나님이 모세에게 주신 율법에 순종해야 한다는 것을 강조하는 글로 틀을 삼는다. 율법에 관한 추가적인

언급이 율법 순종이라는 책 전체의 주제로 확장된 것이다. 말하자면, 여호수아의 고별연설을 보도하고 있는 마지막에서 두 번째 장인 여호수아 23장에서, 백성들로 하여금 모세 율법의 특정한 부분을 듣게 함으로써(수 23 : 6-13) 다시 한번 모세를 기억하고 존중한다. 여호수아 23장의 많은 어휘가 여호수아 1장에 직접 연결되는데, 그리함으로써 율법을 신뢰하는 것과 관계된 정교한 틀을 만들어 낸다.

여호수아 24장은 이 책의 구조를 이루는 이러한 주제들 가운데 어떤 것과도 딱 들어맞지 않는다(비록 여기서도 확실하게 율법 순종에 대한 것을 건드리고 있지만, 여호수아 23장에 있는 어휘들과 같지 않다). 어떤 면에서 여호수아 24장은 책의 틀을 벗어나 있다. 그러나 이것이 여호수아 24장은 그 앞의 자료들과 다르다거나 부수적이라는 의미는 아니다. 오히려 여호수아 24장은 여호수아의 신학적인 관심 대부분을 정리해 주는 여호수아서의 총괄(어떤 면에서는 창세기로부터 여호수아까지)임이 더욱 맞다. 마지막 장의 그러한 특징은 여호수아서의 어떤 다른 부분과 분명하게 짝을 이루는 것에 방해가 되지만, 여호수아서 전체, 즉 여호수아서의 전반적인 신학적 의도와 신앙 촉구에 후광을 비추는 데에는 적합하다.

폭력의 문제 : 미리 보기

여호수아서의 각 단락에 대한 주해로 넘어가기 전에 폭력에 관한 쟁점을 미리 살펴보는 것이 도움이 될 듯하다. 이 문제가 여기의 짧은 논의로 해결될 수는 없고, 사실상 주석에서도 결론이 나지는 않을 것이다. 그러나 아래의 언급들이 독자로 하여금 여호수아서에서 마주치게 될 거부감에 대하여 미리 대비할 수 있도록 해 줄 것이다.

성서해석상의 많은 문제들을 다룰 때와 마찬가지로, 여기서도 현대의 폭력에 대한 관점으로 이 고대 문서를 재해석하지 않도록 하기 위하여, 여호수아 시대에 작동하던 전제들과 절충할 필요가 있다. 이것은 여호수아서가 그 자신의 고유한 용어로 해석되어 현대의 가설들에 도전할 기회를 갖도록 해 줄 것이다. 이러한 시도에서는 성서 세계에 만연한 폭력 개념이 우리 세상에서의 관념과 얼마나 다른지를 이해하는 것이 중요하다. 이러한 노력은 비록 현대인들이 때때로 '폭력적'이란 단어를 이스라엘의 가나안 침공을 묘사할 때 사용함에도 불구하고, 여호수아서 자체에서는 전혀 그렇지 않기 때문에 중요하다. 그것은 여호수아서가 어떤 폭력적인 행위들을 심판이라는 납득할 만한 삶의 한 부분으로 이해하는 데서 기인하는데, 많은 현대인들은 전혀 공감하지 않는다.

그러나 그 문제가 더욱 복잡하다는 증거가 있다. 히브리어는 '폭력'(하마스〈ḥamas〉)을 의미하는 단어를 갖고 있지만, 영어와는 약간 다른 의미를 함축하고 있다. 영어에서 '폭력'은 상처를 입히거나 약탈과 같은 다소 폭넓은 물리적인 힘의 남용을 나타내기 위해 전형적으로 사용된다. 그러므로 영어에서 폭력이란, 성폭력으로부터 전쟁터에서의 공격에 이르기까지 어떤 것이든지 가리킬 수 있다. 구약성서에서는 폭력을 더욱 좁은 의미로 이해하는바, 곧 하나님의 주권에 도전함으로써 이스라엘 사회라는 잘 짜인 조직에 균열을 일으키는 행위 대부분을 가리킨다. 폭력은 아주 빈번하게 인간의 교만과 극도의 자기중심적인 정황에서 언급된다(예를 들면, 시 73 : 6). 그리하여 이스라엘의 가나안 정복은 그 목적이 하나님의 법에 복종함으로써 비신앙적인 것을 대치하려는 것이기 때문에 폭력으로 분류되지 않는다. 실제로, 여호수아서가 신학적 기반으로 삼고 있는 신명기에 따르면, 전쟁은 단순히 이스라엘의 영토를 지키려는 목적이 아니다. 오히려 그것은 모세의 율법에 기초를 둔 사회, 곧 하나님을 주님으로 인정하고, 인간들이 서로 정의롭게 행동하는 사회를 건설하려는 것이다(신 30 : 15-20). 그러한 이해에 비추어, 이스라엘의 정복을 퇴화한 구체제를 뒤엎었던 근대의 혁명들과 동일시하면 도움이 될 것이다. 만약 이스라엘의 '정복'이 어떤 학자들이 생각하듯 가나안 왕들의 억압에 대항해서 일어난 혁명의 한 부분이었다고 하더라도, 그 용어(혁명 - 역자주)의 현대적 의미에서, 그것은 곧 정의를 수립하려는 노력이었던 것이다(여호수아 10-12장에 대한 주석 참조).

이러한 통찰들은 결코 전쟁을 합리화하려는 의도에서 비롯된 것이 아니다. 그러나 구약성서에서는 전쟁의 와중에 어떤 도시를 공격하는 것과 자기 이웃을 공격하거나 자기 이웃의 딸을 강탈하는 것 사이에 차이를 두고 있다는 사실을 인식하는 것이 중요하다(암 3 : 10 ; 신 22 : 25-27 ; 렘 20 : 8). 후자에 속한 두 행위들은 구약성서에서 극히 미워하여 법으로 금지하고 있는 폭력의 보기들이며, 전자는 아마도 이스라엘 존재의 한 부분으로서 따로 범주화된다. 구약성서는 폭력에 대해 특별한 관점을 갖고 있으며, 그것이 정의롭지 못한 범죄행위로 보이는 경우에 대해서는 단호하게 선을 긋는다. 만약 전쟁의 동기가 인간의 교만이 아니라면(창 49 : 5-7), 전쟁의 전형적인 몰락과 비극은 이러한 목표에 포함되지 않는다.

여호수아서가 해석되는 현대의 상황을 이해하는 것도 똑같이 중요한데, 현대의 정황에서는 많은 사람들이 여호수아서를 신학적으로 수치라 여기며 거부한다. 특별히 북미와 서유럽의 현대 기독교인들이 여호수아서와 같은 책을 호전적이라고 말하는 것은 아주 역설적인데, 이들이 바로 20세기를 인류 역사에서 가장 피비린내 나는 시대로 만들었던 전쟁들을 지지하면서 참여했던 당사자들이기 때문이다. 물론 많은 사람들은 이 전쟁들이 실은 폭력을 뿌리 뽑고, 압제로부터 구원하기 위한 의도로 수행되었던 '정당한 전쟁들'이었다고 반응할 것이다. 이것이 바로 토마스 페인의 입장인데, 위에서 살펴보았듯이 그는 여호수아서를 도덕성 때문에 단죄했다. 그러면서도 페인은 프랑스혁명과 미국혁명이 전제주의를 없애 버린 의미 있는 군사 행동이요, 그가 생각하기엔 하나님의 사명을 수행하는 행위이기 때문에 지지한다고 썼다. 그러므로 그러한 것까지 '정당한' 전쟁으로 허용된다면, 여호수아의 정황과 현대 독자들의 정황이 생각했던 것처럼 그렇게 멀리 떨어져 있는 것이 아니다. 왜냐하면, 여호수아 역시 가나안 정복은 정의로운 체제를 수립하는 것이라 여겼기 때문이다.

그러나 여호수아서의 전쟁 묘사에서 대부분의 사람들이 갖는 진짜 문제는 일반적으로 여호수아서가 전쟁을 찬성한다는 데 있는 것이 아니라 가나안인들을 전멸시키는 것에 대하여 옹호한다는 데 있다. 가장 큰 문제는 놀랍도록 현대의 인종청소와 유사하게 보이는 관습인 진멸의 법에 있다. 그러나 여기에서도 여호수아서는 두 가지 측면에서 오해를 받고 있다. 첫째, 이스라엘 군대가 실제로 수행했던 것을 역사적 사건으로 여겨 왔던 경우가 빈번하다. 실제로, 우리가 책에서 보는 전투 보고들은 대부분 그 사건들 이후의 수세기 동안 저자들이 과장한 것이다. 우리가 이미 살펴보았듯이, 고고학적인 증거들은 여호수아서가 현대의 기준으로는 역사적으로 정확하다고 할 수 없는 이야기들을 포함하고 있음을 보여 준다. 달리 말해서, 여호수아서 텍스트 자체가 우리에게 말하는 대로 유심히 읽어 보면(참조. 수 13 : 1-6 ; 삿 3 : 1-6), 이스라엘은 실제로 (적어도 그 책에서 말하고 있는 정도와 상태로는) 인종학살을 하지 않았다.

두 번째, 여호수아서를 구성하는 이 민족은 세계를 지배할 만한 힘으로 무장한, 정치적인 초강대국의 시민들이 아니었다. 실제로, 구약성서는 그러한 민족들의 군사적 행동에 대하여 때때로 '폭력'이라는 딱지를 붙였다(욜 4 : 19). 반면에 여호수아의 청중들은 희생자가 되거나, 집을 잃거나, 노예가 되거나, 당대의 강대국 지배를 받거나 하는 등의 경험들로 점철된 역사를 갖고 있었다. 여호수아서가 완성될 무렵, 이스라엘과 유다 둘 다 침략을 당했고, 정치적으로나 군사적으로 능욕을 당했으며, 이집트, 바벨론, 앗수르와 같은 나라에 의해 포로생활을 했다. 더욱이 이 책의 완성 이후 오백 년 동안에 이들 민족은 메대-바사 제국, 알렉산더 대왕과 그리스, 그리고 로마인들에 의해 압박 받고 지배당했다. 이스라엘이 가나안인들을 학살했다는 그 대단한 보도는 부분적인 것으로 읽어야 하는데, 이스라엘이 역사적으로 사실이었던 것보다 더 강하다는 것을 나타내려는 시도였을 뿐이다.

비평가들은 종종 다음과 같은 사실을 지적하는데, 방금 묘사된 역사적 관점이 중요한 만큼 진멸의 법이 여호수아 텍스트에 여전히 남아 있다는 사실이다. 그것은 공정한 통찰이다. 왜냐하면 진멸의 법이 정말로 이 책에서 중요한 역할을 하기 때문이다. 그러나 여호수아서가 진멸의 법을 나타내는(표현하는) 방법은 충분히 다루어지지 못했다. 이 책 자체에서 진멸의 법을 불편하게 여긴다는 신호와 그리하여 여호수아서의 저자들이 진멸의 법에 관한 전승들을 약화시키거나 심지어는 아예 폐지하려고 했던 시도를 발견한 학자는 극소수이다. 그렇게 하려고 했던 노력들은 두 가지 예에서 볼 수 있다.

첫째, 우리가 이미 살펴보았듯이, 이스라엘이 그 땅에 출현한 것에 대하여 가나안인들이 보인 반응에 관한 일련의 언급들은 정복을 거의 방어적인 행위로 만들어 준다(참조. Stone, "Ethical and Apologetic Tendencies"). 이 간결한 단락들은 가나안인들의 이스라엘에 대한 원래의 공포(수 2 : 9-11 ; 5 : 1)가 여호수아 군대에 대항하려는 전쟁 계획이나(9 : 1-2 ; 11 : 1-5) 화친(10 : 1-5)으로 발전하는 것을 보여 준다. 그리하여 이스라엘이 가나안인들을 학살하는 것에 대하여 가장 광범위하게 묘사하고 있는 여호수아 10~12장은 여리고와 아이 성을 패배시킨 후의 전반적인 이스라엘의 행위가 가나안인들의 공격에 대한 반응이요, 이스라엘이 약속을 지켜야만 하는 기브온인들을 보호하기 위한 것(수 9 : 3-27)임을 생생하게 전한다.

두 번째, 가장 중요한 것으로서 여호수아서의 이 단락은 다음과 같은 말로 끝을 맺는다. "기브온 주민 히위 족속 외에는 이스라엘 자손과 화친한 성읍이 하나도 없고 이스라엘 자손이 싸워서 다 점령하였으니"(수 11 : 19). 이 말은 이상하다. 왜냐하면 신명기 법은 이스라엘이 점령할 도시에 사는 모든 가나안인들은 진멸되어야 한다는 조건을 내세우고 있기 때문이다. 그래서 이것은 마치 실제로는 평화조약을 체결할 기회가 있었음에도 불구하고 가나안인들이 그것을 받아들이지 않았다는 것처럼 들린다. 그것은 사실 한 랍비 전승이 그 구절을 이해한 방식이기도 한데, 정복 기사 전체를 그러한 전제로 읽을 만한 이유는 충분하다(Hoffman, "The Deuteronomic Conception of Herem"). 엘런 데이비스(Ellen Davis)가 지적한 대로, 이 이야기에서 오직 익명이 아닌 가나안인의 경우에만 진멸의 법을 모면했다(Critical Traditioning). 비록 라합과 기브온인들은 잔꾀와 속임수를 통해 구원을 받았지만, 여전히 이 이야기의 강조점은 그들을 보존한다는 데 있다. 그들 양쪽 다 이스라엘 하나님이 온 세상의 주권자임을 고백하는바(수 2 : 11 ; 9 : 9-10), 그것은 계약공동체의 멤버가 되기 위한 주된 요구로 보인다(여호수아 22장에 대한 주석을 보라). 참으로 이 가나안인들은 하나님의 능력을 깨닫고 그분의 긍휼에 의지할 것을 거부했던 자신들의 이웃들과 달리, 폭력을 막아 주는 삶의 자세를 제시하고 있다.

확실히 현대 기독교인들에게는 고대 전쟁이나 여호수아서에서 진멸의 법이란 이상하고도 비난할 만한 요소이다. 또한 진멸의 법이 왜 그렇게 신명기 전승의 필수적인 부분인지 이해하는 것도 어렵다. 그러나 이러한 어려움에도 불구하고 여호수아서의 저자들도 같은 질문이나 비슷한 질문과 씨름했음을 깨닫는 것이 중요하다. 그 안에 있는 의미를 발견하기 위해서 여호수아서의 이야기들을 거부한다든지, 그것이 예수의 가르침에 위배된다고 여길 필요는 없다. 우리의 해석을 이끌어야만 하는 텍스트 자체에 자아비판의 특색이 있다.

제1부

하나님의 선물인 그 땅

여호수아 1~12장

제1부
하나님의 선물인 그 땅
여호수아 1~12장

여호수아 1~12장은 여호수아서의 첫 번째 주 단락으로써 이스라엘의 가나안 점령 준비(1 : 1-5 : 12)와 그 땅의 정복(5 : 13-12 : 24)을 보도한다. 여러 점에서 이 장들은 고대 근동의 또 다른 전쟁 보고서들과 아주 유사한데, 어떤 학자는 그것을 알고 있는 여호수아서의 저자들이 그러한 성서 밖의 텍스트들을 본떠서 1~12장의 형식을 정했다고 의심할 정도이다(수 3 : 1-5 : 1과 5 : 13-15에 관한 주석을 참조할 것). 그럼에도 불구하고 여호수아 1~12장이 몇 가지 방식에 있어서 고대 근동의 이러한 유사 문서들과 아주 다르다는 사실에 주목하는 것이 가장 중요하다. 우리의 목표에 있어서 가장 중요한 것은 여호수아 1~12장은 정치적 지지 세력을 끌어모으기 위해 '왕이 말하는' 이스라엘의 이웃 국가들이 갖고 있는 과시용 왕국 홍보자료와 달리, 주역이신 하나님께로 관심을 끌고 있다는 점이다. 다시 말해 여호수아 1~12장은 왕이나 장군의 정치적 또는 군사적 능력에 중점을 두는 것이 아니라 하나님의 은혜에 초점이 맞춰져 있다. 그것은 가나안 땅이 하나님의 선물이라는 사실을 강조하는데, 아브라함에게 하신 신성한 약속들을 성취하는 것이며(창 12 : 7 ; 수 1 : 3), 그러한 사실을 인정하는 것이 바로 믿음에 관한 주요 교리이다. 그리하여 그 이야기는 그 많은 가나안인들이 어떻게 죽임을 당했는지에 관한 기록이나 여호수아의 군사적 전략에 관한 상세한 설명에 의해 강조되는 것이 아니라 여호와 하나님의 능력을 인식했기 때문에, 이스라엘에게 동화된 가나안인들의 진술을 통해(수 2장 ; 6 : 22-25 ; 9장) 부각된다.

여호수아 1~12장이 신학적 관심으로 지배당하고 있다는 것은 이 장들이 현대적 의미에서는 역사적 기록이 아니라는 사실을 독자들에게 예고한다. 이 점은 1~12장을 여호수아서의 나머지 부분 및 사사기와 비교함으로써 확증된다. 여호수아 11 : 23에서는 "이와 같이 여호수아가…… 그 온 땅을 점령하여", 그리고 "그 땅에 전쟁이 그쳤더라"라고 단순하게 보이는 동시에 여호수아서의 다른 부분에 있는 자료들과 일치하지 않은 채로 (가나안 족속의) 완전 소탕을 주장한다. 정말로 여호수아 13~19장은 사사기와 마찬가지로 전혀 다르게 문제점들을 묘사하고 있다. 여기서는 이스라엘이 다른 족속들과 어울려 살면서 아들과 딸을 그들에게 주어 혼인을 하고, 영토와 문화를 공유하고 있다는 사실을 보여 준다(삿 3 : 5). 대부분의 역사가들은 13~19장에 나오는 초기 이스라엘에 관한 묘사가 현실에 더 가깝다고 믿는다. 여호수아 1~12장이 모종의 역사적 근거들을 갖고 있는 것은 확실하지만, 이 부분은 다양하고 긴 역사적 경험들을 처음부터 궁극적으로 신학적 선언이 목표인 하나의 이야기 속으로 버무려 넣은 신학자들의 작품인 것이다.

여호수아 1장

여호수아의 취임

어떤 이야기의 시작은 종종 나머지 내용을 이해하는 데 필요한 정보를 제시한다. 여호수아 1장은 독자를 신명기의 평가들과 신학적인 이상으로 연결시킴으로써 제시의 범위가 넓다. 여기서는 여호수아가 신명기 31 : 23에서 위임 받고, 신명기 34 : 9에서 재신임된 모세의 후계자라는 사실을 상기시킨다. 또한 여호수아 1장은 문서의 형태로서 이제는 여호수아 권위의 근본인 신명기에 기록된 모세의 가르침을 다시 지적한다(신 31 : 24-29 ; 수 1 : 7-8). 모세의 가르침을 준수하라는 직접적인 명령에 덧붙여서 모세 율법의 언어가 도처에 나타나는데, 더 나아가서 이스라엘이 그것으로 심판 받을 기준이 되는 각인을 만든다. 여호수아 1장은 이스라엘이 하나라는 강한 의식을 갖고 있는데, 신명기에도 나타난다. 여호수아는 신명기 3 : 18~22에 있는 모세의 연설을 그대로 언급하면서 르우벤, 갓, 그리고 므낫세 반 지파에게 그들이 요단 동편 지역을 소유하러 돌아오기 전에, 요단을 건너 이스라엘 다른 지파들의 무장 대열에 합류하라고 명령한다(수 1 : 12-18). 이 지파들에 관한 것과 이들의 영토 분배는 13장과 22장에 또다시 나온다. 그리하여 여호수아 1장은 그 땅의 정복과 소유를 신명기의 신학적 관심에 토대를 둠으로써, 이 책의 나머지 부분에 대하여 독자로 하여금 미리 준비하도록 해 준다.

"모세가 죽은 후에"

여호수아 1장의 첫 줄에서 여호수아의 임직은 모세가 죽는 정황 안에 놓여 있다(1 : 1 ; 참조. 1 : 2). "모세가 죽은 후에"라는 말은 신명기 34장에 나오는 모세의 죽음에 관한 언급을 반복함으로써, 독자로 하여금 또다시 신명기와 연결되도록 한다. 그러나 모세의 죽음은 시대적 표상 이상의 그 무엇이다. 데니스 올슨(Dennis Olson)이 주목했듯이 그것은 모세가 이스라엘에게 일러 준 모든 말에 그늘을 드리우는, 신명기에서 매우 중요한 신학적 주제이다(신 1 : 37 ; *Deuteronomy and the Death of Moses*, p. 18 ; 본 저서의 196-214쪽에 나오는 여호수아 24장에 관한 주석도 참조할 것). 여호수아 1장에서 모세의 죽음에 관하여 함축하는 내용은 적어도 세 가지이다.

첫째, 모세가 신명기의 서두에서 설명했듯이 그의 죽음은 이스라엘의 초기 역사를 두 개의 서로 다른 구원의 시대들로 구분하게 된다(신 1 : 37-38). 그 첫 번째 기간은 출애굽과 광야 방랑생활을 포함하는데, 이스라엘의 완악함과 믿음의 결여로 특징지을 수 있다. 결과적으로 모세와 그의 온 세대는 약속의 땅에 들어가지 못하고 죽게 될 것이다. 두 번째 기간은 여호수아의 지도력에 따른 그 땅의 정복으로 표시된다. 호세아 12 : 13은 이러한 세대들과 지도자들 간의 구분을 아주 잘 염두에 두고 있다. "여호와께서는 한 선지자로(모세-원저자주) 이스라엘을 애굽에서 인도하여 내셨고 이스라엘이 한 선지자로(여호수아-원저자주) 보호 받았거늘" 이것이 옳건 그르건, 모세의 죽음은 분명히 분수령이 되는 사건인데, 왜냐하면 이것이 이스라엘의 구속사에 균열을 일으켰기 때문이다.

모세의 죽음에 관하여 두 번째로 함축한 신학적인 의미는 여호수아가 하나님의 선지자로서 모세를 계승하는 방법과 관계가 있다. 신명기 34장은 모세와 비교할 자가 없다고, 어느 누구도 '여호와께서 대면하여 아시던 자'(신 34 : 10-12)로서, 모세가 이스라엘 앞에서 행했던 기사와 이적들에 도전할 수 없으며, 총애 받았던 그의 위치를 차지할 수 없다고 말한다. 모세에 대한 이러한 마지막 평가는 모세가 죽은 후에 모세와 같은 선지자를 일으키겠다고 하시는 신명기 18 : 15~22에 있는 하나님의 말씀과 상충된다. 신명기에서 비롯된 이 두 가지 진술은 여호수아라는 개인에게서 최종적으로 적용된다. 여호수아는 선지자로서 선포할 것이며(수 24 : 2, 본문에 예언서의 전형적인 히브리어 문구인 '코 아마르 아도나이'〈koh amār Adonai〉가 사용된다는 점에서-역자주), 이스라엘을 위해 중보할 것이며(수 7 : 6-9, 즉 아간으로 말미암은 이스라엘의 범죄 때문에 기도하는 모습-역자주), 언약 체결을 중재할 것이며(수 8 : 30-35 ; 24장), 이전에 모세가 했던 행위를 모두 따르게 된다. 그런데 아직도 여호수아는 비록 여호와 하나님과 이스라엘 백성들이 무조건적인 지지를 약속하고 있음에도 불구하고(1 : 5, 17), 모세와 같지는 않다. 참으로 여호수아 1 : 1에서 여호수아와 모세에게 붙인 직책은 둘 사이에 계급적인 관계가 있음을 암시한다. 모세는 '여호와의 종'으로 소개되는데, 이 책의 도처에서 나타나는 이 칭호는 여호와 앞에서 모세의 유일무이한 위치를 표시해 준다(같은 이름표가 사무엘하 3 : 18 ; 7 : 5에서 다윗에게도 붙었다). 확실히 이 이름표가 여호수아 24 : 29에서 하나님과 이스라엘 백성 사이의 계약체결 중재자로서 여호수아에게도 붙었지만, 여호수아 1 : 1에서 여호수아의 신분은 '모세의 수종자'이다. 이 칭호는 여호수아가 모세의 직책을 대신하게 됨에도 불구하고, 여호수아를 모세의 제자요, 모세의 권위 아래 있는 자로 인식하고 있다.

여호수아는 때때로, 엘리야와 관계 맺고 있는 엘리사의 역할과 비슷한 '제2의 모세'로 묘사되는 것이 일반적이다. 위경 가운데 하나인 「필로 위서」(*the Pseudepigraphical book of Pseudo-Philo*)에서 이 유사성을 묘사하고 있다. 이 책은 모세가 죽을 때 여호수아가 모세의 외투들을 받았고, 그것들로 인해서 변형되었다고 하는데, 열왕기하 2 : 13~14에서 엘리사가 엘리야의 망토를 집어든 사건과 똑같다(20 : 1-5 ; 「필로 위서」는 주후 1세기에 나온 어떤 유대인의 작품으로, 「필로 위서」의 이야기에 영감을 주었을 또 다른 가능성은 민 20 : 25-28을 참조할 것). 그럼에도 불구하고, 신명기 34 : 10~12에 나오는 모세에 관한 마지막 평가는 여호수아를 모세와 대등하게 여기지 못하도록 한다. 여호수아는 오히려 민수기 27 : 20에서 말하는 대로, 모세의 권위 중에서 '모종의 것'만을 부여 받은 자로 나타난다.

세 번째로, 그리고 가장 중요한 모세의 죽음에 관하여 여호수아서에서 함축하고 있는 의미는 모세의 권위가 기록된 모세의 계명들을 통해서 여호수아에게 이어지고 있다는 것이다. 신명기에서 모세의 죽음에 대한 강조는 모세가 율법들을 써서 그것들을 '십계명'이 들어 있는 언약궤 옆에 두었다는 사실을 극대화시키고 있다(신 10 : 1-5 ; 31 : 24-29). 달리 말해서, 신명기 전체가 글로 된 모세의 가르침이 모세 자신을 대리하게 될 때를 예시하고 있는 것이다. 여호수아 1장은 모세의 말을 빈번하게 인용하거나 참조할 뿐만 아니라 모세의 가르침을 지키라고 분명하게 명령함으로써 율법이 구심점임을 보여 준다(수 1 : 7-8). 예를 들면, 여호와께서 여호수아에게 임무를 맡기시는 여호수아 1 : 2~9의 많은 어휘들이 신명기 7 : 24 ; 11 : 24~25 ; 17 : 18~19에 나오는 모세의 연설을 반영하고 있다. 여호수아 1 : 5에 나오는 "너를 능히 대적할 자가 없으리니"라는 여호와의 특별한 약속은 신명기 7 : 24과 11 : 25에 나오는 모세의 말과 정확하게 일치한다. 이것은 모세의 말이 '규범적'(canonical)이라는 사실을 보여 주며, 이 말들은 여호와의 말씀처럼 진지하게 다루어져서 여호수아의 리더십에, 그리고 그 땅에서의 이스라엘 백성들 삶에 주요 기준 지표를 제공해 준다(수 11 : 15, 23).

위임식

여호수아 1 : 1~18에 나오는 임무 '예식'은 특별한 일을 맡기 위해 임명받은, 잘 알려진 구약성서 내의 다른 인물들의 이야기와 매우 비슷하다(대하 19 : 4-11). 이러한 이야기들은 전형적으로 다음과 같은 내용들을 포함하고 있다. (1) 용기 북돋기(여호수아서의 경우에 "강하고 담대하라"라는 부르심.), (2) 사명에 대한 묘사(요단을 "건너라", 이스라엘이 그 땅을 "차지하게 하라"), (3) 도우심에 대한 약속("내가 너와 함께하리라"). 그러나 여호수아 위임식 이야기는 열왕기상 2 : 1~4에 나오는 솔로몬에게 주는 당부와 가장 유사하다. 거기서 다윗은 그의 아들에게 여호와께서 여호수아에게 요구하시는 것과 매우 비슷하게 명령한다. "강하고 담대하라"(왕상 2 : 2-한글개역에서는 "대장부가 되고"-역자주), "네 하나님 여호와의 명령을 지켜…… 모세의 율법에 기록된 대로 지키라"(왕상 2 : 3 ; McCarthy, "An Installation Genre?" p. 31). 사명을 부여하는 이야기에서 이런 형식을 사용하는 것은 아마도 저자가 여호수아를 여호수아가 기록될 바로 그 당시의 유대 왕이었던 요시아처럼 왕 같은 인물로서 묘사하기 위해 노력하고 있다는 사실을 가리킨다. 여호수아의 왕 같은 모습은 주로 여호수아에게 임무를 부여하는 내용에서 분명해진다. 여호와께서는 여호수아에게 율법책을 묵상하라고 명령하시는데(8절), 신명기 17 : 19에 따르면 이것은 이상적으로 왕이 해야 할 일이다. (요단) 동편에 거주하기로 한 지파들이 자신들의 절대적인 충성을 다짐하는데(16-18절), 이것은 마치 그들의 왕국에 복종하기로 맹세하는 것과 같다. 더 나아가서 5절에 나오는 단수형 '너'("너를 능히 대적할 자가 없으리니")는 민족 전체의 군사적 희망이 여호수아 개인에게 기대고 있음을 나타내는데, 이것은 여호수아로 하여금 전쟁터에서 지도력을 발휘하는 고대 근동의 왕들과 유사한 모습을 갖게 한다.

비록 여호수아 1장은 위임식에 관한 전형적인 모습들을 포함하고 있지만, 전체적인 단락은 이러한 요소들로 인해서 분명하게 나누어지지 않는다. 오히려 여호수아 1장은 그것들을 구체화해서, 세 가지의 주요 활동들을 담고 있는 더욱 풍성한 이야기 속에 여러 번 나타나게 된다. (1) 여호와께서 여호수아를 임명하시고(1-9절), (2) 여호수아가 백성들에게 연설을 하고(10-11, 12-15절), (3) 백성들은 순종으로 화답하고 여호수아를 지지한다(16-18절).

본 장의 첫 두 단락은 두 가지의 자연스러운 세부사항들을 포함한다. 첫 단락에서(1-9절) 여호와께서는 여호수아가 요단을 건너 그 땅을 정복해야 한다는 것(2-6절)과 모세의 율법을 준수해야 한다는 것(7-9절)을 지시하신다. 마찬가지로 두 번째 단락에서도(10-15절) 여호수아는 백성들에게 여호수아의 명령을 받는 두 그룹으로 나누어서 두 개의 세부사항을 알리는데, 여호수아는 11절에서 '백성의 관리들'에게 요단으로 나아갈 준비를 하라고 지시하며, 12~15절에서 여호수아는 강 동편에 거주하는 지파들에게 처음으로 그들의 형제들과 함께 건너가서 가나안을 차지하게 도우라고 지시한다(1, 10절, 그리고 12절은 이 연설들의 배경과 개요를 제공한다).

여호수아에게 부여된 두 번째 부분의 첫 세부사항은(2-6절) 두 가지 명령문을 포함하고 있다. "요단을 건너…… (그 땅으로) 가라"(2절), "강하고 담대하라"(6절). 그러나 이 명령들은 다소 사라지는데, 여호와의 활동에 대한 여섯 가지 약속 가운데 들어 있기 때문이다. "내가 주었노니", "내가 (그들의 조상에게) 맹세하여", "너희의 영토가 되리라", "너를 능히 대적할 자가 없으리니", "내가 너와 함께 있을 것임이니라", "내가 너를 떠나지 아니하며 버리지 아니하리라" 그러한 신성한 약속들은 하나님의 능력을 높이고 인간의 활동은 오히려 불필요한 것으로 만들어 버린다. 이러한 하나님의 역사에 대한 강조는 요단을 건너라는 명령 다음에 이어지는 주제들과 동사의 시제에서 특히 분명하다. 첫 번째 동사는 소위 미완료형(imperfect)인데, 이것은 NRSV와 NIV에서 옮긴 것처럼, 미래의 행동이나("너희 발바닥으로 **밟게 될** 곳은"〈your foot **will tread**〉), 또는 CEV에서 선택한 표현처럼, 전형적인 행동으로("너희 발바닥으로 **밟는 곳은**"〈your foot **happens to tread**〉) 번역될 수 있다. 히브리어 미완료형 시제는 여호와께서 여호수아에게 말씀하시는 그때는 이스라엘이 가나안에 발을 들여놓지 않았다는 사실을 반영하는데, 그들이 그 땅에 들어간다는 말은 어떤 것이든 가정에 불과하다. 그러나 여호와께서 주어가 되시고, 히브리어로 완료형(perfect) 시제인 두 번째 동사는 적절하게 과거 행위로 번역된다. NRSV는 이것을 다음과 같은 번역으로 표현하는데 "내가 너희에게 **주었노니**"(I **have given** to you). 반면에, NIV와 CEV(그리고 그리스어 버전에 반영된 것)는 그 동사를 영어의 미래시제로 표현한다. "내가 너희에게 줄 것이니"(I will give to you). 이 번역본들이 미래시제를 선택한 것은 히브리어 완료형의 문법적인 중요성과 그것이 전해 주는 신학적 의미를 대수롭지 않게 여기는 것이다. 말하자면, 비록 가나안 정복 전투가 시작되지 않았음에도 불구하고, 하나님은 이미 이스라엘이 그 땅을 차지하도록 결정하신 것이다. 가나안이 선물이라는 개념의 중요성은 '주다'를 의미하는 동사 어원이 여호와 하나님 또는 모세를 주어로 이 장에서 여덟 번이나 나온다는 사실에 드러난다. 이스라엘은 오직 그 땅을 '취하는'(11절과 15절) 역할을 맡고 있는데, 그들이 역량을 발휘하는 것은 하나님의 은혜 덕분이다. 우리가 이미 살펴보았듯이, 이런 개념은 여호수아 전체를 관통하는 주된 주제이다(수 2 : 9, 14, 24 ; 5 : 6 ; 8 : 1 ; 9 : 24 ; 13 : 6 ; 18 : 3 ; 22 : 4 ; 23 : 13, 15-16 ; 24 : 13).

"강하고 담대하라"(6a절), 여호와의 말씀 첫 부분에 나오는 이 결정적인 명령은 또한 두 번째 부분(7a, 9a절)에 나타나고, 여호수아에게 화답하는 백성들의 반응에 다시 나온다(18b절). 이러한 말은 성전(holy war)에 대한 지시

사항이 나오는 텍스트에서 보편적이다(신 3 : 28 ; 31 : 6-7 ; 수 10 : 25 ; 대하 32 : 7). 그러한 정황에서 소위 격려문은 전형적으로 이스라엘을 위해 싸우시는 하나님의 전투에 관한 언급과 나란히 놓인다. 그러므로 "강하고 담대하라"라는 말은 실제로 전투에 용감하게 참여하라는 것이 아니다. 오히려 이 말은 주로 여호와를 신뢰하고 의지할 것을 명령하는 표현이다(시 27 : 14 ; 31 : 24). 이스라엘이 그 땅을 접수하는 것은 인간적인 힘과 용기에 달린 것이 아니다. 사실 "강하고 담대하라"는 명령은 이미 가나안 땅을 선택하시고, 그것을 이스라엘에게 열어 주신 하나님께 대한 특별한 반응을 요구하고 있다.

여호수아에게 하시는 여호와 하나님의 말씀 첫 단락에서 중심적인 주제는 가나안 땅의 획득이지만, 본문은 여호와께서 약속하신 영토의 확장에 관해서는 분명하지 않다. 4절은 그 땅에 관한 성서의 묘사들 가운데 유일무이한 곳으로서, 신명기 11 : 24이 가장 비슷하지만 여호수아 1 : 4은 의미를 나타내는 방법들에 있어서 신명기 본문으로부터 벗어난다(참조. 창 15 : 18 ; 신 1 : 7). 예를 들면 신명기 11 : 24은 명백하게 영토의 확장을 남(광야)에서 북(레바논)으로, 그리고 동(큰 강)에서 서(대해)로 표시하는데, 다윗-솔로몬 왕국(삼하 3 : 9-10 ; 24 : 1-9)의 최대 범위를 반영한다. 분명히 여호수아 1 : 4의 요소들과 병행하고 있다. '레바논'은 명백하게 통일 왕국의 북서쪽 국경을 형성하고 있었던 산악 지역을 언급한다. 이 경계로부터 그 영토는 동쪽의 유프라테스까지 뻗친다. 지중해는 그 영토의 서쪽 경계선을 긋는다. 그러나 신명기 11 : 24과 달리, 여호수아 1 : 4의 표현은 그 땅의 북쪽 부분에 있는 간격에 초점을 맞추어서 "광야와 이 레바논에서부터 큰 강 곧 유브라데 강까지"로 시작하고 확대한다. 더군다나 여호수아서의 영토에 대한 묘사는 동-서 축을 강조하는바, 아직 신명기 11 : 24에서와 같은 확실한 남북 경계는 그리지 않는다. 더 나아가서 '광야로부터'라는 표현은 분명하지 않다. 저자는 이스라엘 백성들이 그 땅에 들어가는 경로였던 (요단 강) 동쪽 지역을 의미하는 것일까, 아니면 창세기 15 : 18에 언급되었듯이("애굽 강에서부터 그 큰 강 유브라데까지"),

그 땅의 또 다른 경계 설정 안에 들어 있는 남쪽의 광야(네게브)를 의미하는 것일까? 여호수아서와 다른 경계 목록들 사이의 이러한 차이점들에 덧붙여, 여호수아 1 : 4은 유일하게 앞으로 차지하게 될 영토를 '헷 족속의 온 땅'이라고 부른다.

학자들은 4절의 이해되지 않는 모습들이 서기관의 실수 때문이라고 설명한다. 이들은 여호수아 1 : 4이 원래 신명기 11 : 24의 형식을 재확인하려던 것이었는데 필사자가 실수를 했고, 그것을 고치려는 의도에서 신명기의 원형과 의미가 다른 그 땅에 대한 묘사가 생겨나게 되었다고 추측한다. 이러한 관점이 맞을 수도 있지만, 이것이 여호수아 1 : 4의 현재 상태를 이해하는 데 도움을 주지 않는다. 분명한 것은 여호수아서의 기자들은 여호와께로부터 힘을 얻은 백성들이 군사력으로 차지하게 될 그 영토에 대하여 이 구절에서 장엄한 선언을 하고 싶었다는 것이다. 헷 족속에 대한 언급이 이러한 메시지를 암시한다. 여호수아서가 편집될 무렵의 앗수르와 바벨론의 역사적 자료들은 유프라테스 강 서쪽 지역을 '헷 족속의 땅'이라고 지칭한다. 이러한 문서들에서 헷 족속을 언급하는 것은 그 땅을 후기 청동기와 철기 시대 초기(주전 1550-900년)에 고대 근동의 많은 부분을 지배했던 강력한 아나톨리아 왕국과 동일시하는 것이다. 헷 족속(히타이트)은 이집트의 경쟁자였고, 그들이 공격한 도시 국가들과 지역들을 공포에 몰아넣었던 날카로운 전투 무기로 긍지가 높았다. 여호수아서가 기록될 때 이 제국은 역사의 뒤안길에 있었지만, 그들에 대한 기억은 여전히 지속되어서 그 지역이 헷(히타이트)이라는 이름으로 인식되었던 것이다. 여호수아서의 땅에 대한 묘사와 앗수르와 바벨론에서 나온 전쟁 기록들 사이의 양식이 관계 있다는 것을 인식하고 있는 여호수아서의 원래 청중들은, 마찬가지로 여호수아서의 저자가 이스라엘을 그들 시대의 이러한 거대하고 지배적인 제국들과 한 범주에 놓고 있었다는 사실을 느끼고 있었다. 발전 과정이 무엇이든지, 여호수아 1 : 4은 여호수아의 군대를 세계 제패 세력으로 확대시키고 있다. 이스라엘에 대한 이러한 이상적인 묘사는 백성에게 영감을 주고, 그들의 하나님과 함께라면 그 어떤 것도 불가능할 것이 없다는 커다란 믿음을 만들어 내는 데 의미가 있었다.

여호수아에 대한 여호와 하나님의 말씀 가운데 두 번째 항목(7-9절)은 6a절에 나오는 똑같은 명령으로 시작하고 끝난다. "강하고 극히 담대하라." 그러나 이 단어들은 7절에서의 용법과 6a절에서의 용법이 다르다. 이번에는 명령문 다음에 중요한 목적절이 뒤따른다. "나의 종 모세가 네게 명령한 그 율법을 다 지켜 행하고" 이 말들로 여호와께서는 여호수아로 하여금 활력을 얻게 하시고, 하나님의 약속에 관계된 것들을(6a절에 나오듯이) 신뢰할 뿐만 아니라 순종의 토대로써 그로 하여금 '강하고 담대하게' 만드신다. 말하자면, 여호와께서는 여호수아가 모세의 말대로 행할 수 있도록 '하기 위하여' 그로 하여금 담대하라고 가르치신다. 이러한 어구의 용법에 함축된 것들은 심오하다. 여호와께서 훈계의 첫 부분에서 강하고 담대하라고 하신 의도는 그 땅이 하나님의 선물이라는 믿음을 고취시키려는 것이다(2-6절). 그리하여 군사 지도자에게 뭔가 구체적이고 측정할 만한 (그 땅을 차지하라는) 임무가 주어질 것이 기대되는 곳에서, 그의 소명은 하나님의 역사를 믿는 것이다. 그 말씀의 두 번째 단락에서 여호와께서는 실제로 여호수아가 특별한 행동을 하도록 자극하시지만, 그의 약속된 행위는 (그 땅을) 정복하는 것이 아니라 율법에 순종하는 것이다. 확실히, 정복과 순종이 여호수아서에서는 결코 분리되지 않는다-이스라엘의 가나안 점령은 항상 '여호와의 종 모세가 명령한 것'(수 11 : 12)에 따라 좌우된다. 그럼에도 불구하고, 여호와의 말씀 서두에서 순종은 분명히 여호수아와 이스라엘 백성들에게 최상의 사명이다.

'이 율법책'이라는 말은 모세가 모압 평지에서 이스라엘에게 처음 전달했던 일련의 계명들처럼 여호수아의 헌신 대상을 명시해 준다. '책'은 신명기 4 : 44~30 : 29에 있는 법률이라고 더 정확하게 구분할 수 있다. 신명기 1 : 1~4 : 43은 이 장들에 나오는 명령들의 도입부이며, 신명기 31 : 9~13, 24~29(참조. 신 27 : 3)은 그러한 명령들을 보존하기 위해 훗날을 대비하고 있는데, 글을 돌에 새기는 것(신 27 : 3 ; 31 : 9-13, 24-29)과 회중 앞에서의 낭독을 포함한다.

모세의 율법과 관계 있는 여호와 하나님 명령의 핵심 가운데 두 가지 명령이 다음과 같은 법과 관련하여 여호수아에게 할당된다. (1) "이 율법책을 네 입에서 떠나지 말게 하며", 그리고 (2) "주야로 그것을 묵상하라." 첫 번째 명령은 과거의 몇몇 해석자들에게 문제가 되었다. 특히 칼뱅(Calvin)은 만약 그 명령이 텍스트를 읽는 것에 관심을 둔 것이라면, 왜 하나님이 눈이 아니라 입을 언급하셨는지 당혹스러워했다. 그는 여호수아의 입을 언급한 것은 여호수아가 모세의 율법을 백성들에게 가르쳐야 할 책임이 있다는 것을 의미한다고 주장했다(*Joshua*, p. 33). 여호수아서의 말미에서 모세의 율법은 백성들에게 주입되고 있다(수 23 : 6-13). 그럼에도 불구하고, 이것은 여호수아 1 : 7에서 그 입을 언급한 의도는 아니다. 그 의미의 열쇠는 병행 진술에 있다. "(너는) 주야로 그것을 묵상하여." '묵상'이라는 표현은 무엇인가를 낮은 소리로 중얼거리는 것과 비슷하다. 그러므로 이것은 혼자 읽을 때조차도(행 8 : 30) 성서 시대에서는 일반적이었던 소리 내어 읽는 관행을 반영하고 있다. 여호수아의 '묵상'은 일반적인(또는 조용한) 명상이 아니라 활동적인 독서와 학습인 것이다.

'율법책'과 현대의 독자들

여호와께서 여호수아에게 하신 명령의 두 번째 부분은 무엇이 이 책에서 중심적인 신학적 이념인지 논증하고 있는데, 그것은 (여호수아) 자신과 공동체를 모세의 교훈(신 5 : 32-33 ; 17 : 11, 19-20)에 일치시켜야 할 필요성이다. 그러나 이러한 신학적 관심은 여호수아서를 읽는 많은 현대 독자들에게는 아주 이상하다. 로마서 7 : 6의 "이제는 우리가…… 율법에서 벗어났으니"라는 바울의 말은 교회의 자의식을 형성함으로써, 기독교인들은 종종 성서의 율법 부분을 그리스도 안에 있는 계시에 압도된 케케묵은 것으로 판단하면서 평가절하한다. 실제로 율법에 복종하라고 말하는 것은 신약성경에서 거부하는(롬 4 : 13-15 ; 갈 3 : 6-18) 행위로 인한 의로움을 의미하는 것으로 보인다. 율법을 변호하는 와중에 어떤 사람들은 히브리어 '토라'가 '교훈'이라는 포괄적 의미를 가진 어근에서 비롯되었음을 지적해 왔다. 그러므로 구약의 첫 다섯 권의 책들은 정관사를 붙여서 '그 토라'라고 했는데, 이 책들은 이스라엘에 대한 하나님의 은혜로운 선택과 구원을 열거하고 있는 커다란 이야기 가운데 있는 성문화된 규정집이라는 것이다. 이러한 인식이 진행된다면, 기독교인들은 '그 토라'를 율법과 '복음'이 둘 다 포함된 것으로 받아들일 수 있다는 것이다. 즉, 율법은 그 거대한 구원의 역사에 끼워 넣어져서 하나님의 은혜에 응답하는 적절한 수단을 제공한다는 것이다. 그러나 여기서 이런 관점의 유용성은 제한적이다. 왜냐하면 여호수아 1 : 7~8에서의 '토라'는 모세오경 전체를 언급하지 않고, 다만 제한적으로 신명기에 나오는 '규례와 법도'(신 5 : 1)를 가리키고 있기 때문이다. 달리 말해서 여호수아에서 '율법'이라는 용어는 매우 좁은 의미로 사용되는데, 대부분 법률 조항들로 구성되어 있는 모세의 신명기 설교를 함축한다.

그럼에도 불구하고, 교회는 너무 성급하게 여호수아서의 율법을 딱딱하고, 교조주의적이고, 제한적이라고 단정 지어서는 안 된다. 오히려 터렌스 프리심(Terence Fretheim)이 논증한 대로, 신명기에 있는 모세의 교훈은 모두가 첫 번째 계명으로부터 더 나아간 것이며, 어떻게 사람이 하나님께 대하여 완전한 헌신을 보여 줄 수 있는지 세부적으로 묘사하고 있다(*Deuteronomic History*, pp. 23-24 ; 아울러 196-214쪽의 여호수아 24장에 대한 주석 참조). 다시 말해서, 신명기의 세부적인 율법들은 이스라엘이 처음에 검토하고서는 하나님께 대한 그들의 의무를 완수했다고 주장할 수 있는, 철저한 목록을 제시하려는 것이 아니었다. 오히려 이 율법들은 이스라엘이 하나님 한 분만을 사랑하고 온 마음과 성품과 힘을 다해 하나님께 헌신할 수 있다는 것을 보여 주는 방법들을 선정한 기록물이었다.

더군다나 신명기에 있는 그 율법들을 집합적으로 생각할 때 그것들은 결코 교조주의적이거나 생명력 없는 것들이 아니다. 모세의 명령들이 다 함께 모아져서 가나안에서의 평등과 정의를 확신시키는 일종의 제도가 되었다. 신명기 법의 이러한 기능을 묘사하는 것들 가운데 가장 분명한 것은 신명기 17 : 19에서 "평생에…… 여호와 경외하기를 배우며" 모세의 명령들을 읽어야 한다는 왕에 대한 교훈이다. 왕에 대한 토라의 이 의도적인 강조는 그가 자기 자신을 이스라엘의 다른 사람과 똑같이 여겨서 "그의 마음이 그의 형제 위에 교만하지 아니하고 이 명령에서 떠나 좌로나 우로나 치우치지"(신 17 : 20) 않게 한다. 그리하여 모세의 토라는 한편으로는 다른 사람들에게 정의를 베풀고, 다른 한편으로는 하나님이 궁극적인 통치자임을 인식할 것을 촉구한다. 달리 말해서, 여호와께서는 여호수아에게 실생활과 동떨어진 법조문을 묵상하라고 명령하신 것이 아니라 압제받는 자들을 해방시키고, 약자에 대한 정의를 실현하고, 평등사회를 만들어 낼 목적을 가진 지침에 대하여 묵상하라고 명령하신 것이다. 여호수아의 관심 대상은 민주 국가의 제도만큼이나 역동적이고 자유주의적인데, 사실은 신명기 법이 같은 목적으로 쓰이도록 의도되어 있었다(McBride, "Polity of the Covenant People", pp. 229-244).

법에 대한 이러한 강조는 또한 부수적인 반감을 일으키는데, 이를테면 법의 주체에 복종하는 것은 자동적으로 성공을 보장한다는 개념이다. 본문의 첫 장에서 법을 준수하는 것이 번영을 가져온다는 주장이 두 번 선포된다.

> "그 율법을 다 지켜 행하고 우로나 좌로나 치우치지 말라 그리하면 어디로 가든지 형통하리니"(7절).

> "주야로 그것을 묵상하여 그 안에 기록된 대로 다 지켜 행하라 그리하면 네 길이 평탄하게 될 것이며 네가 형통하리라"(8절).

그러한 언급들은 복종과 물질적인 이익 사이에 인과관계를 내세우는 순전한 보상신학의 표현처럼 보인다. 그러나 이러한 해석에는 두 가지 문제점이 있다. 첫째, 토라에 복종하도록 명령하는 것과 현세적인 성공 약속은 그 땅이 선물로 주어진 것이라는 선포(3절) 이후에만 나온다. 토라에 대한 신뢰는 선행조건이 아니라 하나님의 은혜에 대한 반응인 것이다(참조. 여호수아 23장에 대한 주석). 둘째, '번성하다'와 '성공하다'라는 성서적 표현을 주의 깊게 살펴보면 (보상에 대한) 이해는 엄밀하게 여기와 같지 않다. 첫 번째 단어(히브리어 '사칼'〈śakal〉, '성공하다')는 종종 신중함과 지혜를 묘사한다. 예를 들어, 이 용어는 시편 2 : 10에서 이 땅의 왕들이 주님과 그의 기름 부은 자에게 복종함으로써 '지혜롭게 되라'는 훈계에 나타난다(참조. 시 14 : 2 ; 119 : 99 ; 잠 1 : 3 ; 10 : 5 ; 14 : 35). '번성하기'(히브리어 '짤라흐'〈ṣalaḥ〉)도 비슷하다. 이 어구는 옳은 길을 택하는 것과 관계가 있고, 때때로 그 어원은 '번성'을 의로운 행동의 상징으로 표현한다(시 37 : 7). 그러므로 '번성하기'라는 뜻이 의도하는 것은 창조주 앞에서 자신의 적절한 위치를 아는 지식 가운데 사는 것이다. 하나님의 주권이 적절하게 인식될 때에만 믿는 백성(the believer)은 겸손, 인정, 그리고 정의로 특징지어지는 선한 길 위에 서게 된다. 여호수아는 토라를 묵상하면 그렇게 여호와를 의지하게 된다고 선언한다. 이러한 겸손과 윤리적 행동 사이의 상호관계는 말씀을 듣고 실천하는 것에 관한 예수의 가르침과 아주 유사하다(마 7 : 24-27 ; 눅 6 : 47-49). 말씀을 제대로 들은 사람들은 동시에 하나님과 이웃에게 제대로 다가선다. 그러므로 왜 예수가 율법을 철 지난 것으로 거부하지 않으시고, 대신 인간에게 가장 크고 가장 훌륭한 계명으로 신명기의 명령들을 보이셨는지 쉽게 알 수 있다(신 6 : 4-5 ; 마 22 : 36-40 ; 막 12 : 28-34 ; 눅 10 : 25-28).

안식에 대한 약속

여호와께서 여호수아에게 두 번 말씀하셨듯이, 다음으로 여호수아는 백성들에게 두 가지를 가르친다. 이스라엘 백성들에게 행한 두 연설에서 반복되는 주제는 여호와께서 조상들에게 맹세하신 그 땅을 소유하라는 것이다. 첫 번째이면서 가장 짧은 메시지는 '백성의 관리들'(10-11절)에게 한 것이다. 이 부분에서 여호수아는 체계적으로 전쟁 지침을 하달한다.

'관리'와 '진중' 같은 용어들은 군사적 배경을 암시한다. 더군다나 11절에서 두 번 나오는 히브리어 '야라쉬'(yaraš)는 '소유하다'나 '탈취하다'를 뜻하는데, 대개 무력으로 어떤 것을 취한다는 의미를 갖고 있다(신 1 : 8, 21, 39). 그러나 군사적 언어와 이미지가 있음에도 불구하고, 포괄적인 점은 그 땅이 쟁취되지 않고 주어진다는 것이다. 이것은 정복이 평화적이고, 부드러운 임무 수행임을 의미하는 것이 아니라 여호와께서 그 땅을 주시는 것이기 때문에, 이스라엘이 그들의 군사적 능력이나 자신들을 지키는 데 성공한 것에 대하여 자랑할 이유가 전혀 없다는 것이다. 즉, 그들의 가장 큰 관심은 복종과 믿음이 되어야지, 군사적 훈련이나 작전이 아니라는 것이다.

여호수아의 연설 가운데 두 번째 부분은 르우벤, 갓, 그리고 므낫세 반 지파를 향하고 있다(수 1 : 12-15). 여호수아는 이 지파들이 요단 동편에 거주하게 될 것이라는 모세의 처음 약속을 반복한다. 모세는 이 둘과 반 지파에게 동쪽 영토를 할당하면서, 먼저 그들이 요단을 건너 동족 이스라엘의 가나안 정복을 도우라고 명령했다(신 3 : 12-17, 18-22). 여호수아 1 : 12~15은 똑같이 한다. 안식과 땅에 대한 하나님의 약속을 재확인하는 것 역시 모세와 여호수아, 신명기서와 여호수아서 사이의 또 다른 대칭을 만들어 낸다. 여호수아는 모세의 명령을 효과적으로 요약하면서 지속적으로 따르고 있다.

'안식'은 동편 지파들에게 주는 여호수아 훈계의 중심적인 주제로써 여호수아서의 후반부에서 또다시 부각된다(21 : 44 ; 22 : 4). 여호수아 1 : 12~15에서 이 용어는 두 번 나오는데, 이 둘은 약간 다른 형태이다. "너희의 하나님 여호와께서 너희에게 **안식을(안식처를)**[1] 주시며 이 땅을 너희에게 주시리라"(수 1 : 13b), "여호와께서 너희를 **안식하게**[2] 하신 것같이 너

---

1. 히브리어로 현재형 분사 '메니악'(manīaḥ)을 사용했는데, 분사의 명사적 용법상 '안식하는 장소'를 나타낼 수 있다. 그래서 저자는 a place of rest로 번역했으나, 한글개역성경에서는 단순히 '안식'으로 해석했다.-역자주.
2. 13b절에서 사용된 단어 '메니악'의 어근 '누악'(nûḥ)을 미완료형(imperfect) '야니악'(yanīaḥ)으로 표현했는데, 13b절과 달리 순수한 동사적 의미를 나타내고 있다

희의 형제도 안식하며 그들도 너희의 하나님 여호와께서 주시는 그 땅을 차지하기까지 하라……"(15a절). 핵심 용어는 처음에 동편 지파들에 대한 약속에 나오고, 다음에는 요단 서편 땅을 정복한 자에 대한 언급에서 나온다. 이 두 경우에 '안식'은 그 땅에서 적이 없이 사는 것을 말하는데, 출애굽 당시의 중심적인 소망이었다(출 33 : 14). 그러나 이 주제에 신학적 유입이 충분히 이루어진 것은 여호수아서의 최종 형태인 포로기 배경에서만 이해된다. 만약 '안식'에 관한 그런 말이 점령군으로서 또는 세계를 정복할 힘을 가진 이스라엘에게서 나온 것이라면, 그들의 '안식'은 탈취당하는 다른 이들이 안식을 누릴 수 없게 만드는 결과를 야기할 것이다. 하지만 여호수아 1 : 13과 15절에서 안식과 가나안 점령은 사실 바벨론의 예루살렘 파괴로 말미암아 그들 자신이 약탈당하는 한 민족 자신에게 주어진 약속이다. 여호수아서의 청중이 가진 이 역사적 전망은 설교자에게 필수적이다. 포로생활의 정황에서 여호수아 1장을 읽게 되면 교회로 하여금 '안식'이란 트라우마와 파괴 이후의 구원과 치유의 결과라는 것을 이해하게 만든다. 설교자는 이혼, 파산, 질병 등과 같은 단절과 '안식'에 대한 포로기 이스라엘의 소망을 평행선상에서 찾을 수 있다. 여기서의 의미는 레이놀즈 프라이스(Reynolds Price)의 소설 「안식의 약속」(*The Promise of Rest*)에서와 비슷하다. 소설은 캘리포니아 북부 출신의 웨이드 허친슨(Wade Hutchinson)이라는 젊은이에게 초점을 맞추는데, 그는 부모로부터 외면당했고, 에이즈 환자로 뉴욕에 산다. 아버지의 요구로 그의 생애 마지막 기간 동안에 그는 집으로 돌아간다. 웨이드의 죽음은 육체적 고통으로부터의 구원을 가져오고 깨졌던 가족이 치유되는 상황을 만들어 낸다. 여호수아 1 : 13과 15절에서 적용되는 안식에 대한 약속은 바로 그러한 불확실한 상황에서 약속된 위로를 반영해야만 한다.

히브리서 3 : 7~4 : 11은 안식에 대한 약속을 하나님의 영원한 평화와 구원의 확실성에 연결시킨다. 히브리서 저자는 처음에는 이스라엘에게

(gives rest). -역자주.

궁극적인 안식이 가능했었지만(출 20 : 11), 믿음이 없어서 이스라엘 백성들은 안식을 빼앗기게 되었다고(시 95 : 11) 단언한다. 안식이 여호수아를 통해서 완전하게 이루어진 것은 아니었다. 그래서 다윗은(시 95 : 11에서) 안식을 위한 기회는 여전히 열려 있다고 선언한다. 히브리서는 이 안식이 믿음으로 말미암아 들어오고 그리스도를 통한 하나님의 은혜로 특징지어지는 것임을 인식하고 있다.

여호수아 2장

라합과 이스라엘 정탐꾼들

여호수아 2장은 이 책에서 가장 풍성하고 가장 복잡하게 엮어진 이야기들 가운데 하나이다. 여기서는 반어법, 유머, 그리고 민간전승의 속성들을 채택하고 있는데, 한 기생이 이스라엘이 여리고를 공격하는 동안 자신과 자신의 가족들을 지키기 위해 남자들로 이루어진 두 그룹을 재치 있게 농락한다는, 거부할 수 없는 플롯을 만들어 낸다. 이 이야기는 긴장감, 성적인 풍자, 약자의 승리 등과 같이 현대의 청중들이 멋진 스토리에서 기대하는 모든 것들을 담고 있다. 이러한 모습 때문에 여호수아 2장은 문학적 예술성에 있어서 인정받을 수 있고, 또 그래야만 한다. 그러나 이 장은 또한 여호수아서의 신학을 위해서도 극히 중요하다.

여호수아 2장은 한때 조화를 이루었던 두 개의 스토리 사이에 삽입된 것처럼 보인다. 실제로 여호수아 3 : 2은 여호수아 1장과의 연속성을 보여주는 '삼 일 후에'라는 시간적인 표현을 사용하는데, 그것은 똑같은 기간을 언급한다(1 : 11 참조). 더 나아가서 2장에 나오는 정탐꾼의 임무는 여호수아의 위임식과 요단 강 도하 사이를 지나는 삼 일보다 더 길게 걸렸다는 사실이 주목되어 왔다(그리고 여호수아 2 : 22은 정탐꾼들이 라합의 집을 떠난 후에 사흘 동안을 그 산에 머물렀다고 말한다). 비록 '삼 일'이라는 표현이 상징적인 의미라 할지라도, 라합 이야기는 여전히 1장과 3장 사이에서 논리적인 연결을 단절시키는 것으로 보인다. 그러나 정복 기사의 서두에 있는 이 이야기의 편집적인 위치는 그것의 신학적 의미를 암시한다. 그 이야기는 이스라엘이 그 땅에서 살아 있는 것들을 어떻게 다루었는가에 대한 질문을 절정에 둔다. 더 자세히 말해서 그 이야기는 진멸의 법을 수행하는 것, 즉 가나안의 모든 거주민들을 멸절하는 것이 신명기 법에서 지시하는 것보다(신 20 : 10-18) 훨씬 더 어렵고 복잡하다는 것을 독자들에게 알려 주고 있다. 이러한 긴장감은 라합이라는 인물이 존경심과 동정심을 불러일으키기 때문에 생겨난다. 결과적으로 그녀에 대한 호의적인 태도는 6장과 이 책의 나머지 부분에서 벌어질 진멸의 법의 도입부를 이룬다.

구조와 내용전개

이야기를 시작하면서 여호수아는 두 명의 정탐꾼에게 임무를 부여하는데, 이들은 여리고를 두루 다니고 라합의 집에 묵게 된다(1절). 이 이야기는 세 개의 주요한 장면들을 갖고 있는바, 각각은 라합과 이스라엘 정탐꾼, 또는 라합과 여리고 왕이 보낸 사자들 사이의 대화 모습으로 나타난다. (1) 2~7절에서 (여리고) 왕은 그의 사자들에게 정탐꾼들이 어디에 숨었는지 알아오도록 시키고, 라합은 정탐꾼들을 자기 집 지붕에 숨긴 후에 왕의 부하들이 엉뚱한 곳에서 헤매도록 거짓 정보를 흘린다. (2) 8~14절은 라합의 지붕이 배경인데, 거기서 정탐꾼들은 삼대 밑에 숨어 있고, 라합은 그들과 협상을 하며, 결국 여리고 성이 파괴될 때 그녀와 그녀의 가족들은 구원을 얻는다. (3) 15~21절에서 라합은 두 사람을 성벽에서 달아 내려주고 도망갈 길을 가르쳐 준다. 이 지점에서 정탐꾼들은 라합에게 자신들의 맹세를 보증하는데, 그들은 라합에게 (이스라엘이) 공격을 할 동안 그녀의 창문 밖에 붉은 줄을 달아 매고, 가족들은 그녀의 집 안에 있도록 하라고 요구한다. 그들은 그녀가 정탐꾼의 임무에 대하여 절대 비밀을 지켜야 한다고 요청하며 떠난다.

성적인 풍자는 이 이야기에 퍼져 있고, 전체 플롯을 이끌어 가는 힘이다. 라합이라는 이름 자체가 유혹적이고 자극적인 이미지들을 떠올리게 하려는 의도일 수 있다. '열다'(to open)를 의미하는 셈어 어근 rḥb는('열린 장소' 또는 '넓은 장소'를 의미하는 명사형을 파생시킨다.) 우가릿 서사 자료에서 여성의 성기를 언급하는 데 사용된다. 마찬가지로, 같은 용어가 종종 구약성서에서 성적인 부적절함과 관계된다(사 57 : 8 ; 겔 16 : 24, 31). 이런 증거는 엘런 데이비스(Ellen Davis)로 하여금 이 이름은 '군인들의 오래된 농담'(an old soldier's joke)이었다는 제안을 하도록 만들었다("Critical Traditioning", p. 743). 말하자면 묘지 파는 사람을 '삽돌이'(Digger)라고 하는 것처럼, 그 명칭은 여자의 직업에 유머스럽게 붙여졌다는 것이다. 아마 이런 이유 때문에 바벨론 탈무드는 라합이라는 이름을 언급하는 것만으로도 화자로 하여금 성욕을 일으키게 할 수 있다고 말했을 것이다(탈무드 '메길라' 15a). 그러나 만약 이런 것을 라합의 이름과 관련시키는 것이 정확하다면, 그 유머는 역설적이다. 데이비스도 지적했듯이 라합은 이름이 가리키는 것처럼 '허술하지'(broad) 않다. 오히려 그녀는 이 이야기에서 가장 영악한 인물이다. 그녀는 정탐꾼을 잡으려는 왕의 노력을 방해하고, 정탐꾼들이 그녀와 그녀의 가족을 보호하겠다는 맹세를 하도록 일을 꾸민다. 더군다나 여호수아 2장의 모든 인물들 가운데서, 라합이 여호와 하나님의 주권을 가장 명확하게 인식하고 있으며, 그녀는 고전적인 신명기적 용어로 그러한 지식을 고백한다.

비록 라합의 이름에 대한 의미와 그 이름이 매춘과 관계되었을 가능성은 불확실하지만, 성행위에 대한 분명한 암시는 이야기를 이끌고 가는 데 도움을 준다. 첫 구절에 나오는 '들어가'(축자적으로 '들어와')와 '유숙하더니'(축자적으로 '눕다')라는 표현은 때때로 성관계에 대한 우회적 표현으로 사용되기 때문에 라합과 이스라엘 정탐꾼 사이의 사적인 관계를 암시한다. 실제로, 1절은 정탐꾼들이 단지 라합의 집에 들어갔다고만 하기 때문에(사사기 16 : 1과 비교하라.) 그들이 라합의 고객이었는지 아닌지는 모호하다. 분명한 것은 라합이 왕의 사자들로 하여금 그들이 그녀의 고객이었다고 믿게 함으로써, 그들이 왕보다 더 유리한 입장에 놓이도록 유도했다는 것이다. 그녀는 왕의 신하들에게 단언한다. "과연 그 사람들이 내게 왔었으나 그들이 어디에서 왔는지 나는 알지 못하였고"(4b절). 그녀의 진술이 함축한 것은 성안에서 일어나는 일에 그녀는 관심이 없고, 단지 그녀의 사업에만 신경 쓸 따름이라는 것이다. 독자는 이미 라합이 그 남자들을 숨겼으며 그 남자들이 떠났다는 그녀의 말은 거짓임을 안다(5a절). 더 나아가서 "급히 따라가라 그리하면 그들을 따라잡으리라"는 그녀의 제안은 날조된 것이다(5b절). 라합은 그녀가 정탐꾼들의 피난처를 제공했다는 사실을 감추기 위해 기생이라는 그녀의 신분을 효과적으로 사용한다.

라합의 신분이 기생이라는 것에 부담을 느낀 후대의 해석가들은 그녀 직업의 합법성을 위해 그녀를 지주(landlord〈아람어역 또는 탈굼〉), 주모(an innkeeper, 요세푸스, 「유대 고대사」 5.1.2), 또는 잡화상("dealer of goods", 중세 주석가 라쉬〈Rashi〉는 이러한 해석을 위해 '기생'이라는 히브리어 '조나'〈zonah〉와 비슷한 단어로 '상품'이라는 뜻을 가진 '존'〈zwn〉을 사용했다.)으로 불렀다. 그러나 여호수아 2장에서는 그러한 거리낌이 전혀 없다. 여호수아 2장에서 라합에 관해 물을 수 있는 유일한 질문은 "그녀는 어떤 종류의 기생이었는가?"이다. 이 질문에 어떻게 대답하느냐가 이 이야기의 해석 전반을 결정한다. 예를 들면, 만약 라합이 땅을 비옥하게 만드는 이방 신에게 힘을 실어 주기 위한 제의의 한 부분으로써 성행위를 제공하는 신전 창기였다면, 이 이야기는 하늘과 땅의 진정한 하나님이 누구인가에 대한 도전을 묘사하는 것이다. 이런 생각에 이어서, 어떤 사람들은 라합이 달을 섬기는 여사제로서 그녀는 지붕을 제의 장소로 사용했고, 정탐꾼들을 가렸던 삼대는 동시에 이교 예식을 돕는 도구였다고 제안해 왔었다. 그런 각본에 따르면, 라합의 신앙고백은 최고의 신 여호와께 그 땅이 복종했다는 것을 의미한다(Noort, *Das Buch Josua*, p. 133).

그러나 해석이 흥미롭고 여호와의 권능에 대한 라합의 고백에 극적인 요소를 부여한다 할지라도, 본문에서 삼대가 무명천을 만드는 재료 이상의 무엇이라는 암시는 전혀 없다. 지붕은 이슬이 그 식물에 스며들어서 그 식물의 섬유질이 펴지도록 준비하는 데 최적의 장소였을 뿐이다. 더군다나 여기에서는 신전 창기를 위한 전형적인 용어('케데샤'〈qedešah〉; 신 23 : 18 ; 호 4 : 14 참조.)가 사용되지 않는다. 대신에 그 단어는 음행하는 자를 가리키는 더욱 일반적인 용어이다('조나'; 삿 19 : 2 참조). 비록 이 용어가 호세아 4 : 14과 창세기 38 : 21~22에서 신전 창기를 가리키는 단어와 짝을 이루고 있지만 여호수아 2 : 1에서는 단독으로 사용되고 있으며, 라합의 활동이 종교적임을 암시하는 단서는 전혀 없다. 그녀는 평범한 창기로서 아마도 가족의 빚을 갚기 위해 억지로 그 일을 했을 가능성이 가장 크다. 달리 말해서 라합은 여성들에게 생계 수단이 주어지지 않는 경제 체제의 희생자였으며, 그녀 같은 여자들은 때때로 삶의 극한에서 노비나 창기가 되는 것이 그녀들이 찾을 수 있는 유일한 선택이었다. 만약 그것이 이 이야기의 저자나 독자의 가정이었다면, 기생이라는 라합의 역할은 실제로 그녀에 대한 동정심을 극대화시켰을 것이다.

라합과 왕의 사자들이 대화하고 그들이 떠난 후의 장면은 짧은 언급으로 끝난다. "그들을 뒤쫓는 자들이 나가자 곧 성문을 닫았더라"(7b절). 닫힌 성문은 다음 장면을 위해서 중요한데, 왜냐하면 그것은 이제 정탐꾼들이 그 도시 안에 갇혔으며, 방금 그들을 구해 준 그 여인에게 도움 받고 있다는 사실을 효과적으로 나타내기 때문이다. 이야기에서 이 부분은 역설적인 것을 느끼게 한다. 표면적으로 라합의 고백과 생명을 구해 달라는 요청은 그녀가 정탐꾼들을 의지하고 있다는 사실을 가리키는 것처럼 보인다. 이야기 전체에서는 그녀가 그들에게 의존하고 있으나 그녀의 지붕에서, 쌓아 놓은 삼대 아래에서, 라합의 이웃들이 그들을 찾고 있는 상황에서는 정탐꾼들이 라합의 동정을 받고 있다. 라합은 추격자들로부터 이스라엘 남자들을 구해 낸 동시에, 그들로 하여금 그녀를 구원하겠다는 맹세를 시키고 있다. 그 사람들은 다음과 같이 말함으로써 라합이 그들보다 우위에 있다는 사실을 인식하고 있음을 보여 준다. "우리의 목숨으로 너희를 대신할 것이요." 이러한 힘의 전위(轉位)는 이스라엘 사람들이 성벽 밖에서 그들의 맹세를 보증할 때 또다시 나타난다. 라합이 지붕 위 은닉처로부터 그들을 풀어 주었을 때에야 비로소 그들은 라합과 협상하는 데 있어서 자유로움을 느끼게 된다. 그러나 그들이 자신들의 조건을 내걸 때에는 이미 라합의 주요한 요구가 맹세로 수용된 다음이다(Nelson, *Joshua*, pp. 49-52). 그러므로 이 이야기의 내적인 원동력은 자신과 자기 가족의 위기 상황을 잘 처리하는 이 여인의 지혜를 묘사하고 있다.

15a절에서 "라합이 그들을 창문에서 줄로 달아 내리니"라고 말할 때, 독자는 도시의 성문이 이미 닫혔음을(7절) 기억할 것이며, 이것이 정탐꾼들에게 얼마나 대단한 도움인지 알고 놀랄 것이다. 아마도 이런 문제를 설명하기 위해서 히브리어 본문은 그리스어 판에 나오지 않는 해설을 포함했을 것이다. "그의 집이 성벽 위에 있으므로 그가 성벽 위에 거주하였음이라"(15b절). 이 설명은 두 개의 평행한 벽으로 구성된 도시 방어체계를 위해 벽을 이중으로 덧붙인 요새의 구조를 말한다.[3] 고고학자들은 때때로 파편들로 가득 찬, 그러나 어떤 시대에는 창고로 또는 거주지로 구획된 그러한 성벽들 사이의 공간을 발견했었다. 이것은 여호수아 2 : 15b에서 묘사하는 라합의 거주지 형태이다. 15절에서의 설명은 어떻게 그 여인이 정탐꾼들을 도시에 가둬 놓고 맹세 후에야 그들을 풀어 줄 수 있었는지를 밝혀 준다.

라합의 신앙고백(2 : 9-13)

이 이야기의 두 번째 장면의 중심부(2 : 8-14)에 라합이 이스라엘의 하나님께 바치는 대담한 진술이 있다(9-13절). 확실히 그녀의 말은 그녀가 두 명의 정탐꾼을 보호하고, 그녀의 생명을 얻기 위해 감수하는 모험을 설명하는 데 많이 할애된다. 그럼에도 불구하고, 이 이방 여인의 말은 여호와 하나님의 능력과 정체성을 증거하는 방식에 있어서 충격적이다. 그녀의 담화는 두 부분으로 구성되어 있다. 9~11절에서 라합은 확고한 신앙

---

3. 원문에서는 'a casemate structure'(포대 구조)라고 되어 있지만, 여호수아 시대에 여리고 성벽에 대포가 있었을 리는 없기 때문에 '요새'라고 번역했다.

진술을 만들어 낸다. 12~13절에서 그녀는 도시가 공격을 받을 때 그녀 자신과 그녀 가족의 안전을 위해 탄원을 한다.

라합 진술의 신앙고백 부분(9-11절)은 두 개의 더 작은 단락을 갖고 있다. 첫 번째 단락(9절)은 "내가 아노라"라는 라합의 첫 선언에 토대를 두고 있는데, 이스라엘이 그 땅에 들어온 것에 대한 가나안인들의 공포 반응과 관련 있다. 그 다음에 그녀가 가나안 거주민들의 마음 상태에 대하여 '아는' 내용이 9절 안에서 세 개의 연결형 유사 구조로 나타나는데, 각각 똑같은 히브리어 불변화사(키〈ki〉)로 시작되며, 이 불변화사는 대개 '그래서'(for), '왜냐하면'(because), 또는 '~ 하는'(that) 등으로 번역된다. 이것은 라합의 진술에 확실한 운율과 구조를 제공한다. "내가 아노라 여호와께서 이 땅을 너희에게 주신 줄을 우리가 너희를 심히 두려워하고 이 땅 주민들이 다 너희 앞에서 (간담이) 녹나니"

이 고백의 두 번째 부분은(10-11절) "우리가 들었음이니라"라는 동사로 정렬되는 것이 분명한바, 두 구절의 서두에 나타난다. 게다가 이 동사들은 9절을 지배하는 똑같은 히브리어 불변화사로 그 행의 시작과 끝을 맺는다. 10절과 11절의 이 사소한 단어는 아마도 강조 용법으로 의도된 듯하다. 그러므로 대부분의 영어 번역에서 여러 군데가 다르게 번역된 것은 적절하다. "……**참으로(indeed)**, 우리가 들었음이니라"(10b절),[4] "너희의 하나님 여호와는 위로는 하늘에서도 아래로는 땅에서도 하나님이시니라"(11b절). 10절에는 라합이 가나안 땅에 대한 여호와 하나님의 능력과 통치를 인식했다는 사실을 강조하는 구절들의 연결점이 들어 있다. 각각 '어떻게'와 '무엇'으로 도입되는 구조가 유사한 세 개의 절에서 그녀가 들은 것을 표현하는 말에는 수사학적인 힘이 나타난다. "이는 너희가 애굽에서 나올 때에 여호와께서 너희 앞에서 홍해 물을 마르게 하신 **일과**"(How the Lord dried up the water……)(10a절),[5] "너희가 요단 저쪽에 있는 아모리

---

4. 히브리어와 영어에서는 '우리가 들었다'(we heard)는 표현이 구절 맨 앞에 나오지만, 우리말에서는 구절 마지막에 나온다.
5. 영어의 'how'에 해당하는 표현이 우리말에서는 '~일'로 표현되었다.

사람의 두 왕 시혼과 옥에게 행한 **일**"(What you did to the two kings ……)(10절 중반부),[6] "곧 그들을 전멸시킨 **일을**……"(How you put them ……)(10b절 ; NRSV에서는 "Whom you utterly destroyed"〈너희가 진멸한 그들을〉).

라합의 말 가운데 두 번째 핵심 부분(12-13절)에서 라합은 이스라엘의 정탐꾼들이 그녀의 친절에 대한 보답으로 그녀와 그녀의 가족들을 지켜 주겠다고 맹세할 것을 요구한다.

여기서의 핵심 용어 히브리어 '헤세드'(ḥesed)는 계약 관계에서 기대되는 신실함을 가리키려고 구약성서에서 사용되는데, 하나님이 이스라엘에게 보여 주시는 유형의 신실함이다. 라합은 정탐꾼들을 향한 그녀의 '헤세드'(12a절-'선대하였은즉')가 이스라엘로 하여금 그녀와 그녀의 식구들에게도 마찬가지의 신실한 행동을 하도록 요구하는 것이 당연하다고 논증한다(12b-13절).

여호수아 2 : 9~11은 창세기부터 신명기까지를 구성하는 다양한 문학적 요소들이나 자료들과 많은 관계를 맺고 있는데, 따라서 이 본문은 창세기부터 민수기까지만 주로 관계가 있다는 학자들(이들은 여호수아가 원래 육경의 한 부분이었다고 본다.) 또는 신명기까지 관계가 있다는 학자들(여호수아서는 원래 신명기 역사의 한 부분이라고 이해) 사이의 격전장이 되어 왔다. 의심의 여지없이 라합의 말 가운데 많은 부분은 신명기적 언어를 사용하고 있으며, 더군다나 이 이방 여인은 신명기 신학의 핵심을 표현한다. 예를 들면, 라합의 첫마디("말하되 여호와께서 이 땅을 너희에게 주신 줄을"〈9a절〉)는 여호수아 1 : 2에 나온 여호수아에게 하신 여호와의 약속과 신명기 1 : 21에 나오는 모세의 말과 병행한다. 그러므로 능숙한 신명기적 어법으로 라합은 이스라엘의 하나님이 그 땅의 진정한 주인이시며, 이스라엘에게 그 지역을 할당하도록 선택하셨다는 사실을 인정하고 있다.

---

6. 문장 구조상 '너희가 행한 일'(What you did……)이 영어에서는 문두에 나오지만, 우리말에서는 문미에 나온다.

라합의 말 가운데 나머지 대부분 역시 신명기에서 비롯된 단어들을 끌어다 쓴다. 두려움으로 가나안인들의 간담이 녹는 것에 대한 라합의 언급은, 모세가 자신이 보낸 정탐꾼들의 보고에 대한 이스라엘의 반응을 회상시켰던 것을 기억나게 하고(수 2 : 9, 11 ; 신 1 : 28), 가나안인들은 이스라엘이 그 땅에 들어감에 따라 '무서워하며 두려워하게' 될 것이라던 모세의 예언(신 2 : 25)을 상기시킨다. 라합이 이스라엘에게 패배한 아모리 족속의 두 왕 시혼과 옥에 대하여 말할 때, 그녀는 신명기에 나오는 모세의 첫 연설을 위한 일시적인 배경 부분의 역할을 하면서(신 1 : 4), 그 연설의 중요한 부분을 구성했던 주제를 꺼내 든 것이다(민 21 : 21–35 참조). 그녀의 신앙고백 부분에서 라합은 이스라엘이 시혼과 옥을 '전멸시켰다'고 말한다(수 2 : 10). 여기서 그녀는 '파괴로 하는 헌신'(to devote to destruction) 또는 '진멸의 법 아래 놓기'(to place under the ban)의 의미를 가진 히브리어 어근(하람〈ḥrm〉)의 동사형을 사용한다. 그 용어는 이스라엘이 점령하는 도시에서 모든 가나안 거주민들을 싹 쓸어버리는 관행을 지칭한다(신 20 : 10–20). 정탐꾼들과의 거래를 통해서 라합은 이러한 관행으로부터의 면제를 추구하는 것이다.

여호수아 2 : 9~11에 나오는 라합의 신앙고백은 그녀가 이스라엘이 가진 신앙으로 회심했으며, 계약공동체의 확실한 일원이 되었다고 결론짓고 싶게끔 한다. 유대교와 기독교의 많은 주석가들은 확실히 이런 방식으로 이 이야기를 읽어 왔다. 랍비들의 전승에서 라합은 여호수아와 결혼했고, 일곱 명의 왕과 여덟 명의 예언자들이 그녀의 가문에서 나왔다(Ginsberg, *The Legends of the Jews*, 4 : 5 ; 6 : 171 참조). 마찬가지로 마태복음 1 : 5은 보아스의 모친을 라합이라 명명하며, 그리하여 예수의 조상이 된다. 본문 자체는 실제로 그녀가 여호와께 헌신했다는 말을 하지 않는다. 그녀는 여호와를 '너희 하나님'이라고 말한다. 이것은 그녀의 신앙고백이 다른 신들에 대한 하나님의 능력을 객관적으로 관찰한 근거에 의한 것이지, 여호와에 대한 주관적 인식에 근거한 것은 아니다(수 2 : 11b). 그럼에도 불구하고 라합은 이스라엘의 하나님을 우주적인 주권자로서,

온 땅을 통치하고 그가 선택한 누구에게든지 그것을 줄 수 있는 능력 있는 분으로 인식한다. 이 이야기에서 그녀가 이스라엘의 하나님을 개인적으로 알고 있었는지 그렇지 않았는지는 그녀가 복종해야만 하는 힘을 가진 분으로 여호와 하나님을 적절하게 인정했다는 사실만큼 중요한 것은 아니다. 이러한 인식은 그녀를 기브온 거민을 제외한(수 9장) 모든 다른 가나안 족속으로부터 떨어져 나오게 한다. 정말로 라합의 말은 여호수아 5 : 1 ; 9 : 1~2 ; 10 : 1~5 ; 그리고 11 : 1~5에서 반복되는 유형을 따르고 있다. 이러한 보기들마다 그 땅의 거민들이 여호와께서 이스라엘을 위해 행하신 일, 또는 이스라엘이 여호와께서 부여하신 능력을 통해 한 일을 '들었다'는 사실, 그리고 그들은 두려워하거나 적대적으로 반응했다는 사실을 말한다. 라합과 기브온 거민들은 둘 다 특별히 여호와께서 애굽인들에게 하신 일과 여호와께서 이스라엘을 위해 시혼과 옥을 어떻게 정복하셨는지를 '들었다'고 선언한다(수 2 : 10 ; 9 : 9~10). 이러한 소식에 대한 그들의 반응은 침략자들과 계약을 맺으려고 시도함으로써 그들을 다른 가나안인들과 구별되게 한다(Stone, "Ethical and Apologetic Tendencies", pp. 25-36 참조).

이러한 관찰에 비추어 볼 때, 2 : 9~11에서 제공하는 라합의 고백이 이 가나안 여인을 엄밀한 의미에서 개종자로 묘사하기 위한 의도라는 사실은 분명하지 않다. 확실한 것은 그 고백이 이 창기를 명민하고 분별력 있는 여자로 특징짓는 데 공헌했다는 사실이다. 여리고 왕이나 기브온 거민을 제외한 다른 모든 가나안인들과 반대로 그녀는 즉시 이스라엘의 위협을 인지했고, 이스라엘 하나님의 권능에 굴복했다. 라합의 고백은 또한 이 이야기의 등장인물들을 넘어 신명기서를 아는 독자들에게 말하고 있다. 참으로, 여호수아서의 저자는 약속의 땅에서의 삶에 관한 하나님의 처음 약속들을 독자들에게 상기시키기 위해(신 1 : 21 ; 수 1 : 2), 그리고 그러한 처음 약속들이 유효했었다는 증거를 제시하기 위해 라합의 목소리를 사용했다.

라합의 붉은 줄(2 : 15-21)

라합 이야기에 풍부함과 복잡함을 더해 주는 것은 정탐꾼들이 라합에게 창문에 매어 두라고 명령한 붉은 줄에 대한 언급인데, 아마도 그녀의 집을 지켜 주기 위한 인식표였을 것이다. 유대인 전승은 라합의 줄의 붉은 색을 유월절 첫날밤에 죽음의 천사로부터 이스라엘 가정을 지켜 주었던 기둥과 문설주에 바른 피(출 12 : 7)와 연결시킨다. 마찬가지로 많은 기독교인 주석가들은 그것을 그리스도의 피에 대한 상징으로 여겨 왔다(Spurgeon, *The Treasury of the Bible*, 1 : 510). 그리스도의 피와 관련시키는 것은 이 이야기의 저자가 의도하지 않았던 명백한 후대의 해석이다. 그러나 이 이야기의 어떤 모습들은 유월절과 출애굽에 연결된다는 사실을 보여 준다. 말하자면, 창문 밖에 설치된 그 특정한 색은 애굽에서 현관에 뿌렸던 피와 유사하며, 정탐꾼들이 공격이 시작될 때 라합 가족의 생명을 지키기 위해서는 집 안에 있어야 한다고 라합에게 당부한 것은 그 밤에 죽음의 천사를 건너뛰게 만들었던 이스라엘 백성들의 행동(출 12 : 22)과 비교된다. 그러나 여호수아의 저자가 그런 상징적인 의미를 의도했던 것일까? 이 질문에 확답을 하는 것은 가능하지도 않고 필요하지도 않다. 여호수아 2장을 은유적으로 해석하는 전통 그 자체는 중요하지만, '올바른' 해석이란 단지 독자로 하여금 본문 저자의 마음과 완전히 일치하게 만드는 것이라고 생각하는 것은 착각일 수 있다. 저자의 의도에 대한 질문은 중요하지만, 그것은 그 질문이 우리로 하여금 처음의 독자들에게 의미가 있었던 본문의 모습을 이해하도록 도와주기 때문인 것이다. 말하자면 저자의 의도를 탐구하지 않을 때, 우리는 너무 빨리 후대의 해석으로 가 버리기 때문에 그 이야기 가운데 어떤 것들은 원래 의미를 잃게 된다.

그 붉은 줄에 대하여 몇 가지 쟁점들을 분류할 필요가 있다. 첫 번째로 그 대상 자체에 관해 대답해야 하는 질문들이다. '줄'은 무엇을 의미하는가? 그것은 이미 라합의 집에 있었던 것일까? 아니면 정탐꾼들이 그녀에게 준 것일까? 이스라엘 정탐꾼들이 그 줄이 마치 그들 앞에 있는 것처럼 말했기 때문에(이 붉은 줄을), 그리고 라합이 창문으로 그들을 달아 내린 후에 그들이 말한 것이기 때문에(18절 참조), 그것을 라합이 그들을 안전하게 달아 내린 그 줄로 이해하고픈 유혹이 생긴다. 그럼에도 불구하고, 이야기의 의도는 그렇지 않은 것 같다. 히브리어에는 '줄'을 의미하는 단어가 있는데, 15절에서 라합이 정탐꾼들을 창문으로 달아 내린 수단으로 묘사하기 위해 나온다. 비록 15절의 언급이 몇몇 학자들이 제안하듯이 본문에 부가된 설명이라 할지라도, 그런 언급을 부가한 사람들은 18절과 21절에 나타나는 '줄'의 의미와 다른 단어를 선택했다.

히브리어로 '붉은 줄'을 표현하는 단어는 실제로 세 개이며, 붉은 색을 가리키는 것을 포함해서 서로 관계가 있다. '줄'로 번역된 단어는 '티크바'(tiqwah)인데, '늘이다, 단단해지다'라는 동사적 의미에서 유래하여 '기대될 만하다'로 확장되었다. 구약성서의 다른 곳에서 명사형은 이차적 함의로써 '희망'을 의미한다. 많이 나타나는 또 다른 형태(카브〈qaw〉)는 항상 건축에서 사용되는 측량줄을 가리킨다(왕상 7 : 23 ; 욥 38 : 5). 만약 이 용어가 어떤 단서가 된다면, 그것은 더 나아가서 '티크바'가 밧줄(a rope)을 가리킨다는 생각에 대한 반증이 될 것이다. '붉은 줄'을 표현하는 두 번째 단어로 히브리어 '후트'(ḥût)가 있는데, '실'을 의미한다. 그러므로 비록 영어 번역에서 보여주지는 않지만, 두 단어는 함께 '실로 꼰 줄'의 의미를 갖고 있다. 다시 말해서, 이것은 이스라엘 정탐꾼들을 지탱하기에는 본질적으로 충분하지 않은 끈을 언급하고 있다('후트', 즉 '실'에 대한 용법은 삿 16 : 12 ; 전 4 : 12을 참조).

비록 확실하지는 않지만, '실로 꼰 줄'은 아마도 옷감 짜는 재료가 되는 실을 언급하는 듯하다. 그것이 천조각 전체가 아니라 붉은 줄이었다는 것은, 고대 근동 사람들은 전형적으로 다른 색깔을 가진 실들이 함께 엮여서 천이 되도록 실을 개별적으로 염색했다는 사실을 알면 이해가 된다(Albright, *The Excavation of Tell Beit Mirsim*, 3 : 60-61).

붉은 줄의 유래에 대한 질문에 관하여는 또다시 불분명해졌다. 그러나 라합이 정탐꾼들이 떠난 다음인 21절 이후에야 비로소 그녀의 창문에 줄을 매었다는 사실을 주목해야 한다. 그러므로 이 '붉은 줄'은 정탐꾼들이 그녀의 집에서 본 물건을 말하는 것 같은데, 아래의 논의를 통해서 근거를 얻어야 할 점이다. 정탐꾼들이 그 집에서 아래로 내려간 다음에야 그 줄에 관한 것을 요구했다는 사실은 독자들을 어렵게 만들지만, 그것은 아마도 저자가 그 지점에서 직전 장면으로 거슬러 가고 있음을 가리키는 듯하다.

만약 그 붉은 줄이 정탐꾼들을 땅에 내려 준 밧줄이 아니라 라합이 손에 갖고 있던 평범한 실 한 가닥이라면, 그것은 라합과 그녀의 집에 대한 흥미로운 모습을 제시한다. 지붕에 있던 삼대와 함께, 그 줄은 라합의 집이 창기의 집 그 이상이었다는 것을 보여 준다. 라합이 식구들과 함께 옷감을 짜는 개인 사업장도 겸했던 것이다. 그녀의 가정에 이런 요소들이 있었다면, 기생 라합은 놀랍게도 잠언 31 : 10~31에 나오는 '현숙한 여인'과 같다(!). 정말로, 잠언은 특별히 홍색실로 가족들의 옷을 만들어 입혔다는 사실(잠 31 : 21)과 삼을 구해서 부지런히 일했다는 사실(잠 31 : 13) 때문에 이 여인을 칭송한다. 기생의 모습이 저자의 의도가 반영된 것이 아니라면, 라합과 잠언에 나오는 이상적인 여인 사이에서 병행되는 이런 사실들은 여호수아 2장을 해석하는 데 적어도 귀납적으로는 유용하다. 잠언 31 : 10~31에 나오는 여인으로 확대 해석된 라합의 모습은 가족을 돌보기 위해서는 무슨 일이든지 다 하는 여인이다. 여인들 둘 다 비록 전혀 다른 상황에 놓여 있지만, 가정의 의무를 완수하는 데 있어서 본보기가 된다. 라합의 경우에 만약 그녀의 일이 가족의 빚을 갚는 수단이었다면, 창기라는 신분은 심지어 이 역할 행동이라는 큰 그림의 한 부분이 될 수도 있다. 어쨌든 라합은 가족을 지키게 해 준 속임수와 재치를 통해서 부분적으로 신실함을 표현했다. 이 부정한 행동을 '신실함'으로 특징짓는 것은 그 행동의 동기가 무엇이든 오늘날의 독자들에게는 이상하게 보일 것이다. 그러나 그녀가 처했던 고유한 상황에서 라합을 이해하고, 잠언 31장에 나오는 여인의 특징과 관련시켜서 그녀를 바라봄으로써, 독자는 여인에게 부여된 최고의 의무는 남편과 아비와 아이들에 대한 약속을 수행하는 것이었던 세계를 상상해야만 한다. 그런 세계에서는 창기로 꾸며서 시아버지를 통해 임신을 해도, 이러한 극단적인 수단들은 형사취수제라는 법률 아래서 그녀의 의무를 수행하는 것이기 때문에 다말과 같은 여자도 '옳다'는 말을 들을 수 있었다(창 38 : 26 ; 신 25 : 5-10 ; 아울러 붉은 실이 다말의 이야기 한 부분임을 주목할 것 ; 창 38 : 28 참조). 그런 세계관에서는 지붕에 있는 삼대와 함께 라합의 붉은 줄은 정말로 그녀의 품성이 잠언 31 : 10~31에 나오는 이상적인 여인의 품성과 그 핵심이 똑같다는 사실을 제시한다. 그러므로 만약 라합의 붉은 줄이 출애굽 이야기에서 기둥과 문설주에 발랐던 피처럼 희망의 상징이라면, 그것은 자기 가족을 끊임없이 염려하는 라합으로부터 주조된 희망이다. 그녀는 가족을 지키기 위해서라면 무엇이든지 할 수 있는 여인의 모습을 보여 준다.

이 이야기의 장르와 목적

여호수아 2장에서 이 이야기의 목적은 무엇일까? 양식비평으로 알려진 연구 방법론은 우리에게 어떤 텍스트의 장르, 또는 문학 유형이 그 본문의 목적, 또는 텍스트가 전하고자 하는 의도를 대부분 결정한다고 가르쳐 왔다. 여호수아 2장의 경우에, 장르 문제는 특히 민감하다. 어떤 학자들은 거기에 정탐꾼 이야기라고 딱지를 붙여 왔는데, 주로 정찰임무에 관한 것을 다루는 경우를 말한다. 다른 학자들은 여호수아 2장을 '기원담'(etiology)으로 분류해 왔는데, 말하자면 저술 당시에 존재했던 어떤 현실을 설명하는 데 의미가 있는 이야기라는 것으로써, 이 경우에 이 이야기는 가나안 거주민들을 전멸하라는 모세의 명령에도 불구하고(신 20 : 10-20), 어떻게 라합의 후손들이 이스라엘 백성들 가운데 계속 살고 있는지를 설명해 주게 된다. 또한 다른 이들은 라합의 이야기에서 미담(a tale of hospitality)을 발견하는데, 창세기 19장에서 롯이 천사들을 영접했던 것과 사사기 19장에서 한 노인이 레위인과 그의 첩을 환대했던 것과 같은, 현지 주민에 의해 외국인들이 받아들여지고 보호 받는 미담이라는 것이다. 이 모든 유형들이 여호수아 2장에 나타나는데, 그 어느 것 한 가지도

이 이야기에서 지배적이지 않다. 이 담화는 다른 강조점들이 각각 다른 성장 단계를 지배하면서, 세월에 따라 발전되고 변화된 것 같다. 그럼에도 불구하고, 여호수아서에 나오는 현재의 이야기와 그 배경은 우리가 여호수아 2장을 책 전체의 한 부분으로써 어떻게 읽어야 할지에 대한 단서를 준다.

여호수아 2장을 무심히 읽으면 이 이야기에서 정말로 정탐꾼들의 임무가 주된 것이라는 인상을 받는다. 이야기는 여호수아가 정탐꾼들을 보내며 "그 땅과 여리고를 엿보라"(2 : 1)고 한 말로 시작되며, 임무 완수에 대한 정탐꾼들의 보고로 끝난다(2 : 24). 더군다나 여호수아 2장은 모세가 정탐꾼들을 보낸 이야기를 상기시키는 내용들을 담고 있다. 여호수아의 출발점이 싯딤이라는 것은 민수기 13 : 1에 나오는 모세의 출발점과 같고, 여호수아 2 : 2에서 '정탐하다'라고 번역된 용어는, 오직 여기와 모세가 신명기 1 : 22에서 정탐꾼의 임무에 관하여 연설한 부분에서만 나온다. 그러므로 이 이야기는 두 명의 이스라엘 정탐꾼에 관한 것이며, 의도적으로 구약에서 잘 알려져 있는 정탐꾼 설화를 상기시킴으로써, 그 땅을 정탐하라고 명령했다는 점에서 여호수아를 모세와 연결시켜 준다.

그러나 여호수아 2장을 좀더 자세히 들여다보면, 이 이야기가 주로 정탐꾼에 대한 것이라는 사실에 의문을 제기하게 된다. 정탐꾼들은 거의 '그 땅을 엿보지' 않는다. 그들은 단지 라합의 집 안과 그 집의 지붕만을 본다. 더군다나 그들이 여호수아에게 돌아와서 한 보고는 거의 '정보'(intelligence)라는 용어를 쓸 수 없다. 그들은 단지 라합이 그들에게 한 말(2 : 9-11)을 보고했을 뿐인데, 그것은 이미 여호와께서 여호수아에게 선언하신 것이고(수 1 : 2-3), 모세가 이스라엘 백성들에게 약속했던 것이다(신 2 : 25). 게다가 만약, 여호수아 2장이 모세와 여호수아 사이의 비교를 이끌어 내는 가나안 정탐에 관한 이야기라면 왜 여호수아서에서는 비난 받을 행위가 없는 것일까?[7] 결국, 모세가 보낸 정탐꾼들의 임무는

7. 저자는 "Why is Joshua's act not condemned?"라고 했는데, 문자 그대로 옮기면

그들 자신과 그들 세대가 그 땅에 들어갈 수 없도록 만든 불신의 상징으로 해석되었다(신 1 : 22-40).

사실상 이 이야기는 비록 정탐꾼을 보내는 것과 호의를 베푸는 것에 대한 주제를 다 포함하고 있지만, 초점은 여기에 맞추어져 있지 않다. 여호수아 2장은 분명한 기원담을 목적으로 하지 않는다. 이 이야기는 이스라엘이 모든 원주민을 싹 쓸어버리라는 명령을 받았음에도 불구하고(신 20 : 10-20) 라합 사람들이 이스라엘 가운데 계속 살고 있는 이유를 설명하는 데는 도움이 된다. 이 이야기의 기원론적인 마무리는 여리고 점령 이야기의 결론 부분에 나온다.

> "여호수아가 기생 라합과 그의 아버지의 가족과 그에게 속한 모든 것을 살렸으므로 그가 오늘까지 이스라엘 중에 거주하였으니 이는 여호수아가 여리고를 정탐하려고 보낸 사자들을 숨겼음이었더라"(수 6 : 25).

그럼에도 불구하고 이 이야기가 여호수아서에 주는 가장 큰 영향과 이 이야기의 주된 목적에 있어서, 기원론적인 것이 신학적인 것만큼 많지는 않다.

이 이야기는 여호수아서에서 처음으로 진멸의 법에 관한 쟁점을 제기하며(수 2 : 10b), 좀더 자세하게 말하면 여호수아의 군대가 어떻게 그것을 수행할 것인가에 관해 문제 제기를 한다. 그 쟁점은 여호수아 2장을 여호수아 1장과 중요한 관계를 맺게 한다. 여호수아서의 첫 장에서는 여호수아의 지도력이 심판 받게 될 척도로써 모세의 율법을 제시했다. 이제 여호수아 2장은 여호수아서에서 주된 시범 케이스를 제공할 모세 율법에 대해서 이 하나의 원칙에 집중한다.

"왜 여호수아의 행위는 비난 받지 않는가?"이다. 그러나 민수기의 정탐꾼 이야기에서도 '모세의 행위'가 비난을 받는 것은 아니다. 따라서 문맥에 맞게 내용을 약간 바꾸어 번역을 했다.

여호수아 2장과 폭력에 관한 윤리

만약 여호수아 2장의 목적이 진멸의 법의 문제를 소개하려는 것이라면, 이 이야기와 여호수아 6장의 결론은 우리가 여호수아서를 어떻게 폭력과 전쟁의 쟁점에 연결시킬지에 대한 중요한 함의를 담고 있다. 기독교적인 이상들은 대부분 하나님이 이스라엘을 위해 싸우셨고, 이스라엘에게 가나안 족속을 진멸하라고 명령하셨다는 생각을 거부하도록 요구한다. 이것은 많은 기독교인 학자들로 하여금 여호수아를 세 가지 방식 가운데 하나로 보도록 이끌었는데, 그 어느 것도 신이 폭력을 후원한다는 비난을 제거하지 못한다. (1) 신의 주권 교리를 따르는 칼뱅과 같은 어떤 이들은 가나안 족속들이 신명기 9 : 5에서 가리키듯이 그들의 악함으로 말미암아 정당하게 하나님의 진노 대상이 되었다고 주장한다(Calvin, *Joshua*, p. 97). 이러한 설명에 만족하는 현대 독자들은 거의 없다. (2) 그러므로 더욱 최근에는 여호수아서가 민족들과 하나님의 관계에 대한 이스라엘의 사상 안에 일찍 들어왔고, 나중에 이스라엘 역사에서 거룩한 전쟁의 폭력은 영적인 것이 되었는데, 말하자면 하나님의 전쟁은 악한 세력에 대한 전투이지 살과 피를 가진 실제의 적들과 맞서지 않는다는 것이다. 그 문제에 관한 이러한 접근은 구약성서는 근본적으로 신이 허락한 물리적인 폭력이 지배적인 것은 아니라는 사실을 확실히 보여 주는데, 그럼에도 불구하고 그런 관점은 여호수아서가 그런 주장들을 거부하는 후대 전승과 동떨어진 구제불능의 야만적인 책이라는 인상을 남긴다. (3) 그 문제를 다루는 또 다른 방식은 여호수아의 정복 기사에 대한 역사적 부정확성을 논증하는 것이다. 몇몇 고고학적 증거와 사회학적인 분석은 이스라엘이 점진적인 침투를 통해서 가나안 땅을 차지했다는 관점을 지지한다. 어떤 이들은 그 '정복'이 사실상 억압적인 군주에 대항해서 그 땅 백성들이 이미 일으켰던 반란이었다고 주장하기도 했다(여호수아 10-12장에 대한 주석 참조). 그러므로 그 이야기가 말하는 바에 따르면, 압제자들은 가나안인들로 '기록되었고' 혁명에 참여한 정의로운 농부들은 이스라엘이 되었다. 이러한 이론들 가운데 하나라도 맞다면(그런데 그 증거는 결정적이지 않다.), 그것은 이스라엘 역사에서 폭력의 문제를 없애 주거나 또는 비록 본문상에 문제가 여전히 남아 있지만, 불의에 대항한 혁명으로 받아들일 수 있도록 만든다.

이 세 가지 접근방식의 공통적인 실패는 여호수아의 저자들이 폭력 문제에 대하여 민감했다는 사실을 충분히 인정하지 않은 데 있다. 로손 스톤(Lawson Stone)이 요약한 것에 따르면,

> 그들은 모두 여호수아서 본문이 이스라엘의 가나안 진멸을 있는 그대로 담고 있으며, 고대의 저자들은 윤리적 문제들을 거의 신경쓰지 않았고, 그 결과 현재의 독자에게는 텍스트 너머나 이면이 보여야만 도움이 된다고 생각한다("Ethical and Apologetic Tendencies", p. 27).

스톤은 더 나아가서 이러한 접근들이 가나안 족속의 죄악이나 이스라엘의 정복에 관한 자신들의 전승에 대해서 불편해 한 것은 바로 여호수아서의 저자들 자신이었음을 가리키는 신호들을 무시해 왔다고 주장한다. 라합의 이야기는 그러한 신학적 불편함을 보여 주는 많은 분명한 신호들 가운데 최초이다. 우리가 이미 주목했듯이, 라합의 담화는 이스라엘 하나님의 능력에 대한 그녀의 지식을 고백하고 있으며, 그녀의 가나안 동포들로부터 그녀를 분리시킴으로써 구원에 이르게 한다. 그렇다면 여리고의 다른 주민들은 이스라엘이 공격할 때 살육을 당하는 반면(수 6장), 라합은 생명을 보존하게 된다는 사실은 정복 기사에서 흥미로운 유형을 수립하게 된다. 그 땅에 사는 민족들은 모두 악하다는 신명기의 주장(신 9 : 4-5)과는 거리가 멀게, 라합 이야기는 그 반대로 묘사한다. 엘런 데이비스가 관찰한 바에 따르면 "라합 이야기에서 만약 모두가 진멸되지 않는다면, 가나안 족속의 사악함에 관한 개념 부분은 역설적이면서 매우 상대적인 것이 되어 버린다"("Critical Traditioning", p. 742). 비록 가나안 족속 진멸에 관한 문제가 해결되지는 않았지만, 모든 가나안 족속들을 익명으로 처리하지 않은 것은 신학적으로 의미가 있다는 사실에서 그 문제가 조금 누그

러지는데, 그들(익명으로 처리되지 않은 자들-역자주)은 여호와를 온 세상의 주권자로 인정하고, 그 결과 구원 받는다. 라합의 담화와 그 담화가 그녀와 그녀의 가족들을 신속하게 구원하는 방식은, 이스라엘의 하나님께 항복하는 가나안 족속은 누구라도 구원 받을 수 있었을 것이라는 인상을 준다. 그것은 랍비 전승의 한 갈래에서 그 문제를 이해했던 방식과 정확하게 일치한다. 여호수아 11 : 19에 대한 해석에서("이스라엘 자손과 화친한 성읍이 하나도 없고") 예루살렘 탈무드는('쉐비트' 10.1 〈16b〉) 모든 가나안 족속에게 화친할 기회가 주어졌으나, 그들이 거부했기 때문이라는 이유를 댄다(Hoffman, "The Deuteronomistic Concept of Herem", p. 197 ; 참조. 수 10-12장 주석, 152-162쪽). 정복 기사의 처음에 라합 이야기가 존재하는 것은 여호수아서의 저자들도 가나안 족속들에게 (살아날) 소망이 있었다는 사실을 인식하고 있었음을 가리킨다.

가나안 족속들이 신학적으로 받아들여짐으로써 높이 평가되는 것과 동시에, 이스라엘 백성들은 여호수아 2장에서 하나님께 신실하지 못하고, 하나님의 기사를 신뢰하지 않는 것으로 나타난다. 분명히 정탐꾼 이야기 전체는 이스라엘 백성들이 믿음 없는 것을 보여 주는 신호로 읽힐 수 있다. 왜냐하면, 이스라엘은 성공하리라는 확신을 갖고 담대하게 그 땅에 들어가는 임무를 맡았기 때문이다(수 1 : 6-7, 18). 비록 이것이 여호수아 2장의 의도는 아니지만, 가나안 땅에서 보고되는 유일한 죄악들이 바로 이스라엘의 것이라는 사실은 충격적이다(참조. Davis, "Critical Traditioning", p. 742). 로버트 폴친(Robert Polzin)이 추가적으로 제안했듯이 이러한 의로움과 사악함에 관한 기대감들의 반전은, 라합이 이스라엘과 그 땅 백성들 모두를 대표한다는 독특한 관점을 만들어 낸다.

> 여호수아서 전체의 미리 보기에 해당하는 라합 이야기에서 강조되는 이상적인 점은 마치 이스라엘(라합으로 대표되는)이 그들은 받을 수 없는 땅을 차지하게 되는 것과 마찬가지로, 어떤 민족들(라합으로 대표되는)은 그들이 마땅히 받아야 할 징벌을 면제 받게 된다는 것이다(*Moses and the*

Deuteronomist, p. 90).

라합 이야기에서 작용하는 이 역설적 반전의 유형이 여호수아서에서 진멸의 법의 문제를 없애 주는 것은 아니다. 그러나 이것은 이 이야기의 저자 자신이 적어도 이스라엘의 하나님은 가나안 족속들을 진멸시키는 것을 후원하시는 분이 아님을, 여호와께 신앙을 고백하는 사람들은 구원 '받을 수 있었다'는 것을 제시하고 있다는 사실을 보여 준다. 앞으로 보게 되겠지만, 진멸의 법 전승에 반영된 이런 유형의 비평은 여호수아서에서 제기되는 가나안 족속들의 진멸 문제를 매번 떠올리게 할 것이다.

여호수아 3 : 1~5 : 1

요단 강 건너기

요단 강을 건넌 것은 이스라엘 역사에서 중요한 사건들 가운데 하나로 기억되고 있다. 홍해의 기적이 이스라엘의 신분을 노예에서 자유민으로 바꾸었던 것처럼, 여호수아 3 : 1~5 : 1 역시 요단 강을 통과하는 고된 여정이 이스라엘을 방랑하는 무리에서 정착민, 즉 하나의 민족으로 변화시켰음을 말해 준다. 그 사건은 엘리사가 엘리야의 외투로 요단 강을 쳐서 물을 가르고, 강바닥을 지나 하나님의 사람으로 새로운 역할을 맡았다는 이야기(왕하 2 : 13-14)에 분명하게 드러나듯, 성서 시대에 깊숙이 자리 잡은 상징이 되었다. 후기 유대교와 기독교 문서들은 이 이야기의 영향을 보여 주는 예들이 풍부하다. 제4에스드라서(4 *Ezra*)는 하나님이 앗수르에 포로로 잡혀가는 북이스라엘 백성들을 돕기 위해 유프라테스 강을 가르셨다고 말하며(13 : 44), "전능하신 주 하나님"(새찬송가 377장-특히 3절 참조.)과 같은 기독교의 찬송은 요단 강을 영생의 관문으로 말한다.

이 이야기가 유대교와 기독교 전승에 중요한 영향을 끼쳤음에도 불구하고, 그 이야기의 몇 가지 모습들은 독자들에게 큰 어려움을 준다. 요단 강을 건넌 것과 그것의 의미가 비록 그 이야기의 핵심 주제임은 분명하지만, 내용은 독자들의 관심을 끄는 다른 소재들로 채워져 있다. 법궤의 거룩한 본성과 제사장직, 이스라엘의 일치단결, 그리고 여호수아 높이기. 그 이야기 안에 함께 복합되어 있는 이러한 다양한 주제들과 함께 여호수아 3 : 1~5 : 1은 부수적인 논평들과 자주 겹치는 행동을 담고 있는데, 이 행동은 기사의 흐름으로부터 독자의 관심을 멀어지게 한다(이 문제에 관한 자세한 논의는, Hawk, *Joshua*, pp. 54–55 참조). 그러므로 이 본문의 해석은 종종 그 이야기를 구성하고 있는 문학적 갈래를 분류하는 노력이 되어 버리거나 또는 현재의 복잡한 상태를 만들어 낸 편집적 과정을 재구성하는 시도로 바뀐다. 비록 그러한 시도들이 이해는 되지만, 그 서사의 모호한 발전단계에 관하여 만족할 만한 해결책을 내놓지는 않는다.

우리의 임무는 이러한 문제들을 해결하는 것이 아니라 그 이야기가 현재의 상태로서 의미가 있도록 해 주는 것이다. 그러한 분석의 주된 장애물은 그 서술의 복잡한 세부 내용들인데, 그것은 일관된 플롯을 따라가는 것이 거의 불가능하도록 만든다. 그러나 우리가 그 이야기의 의도는 교훈적이지 즐거움을 주려는 것이 아니라는 사실을 깨달을 때, 그 어려움은 적어진다. 정말로, 그 본문의 주 목표는 가르치는 데 있다는 것을 보여 주는 것들이 적어도 두 가지 있다.

첫째, 4장은 요단 강을 건넌 것의 의미와 이스라엘이 그것을 어떻게 기억할 것인지에 대한 지시 내용을 포함하고 있는 두 개의 종속 부분으로 고정되어 있다(4 : 1–7, 19–24 ; Butler, *Joshua*, p. 42 참조). 두 경우에서 "이 돌들이 무슨 뜻이냐?"(6, 21절)라는 후손들의 질문이 그 사건의 의미를 설명하는 동기가 된다. 구조적으로 이 단락들은 현대의 교리문답서와 아주 비슷하다. 이 이야기는 주로 교훈을 주려고 하며, 그러한 시도는 보고하려는 의지를 능가해 버린다는 사실을 쉽게 알 수 있다.

두 번째로, 전체적인 사건은 정교한 제의로 표현되고 있다. 백성들은 성결한 행위를 위해 준비한다. 정말로 여호수아 3 : 5에서 '성결'로 번역된 용어는 제사장이 성소에 들어가기 전이나 성물을 만지기 전에 수행하는 것과 같은 정결 과정을 언급한다(출 19 : 22 ; 대상 15 : 12). 여호수아 3 : 1~5 : 1에서 제의적 특징이 그렇게 표현됨으로써 프랭크 크로스(Frank Cross)는 이 서술이 이스라엘의 첫 요단 도하에서 영감을 받은 것이 아니라 그 목적을 위해 둑이 쌓여 있었던 지점에서 강을 건너는 후대의 예식에서 비롯된 것이라고 제안한다. 크로스는 이 예식의 목적은 홍해를 가르는 것을 요단 강에서 제의적인 극으로 재창조하는 것이라고 생각한다. 그의 주장은 여호수아 3 : 1~5 : 1 자체가 요단 도하의 상징성을 인식하고 있고, 이 사건이 청중들에게 홍해 기적을 상기시켜야만 한다고 표명하는 한에서만 의미를 갖는다. 여호수아 3 : 1~5 : 1이 출애굽 사건에 나온 언어를 사용하는 방식에 있어서 이것은 가장 훌륭한 증거이다. 여호수아 3 : 13은 홍해와 마찬가지로, 요단 물이 "끊어지고 한곳에 쌓여 서리라"고 예언하는데(3 : 14-17 참조), '쌓이다'라는 단어는 출애굽기 15 : 8에 나오는 용어이다. 많은 다른 참조 사항들도 유사하다(수 4 : 19-24과 출 14 : 21-22, 29 비교). 그럼에도 불구하고 크로스는 여호수아 3 : 13을 그의 이론에 맞게 수정해야만 했다. 그는 '한곳에 쌓여'라는 표현은 쉽게 읽히도록 후대의 편집자가 부가한 것이며, 원래 본문은 고여 있거나 둑에 갇혀 있는 물을 언급하기 위해 단순히 그 강이 '서리라'였다고 논증한다(*Canaanite Myth and Hebrew Epic*, p. 138). 크로스가 바라던 대로 그 사건이 한때 극적으로 활용되었든 그렇지 않았든, 그리고 현재 이야기가 그러한 요단 강에서의 예식에 의해 생겨났든 그렇지 않든 간에, 이 사건은 있는 그대로 해석으로 쌓여 있으며, 예배 형태로 틀이 잡혔다는 사실이 명백하다. 달리 말해서 여호수아 3 : 1~5 : 1은 요단 도하에 대하여 제대로 된 기억을 창조하고, 그것이 이스라엘 역사에서 중요한 사건이라는 것을 각 세대에게 교육시키려는 목적으로 형성되었다는 것이다.

여호수아서의 이 부분에 대한 우리의 분석은 "이 이야기는 무엇을 가르치려고 하는가?"라는 질문에 대답하기 위하여 이 서사의 교훈적인 특성을 따라가기 위해 노력할 것이다. 그러나 우리는 우선 여호수아 3 : 1~5 : 1의 더 커다란 문학적 정황과 그 단락을 포괄하려는 움직임을 토의할 것이다.

문학적인 모습들

비록 여호수아 3 : 1~5 : 1에서 일관된 플롯을 찾아내기는 거의 불가능하지만, 그 이야기는 반드시 인식되어야만 하는 일종의 논리뿐만 아니라 어느 정도 통일성도 갖고 있다. 서술 자체는 제1장과 2장에서 시작되었던 더 커다란 이야기의 한 부분임을 나타낸다. 출발점으로 싯딤을 언급하는 것은(3 : 1) 지리적 배경으로써 여호수아가 정탐꾼들을 보냈던(2 : 1) 그 진을 가리킨다. 또한 여호수아 3 : 2은 요단 강을 건넌 것이 '삼 일 후에' 일어난 일임을 말하는데, 그 사건을 여호수아 1 : 11에서 펼쳐진 시간적 배경에 놓는 것이며, 삼 일 간의 공백은 제2장의 정탐 임무로 채워진다. 확실히, 여호수아 2장에서 묘사된 것과 같은 정탐 임무는 삼 일 이상이 요구되었을 것이다. 그러나 그 '삼 일'이라는 언급은 여호수아 9 : 16에서 비슷하게 사용했듯이, 기간이 확실하지 않은 짧은 시간을 가리키는 비유이다. '삼 일'의 비유적인 의미는 신약에도 나타나는데, 사도행전 25 : 1 ; 28 : 7, 12, 17에서 기간을 언급할 때뿐만 아니라 마가복음에서 '삼 일 후에' 일어난다는 예수의 예고에 있다(막 8 : 31 참조 ; 마태복음에서 더 정확하게 '제 삼 일에'〈on the third day〉라고 바꾼 것을 주목할 것 ; 마 16 : 21 참조).

주제에 있어서 여호수아 3 : 1~5 : 1에 있는 다양한 자료들은 두 가지 형태의 이야기로 함께 들어 있다. 첫째, '건너다' 또는 '가로지르다'라는 의미의 히브리어 동사 '아바르'('abar)가 스물한 번 나오는 것은 그 기사의 핵심 주제를 전하는 것이다. 그 이야기는 '관리들'(2-4절), 여호수아(5-6a, 9-13절), 그리고 여호와(7-8절)께서 행하시는 일련의 예비 연설로 시작되고(수 3 : 2-13), 그 다음에 이스라엘 백성들은 요단을 건넌다. 이스라엘 백성들은 법궤의 영향력으로 강물이 멈춰 선 곳에 그 사건에 대한 기념비를 세운다. 그리고 이야기는 그 이적에 대한 가나안 사람들의 반응에 대한 보고로 마무리된다(5 : 1). 모든 단계에서 '건너다'라는 언급이 독자가 그 핵심 주제와 접촉하도록 해 준다. 두 번째, 명령/복종, 그리고 예언/성취의 유형으로 추가적인 응집력이 제공된다(Hawk, *Joshua*, pp. 60-61 ; Nelson, *Joshua*, p. 58). 예를 들면, 여호와께서는 3 : 7에서 여호수아를 높이겠다고 약속하시는데, 4 : 14에서 이것은 현실이 되었음을 기록하고 있으며, 3 : 13에서 여호수아는 요단 물이 한곳에 쌓일 것이라고 예고하는데, 3 : 16에서 이 일이 일어나며, 강에서 돌을 가져오라는 4 : 5의 명령은 4 : 8에서 실행된다. 이러한 유형은 신의 명령에 순종함으로써 신의 약속이 이루어진다는 느낌으로 독자를 놀라게 하며, 플롯 진행에서는 얻을 수 없는 안내를 제공한다.

여호수아 3 : 1~5 : 1은 또한 중복되는 주제들, 시간적인 일탈, 그리고 일화들의 치우침에도 불구하고 시간대별 활동이 구분된다. 여호수아 3장과 4장은 두 개의 기본적인 이야깃거리를 만들어 낸다. 여호수아 3장은 이스라엘이 요단 강을 건너기 위한 지침을 받고 난 다음에 요단 강을 건넜다고 서술한다. 여호수아 4장은 비록 도하 자체의 본질에 있어서 약간 곁길로 새지만(4 : 10-13), 그 사건의 기념비에 대한 명령들을 제시하는데, 결과적으로는 기념비를 만들라는 것이다.

4장이 기념비에 대한 세 가지 다른 묘사를 포함하고 있다는 사실에 대해서 많은 관심들이 있어 왔다. 이 설명들 가운데 두 가지는 같은 돌무더기와 관련이 있다. 이것은 잠재적으로는 혼란스럽지만, 이야기의 중복적이며 반복적인 특징과는 상응한다. 나는 이러한 단락들이 그 이야기의 전체적인 목적에 부합되는 논리적 배열을 갖고 있음을 제안해 볼 것이다.

여호수아 4 : 1~7에서 여호수아는 여호와의 명령에 따라(1-3절) 열두 지파에서 각 지파를 대표하는 사람을 하나씩 뽑아 요단 강 가운데에서 각자 돌을 하나씩 가져다가 "오늘밤 너희가 유숙할 그곳에 두게" 한다(4 : 3). 6~7절은 이 돌들이 어떻게 영원히 기억되는 기념비가 될 것인지에 관한 지침을 담고 있다. 무엇인가를 설명하는 '예식'은 후손들의 질문 때문에 촉발되며, 앞으로 올 세대들에게 그 사건에 관한 기억을 전하게 된다(출 12 : 26-27 ; 13 : 14-15 ; 신 6 : 20-21). 7절은 그 돌들이 요단 강 물이 언약궤 앞에서 '끊어졌다'는 사실을 기억하기 위한 것이라고 분명하게 말한다. 8절은 백성들이 여호수아의 지시대로 했다는 것을 강조한다.

여호수아 4 : 9은 흐르던 물이 끊어진 곳에 언약궤를 운반하던 제사장들이 서 있었던 것처럼 여호수아가 요단 가운데에 돌들을 세웠다고 보도한다. 이 구절은 부연 또는 참조 괄호(현대의 번역에서 많이 나타남.)로써 열두 지파의 대표들이 돌들을 요단 강 서안으로 옮기는 동안 여호수아가 취한 행동을 묘사하는 것으로 보인다. 그리스 번역자들은 요단을 건너 진을 친 곳에 둔 돌들과 또한 강바닥에 세운 돌들에 대하여 오해의 여지가 있음을 인식했다. 그래서 그들은 실제로 두 개의 기념비들이 있었음을 분명히 하기 위해 돌들 앞에 '다른'이라는 말을 덧붙였다. 그러나 히브리어 본문(우리들의 번역이 기초로 삼고 있는)을 주의 깊게 읽으면 원래의 본문도 그렇다는 것을 볼 수 있다. 정말로, 돌들 앞에 정관사(the)가 없다는 것은 히브리어 저자들이 이것들을 두 번째 돌들로 생각했었다는 사실을 가리키고, 그리스 판은 그것을 더욱 분명하게 한 것이다. 이 두 번째 기념비는 아마도 요단 가운데에 서 있었던 제사장들에게 경의를 표하기 위한 의도였을 것이다(Butler, *Joshua*, p. 49).

여호수아 4 : 19~24은 4 : 1~8에서와 같은 돌들을 언급하며, 21~24절에는 실제로 6~7절에 나온 질문과 대답이 있다. 이러한 기념비에 대한 이중적 묘사는 두 단락의 자료에 관하여 의문을 제기하게 하고, 왜 둘 다 포함되었는지 묻게 된다. 두 이야기 사이에 있는 몇 가지 놀라운 차이점들은 이 둘이 다른 작자들에 의해 이루어졌음을 보여 준다. 여호수아 4 : 19~24은 언약궤 경험이 포함되지 않은 길갈 전승에서 비롯되었다는 주장이 자주 나온다(그러나 "The Hand of the Lord Is Mighty", pp. 49-50 참조). 그럼에도 불구하고 현재의 정황에서 이러한 차이점들이 상충되는 것으로 해석될 필요는 없다. 19~24절에 나오는 길갈의 위치는 이전의 설명과 분명하게 모순되지 않는데, 그 장소가 이전에는 명명되지 않았기 때문이다. 또한 두 단락들의 존재에도 모종의 논리가 있으며, 그 이야기 안에서 나름대로의 순서가 있다. 지침들 가운데 첫 번째 것은 그 돌들이 '이스라엘 백성들에게' 기념비가 될 것이라고 한다(4 : 7). 두 번째 지침들은 요단뿐만 아니라 홍해에서도 있었던 하나님의 전능하신 행위를 상기시킴으로써 그 사건의 의미를 넓힌다. 그 사건이 의도하는 강조점도 확대된다. 24절은 도하가 이스라엘로 하여금 '여호와를 항상 경외하게' 할 뿐만 아니라 '땅의 모든 백성에게 여호와의 손이 강하신 것을 알게' 하심이라고 말한다. 이 의도에 대한 결론적인 진술 다음에 즉시 그 민족들에게 하나님이 의도하셨던 효과가 이루어졌음을 알리는 보고가 뒤따른다(5 : 1). 가나안 사람들은 요단 물을 말리신 여호와의 권능 때문에 마음이 녹았다.

이 기사가 가르치는 것

여호수아 3 : 1~5 : 1의 교훈적인 특징과 그 이야기가 가르치는 것을 더 이해하기 위해서는, 이 기사가 이스라엘의 모든 전승들로부터 대표적인 것들을 추려 낸 어떤 위원회가 작성한 것이라고 상상하는 것이 도움이 될지도 모른다. 이 이야기가 보여 주는 언약궤는 실제로 그런 과정이 있었다는 증거가 될 것이다. 법궤에 대한 묘사와 강조는 구약성서의 모든 목소리를 포함한 것처럼 보인다. 법궤는 '언약궤'라는 익숙한 칭호로 알려지는데(3 : 6, 8, 14 ; 4 : 9), 그것은 신명기 전승에서 선호하는 용어이며, 법궤는 또한 '증거궤'(4 : 16)라고도 불리는데, 이것은 제사장 전승에서 나온 호칭이다. 법궤가 요단 강물에 닿았을 때의 효과는 법궤를 이스라엘의 원수들을 흩어 버리는 눈에 보이는 하나님의 보좌로써 이해하는 이야기(민 10 : 35-36)와 법궤가 초자연적인 에너지로 사람들을 쳐서 죽이는 이야기(삼상 6 : 19)와 그 묘사가 비슷하다. 레위인 제사장들이 법궤를 운반한다는 인식과 백성들은 거기서 멀리 떨어져 있으라는 명령(3 : 3-4)은 오직 레위인들만이 거룩한 궤를 운반할 책임이 있다는 역대기 기자의 관점과 닮았다(대상 15 : 2). 가장 중요한 것은 법궤에 대한 이러한 묘사들과 형상들을 유발시킨 전승들 가운데 어떤 것들은 법궤의 중요성에 대해 동의하지 않는다는 것이다. 이 점은 다음과 같이 고전적으로 표현되어 왔다. 어떤 전승에서는 법궤가 신의 존재를 대표하는 것으로 보았지만(삼하 6 : 2),

신명기 전승은 그 중요성을 낮추어 그것은 그저 십계명을 담고 있는 것으로 말했다(신 10 : 1–5). 하지만 이스라엘 전승에 대한 이러한 묘사가 지나치게 단순화되었다 하더라도, 그 위원회의 임무는 법궤의 본성을 분명하게 묘사하는 것이 '아니었다'는 사실을 명백하게 하는 것에 도움이 된다. 게다가, 그들의 임무는 이스라엘이 요단을 건너고 기념비를 세운 그 과정을 정확하게 밝혀내는 것이 아니었다. 우리가 이미 주목했듯이, 그것은 다소 불확실하다. 정말로 그 이야기가 가르치려는 것은 이스라엘에 대한 것, 또는 이 특정한 사건에 대한 것이 전혀 아니라 이스라엘 하나님의 본성이다. 여호와에 대한 세 가지 주장이 여호수아 3 : 1~5 : 1의 주된 교훈을 표현하고 있다. 여호와는 '살아 계신 하나님'이시다(3 : 10). 그분은 '온 땅의 주'이시다(3 : 11, 13). 그리고 "여호와의 손이 강하시다"(4 : 24). 이러한 주장들이 꼭 배워야 할 교훈임을 인식시키는 것이 본 이야기의 의도이며 이 사실은 하나님에 대한 고백(진술)이나 묘사가 나타나는 정황에서 분명해진다. 각각의 경우에 그 본문은 직접적으로 요단 강 도하 또는 거기에 대한 기억은 이러한 진리들을 알리는 목적임을 말하고 있다.

"살아 계신 하나님"

'살아 계신 하나님'이라는 표현은 여기에 나오는 정확한 표현으로는 구약성서에 오직 여덟 번 등장한다. 히브리어에서 '살아 계신'이라는 단어는 하나님이라는 단어 다음에 온다. 그러므로 그 어구는 두 단어가 공식적인 칭호를 구성하고 있음을 보여 주는 '하나님, 살아 계신 분'이라고 번역되었을 수도 있다(이 히브리어 용어 '엘 하이'〈El ḥay〉를 출애굽기 20 : 5에 나오는 '엘 카나'〈El qanna〉 – '하나님, 질투하시는 분'과 비교하라). '살아 계신 하나님'은 여호와께서 이스라엘을 위해 역사하실 능력을 가진 분으로 묘사하는 듯하다. 예를 들면, 그 칭호는 이사야 37 : 4과 17절에 나오는데(아울러 열왕기하 19 : 4, 16의 평행본문에도), 거기서 히스기야는 앗수르의 랍사게가 여호와는 이스라엘을 구원할 능력이 없다고 선전하는 것이 살아 계신 하나님을 모욕하는 것이라고 말한다. 마찬가지로 여호수아 3 : 10에서 '살아 계신 하나님'은 하나님이 이스라엘을 위해 행하실 일과 연결되는데, 이를테면 "가나안 족속과 헷 족속과 히위 족속과 브리스 족속과 기르가스 족속과 아모리 족속과 여부스 족속을 (너희) 앞에서 반드시 쫓아내실" 것이다. 여호수아 3 : 1~5 : 1에서 확실하지 않은 것은 살아 계신 하나님이 어떻게 요단 도하의 정황에서 알려지시는가 하는 것이다. 여호수아 3 : 10은 "이것을 통해서 살아 계신 하나님이 너희 가운데 계시사"라고 선포한다. '이것을 통해서'는 사사기 4 : 5~9(사무엘상 4 : 5-9인데, 저자가 착각을 함.-역자주)에서 단지 법궤의 존재가 블레셋으로 하여금 이스라엘을 두려워하도록 만든 것과 같이, 단순히 이스라엘 진에 법궤가 출현한다는 사실을 가리키는 듯하다. '이것'은 또한 법궤의 영향력을 요단 강물에 미치게 한다(3 : 13). 그러나 우리가 아래에서 보게 되듯이, 법궤의 존재와 강에 법궤가 닿는 것은 분리될 수가 없다. 살아 계신 하나님의 능력을 표현할 때, 어떤 무시무시한 일이 발생할 것임을 의미하는 것은 바로 법궤의 존재이다.

"여호와의 손이 강하시다"

"여호와의 손이 강하시다"(4 : 24)는 것은 표면상 넓은 (의미의) 비유적 진술인 것처럼 보인다. 그러나 자세히 들여다보면 이것은 아주 구체적인 의미를 갖고 있다. '손'이라는 용어는 여호와 하나님의 능력을 말하는 신인동형론적 방식인데, 때때로 법궤에 대해서 말할 때 사용된다. 사무엘상 4 : 8a에서 법궤가 이스라엘의 진으로 들어왔을 때, 블레셋 사람들은 "우리에게 화로다 누가 우리를 이 능한 신들의 손에서 건지리요(영어 번역 〈NRSV〉에서는 히브리어의 '손'이라는 단어를 'power'로 번역했다. 그러나 우리말 성경은 그대로 '손'이라 번역되었다.-역자주). 그러므로 '여호와의 손'이라는 어구에는 이런 배경이 있기 때문에, 여호수아 4 : 24은 법궤의 진행으로 말미암아 여호와의 능력을 "땅의 모든 백성에게 알게 한다."는 사실을 함축하고 있다. 여호와의 손과 법궤의 이 관계는 여호수아 4 : 19~24에서 중요한데, 많은 비평가들이 이 단락을 법궤를 포함하고 있지 않았던 길갈 전승에서 비롯되었다고 보았기 때문이다. 법궤는 너무 중요한 하나님의 능력에 대한 표현이므로, 특별하게 그런 사실이 언급되지 않았다 할지라도, 종종 하나님의 임재를 전제하고 있다. 이런 경우가 시편 24 : 7~10에 나오는데, '영광의 왕'이 문으로 들어가신다고 말한다(시 24 : 7, 9). 하나님이 들어가시니 문을 열라(들라)는 내용을 담고 있는 그 송가는 거의 확실하게 법궤의 진행을 반영하고 있다. 그러므로 여호수아 4 : 24에서도 법궤가 지나가는 것을 본 결과 이스라엘 백성들은 하나님을 경외하고 그 땅 백성들은 하나님의 능력을 알게 되는 것이다.

요단 도하를 통해 만들어진 하나님의 능력에 대한 진술은 3 : 15의 "요단이 곡식 거두는 시기에는 항상 언덕에 넘치더라"라는 설명으로 강화되었다. 도하의 어려움에 관한 언급 이상으로, 이것은 '그 땅 백성들이' 갖고 있던 일종의 정치적 진술이다(4 : 24). 요단이 언덕에 넘친다는 묘사는 홍수 난 유프라테스 강을 군대가 건너서 싸우러 갔다는 앗시리아 문서를 따른 유형이다(Van Seters, "Joshua's Campaign of Canaan", p. 7). 따라서 요단 강이 넘친다는 언급은 여호수아서의 다른 곳에서와 마찬가지로(수 1 : 4 ; 15 : 45-47), 여호수아의 군대를 앗수르 군대처럼 보이게 만들기 위해 과장한 것이다. 메시지는 이스라엘이 궁극적으로 아무도 능가할 수 없는 신의 능력을 자신의 원동력으로 삼고 있다는 것이다. 앗수르와 신바빌로니아 통치의 정황에서, 요단이 넘친다는 이 언급은 이스라엘의 하나님이 그 세계의 강력한 제국들에 의해 수시로 정복되었던 한 민족에게 승리를 가져다줄 것이라는 믿음을 회복하고 확립한다는 사실을 대변한다.

"온 땅의 주"

'온 땅의 주'(수 3 : 11, 13)는 의미에 대해서 어려운 질문들을 부여하고, 신학적인 문제를 야기할 수 있는 특별한 경우이다. 그 표현의 의미에 관한 한, 그 칭호의 마지막 단어가 가나안 땅을 언급하는 것인지 또는 사람이 사는 모든 지역을 언급하는 것인지 불분명하다. 히브리어 '에레츠'(ʾereṣ)는 둘 다 의미할 수 있다. 만약 전자를 의미한 것이라면, 그 칭호는 하나님이 이스라엘에게 주시겠다고 허락하신 땅, 가나안에 대한 하나님의 통치를 주로 표현하게 된다. 물론 이 관념은 그 이야기의 신학적 주장들 가운데 한 부분임이 분명하지만, 그 칭호가 하나님의 우주적인 주권에 대한 진술로 더 넓게 이해되어야 하지 않는가 하는 문제가 있다. '온 땅의 주'는 시편 97 : 5 ; 미가 4 : 13 ; 그리고 스가랴 4 : 14에서 이렇게 더 넓은 방식으로 사용된다. 이들 병행 본문들은 여호수아 3 : 1~5 : 1의 최종적인 단계와 마찬가지로, 모두 예루살렘 멸망 이후 시기에 나왔다. 포로기 청중들에게는 이스라엘에게 가나안 땅을 주실 능력이 있는 하나님은 또한 지금 이스라엘을 포로 상태로 만든 그 민족에 대해서도 주권을 행사하실 수 있는 분임을 아는 것이 중요했을 것이다.

11절에서 신학적인 문제가 나온다. 히브리어에서 '온 땅의 주'는 '언약궤'와 합쳐지는데, 두 번째 어구가 첫 번째를 수식하기 위한 것으로 보인다. 비록 대부분의 현대 번역들은 두 구절을 함께 섞어 놓았지만(NRSV : 'the ark of the covenant of the Lord of all the earth' ; 〈역자주〉 개역개정판 : '온 땅의 주의 언약궤'), 히브리어 구조는 '언약궤'와 '온 땅의 주'라는 표현을 동격 관계에 있는 두 개의 분리된 어구로 읽도록 요구한다. 달리 말해서 본문은 법궤와 하나님을 동등하게 여기고 있는데, 이것은 명백하게 성서신학의 골격에 직접적으로 반대되는 것으로써, 이를테면 하나님은 보이지 않는 분이며, 또는 어떤 구체적인 형상으로 대신할 수 있는 분이 아니라는 사상이다(신 4 : 15-20). 어떤 학자들은 신의 칭호를 적절하게 묘사하고 있는 13절의 표현('온 땅의 주 여호와의 궤'-역자주)을 의식한 편집자가 3 : 11에 '온 땅의 주'라는 칭호를 삽입한 것이라고 제안했었다. 13절에 나오는 더욱 '정통적인' 어법은 신학적으로 이해되어야 한다. '온 땅의 주'는 법궤 그 자체의 묘사를 의도한 것이 아니라 법궤에 의해 표현되는 하나님의 능력을 의도했다. 그럼에도 불구하고, 이것이 문제를 완전히 덜어 주지는 않는다. 백성들이 '여호와 앞에서' 건넜다고 보도하는 4 : 13에서 또다시 딜레마가 생긴다(여호와 앞에서 건넜다는 것은 법궤 앞에서 건넜다는 것과 같다). 그러나 이와 관련해서 두 가지를 주목하는 것이 중요하다. 첫째, 법궤는 구약 전승의 어느 곳에서도 하나님을 대신한 적이 없다. 비록 여호수아 4 : 13과 같은 약간의 본문에서 그런 사상에 가까이 가기는 했음에도 말이다. 오히려 법궤에 대한 관점 가운데 가장 큰 것은 하나님 보좌가 있는 곳을 가리킨다. 여호와께서는 여전히 보이시지 않는다. 하나님은 어떤 형상이나 인간에 의해 주조된 모양을 취하지 않으시고, 취하실 수도 없으며, 법궤는 그렇게 하려는 시도의 산물이 아니다. 둘째, 법궤 없이 살았던 나중 세대가 여전히 그들과 함께하시는 하나님과 '여호와의 손은 강하시다'는 것을 믿을 수 있었다는 사실이 중요하다. 이것은 한때 이 성물에 의해 상징화되었던 하나님의 특성이 비록 법궤가 없어졌어도 여전히 지속되었다는 사실을 가리킨다. 하나님의 존재는 다른 수단에 의해서 나중에도 묵상되었는데, 주로 기록된 말씀에 의해서였다. 다른 말로, 여호수아 3 : 1~5 : 1의 이야기는 법궤와 요단 도하에 대한 '기억'과 함께, 하나님의 능력에 대한 상징이 되었다. 비록 법궤가 더 이상 존재하지 않게 되었을 때조차도, 여호수아 3 : 1~5 : 1은 이스라엘에게 그들의 하나님은 '살아 계신 하나님'이요, '온 땅의 주'라는 것을 계속해서 상기시켰을 것이다.

여호수아서의 신학에 연결되는 것들

하나의 이스라엘

방금 논의한 하나님의 성품에 대한 주요 신학적 논점들에 덧붙여, 이 이야기는 또한 여호수아서의 다른 곳에도 나타나는 중요한 신학적 주제들을 포함하고 있다. 예를 들면, 그것은 독자에게 이스라엘은 여호수아의 지도 아래 있는 하나의 민족이라고 이해시킨다. 이것은 "르우벤 자손과 갓 자손과 므낫세 반 지파는 모세가 그들에게 이른 것같이 무장하고 이스라엘 자손들보다 앞서 건너갔으니"(4 : 12)라는 선포에서 보인다. 여호수아서의 저자들은 여기에서 책의 다른 부분에서와 같이(1 : 12-18 ; 13 : 8-12 ; 22장) 동쪽과 서쪽 그룹들 사이의 영토 분배는 정치적, 종교적 단합으로 극복되었음을 보여 주기 위해 부단히 노력한다. 여러 번 그 이야기는 '모든 이스라엘'을 언급한다(3 : 1, 7, 17 ; 4 : 14). 그 백성들은 총체적으로 말해지며, 모두가 여호수아와 여호와께 복종한다. 여호수아 3 : 17과 4 : 1이 이스라엘을 대개 '민족'(nation)이라고 번역되는 히브리어 용어인 '고이'(goy)라고 묘사하는 것이 또한 중요하다. 이 용어는 여호수아서에서 여러 번 이스라엘을 표현하는 또 다른 단어인 '백성'(히브리어 '암'〈am〉)과 밀접한 관계가 있다. 두 용어들 사이의 정확한 구분이 항상 분명하지는 않지만, '암'이라는 단어는 주로 혈연관계를 전달하기 위한 것이고, '고이'는 정치적인 실체를 언급한다(왕상 18 : 10 ; 사 60 : 12 ; 시 135 : 10). 여기서 '고이'를 사용한 것은 요단을 건너는 이스라엘의 신분 변화를 가리킨다. 그들은 방랑하는 무리이기를 멈추고, 정치적 실체로서 다루어지게 될 정착민이 되었다는 것이다.

여호수아 아래에서 이러한 하나의 이스라엘을 말하는 것은 놀랍게도 실제로 같은 시기에 속한 사사기에서의 모습과 다르다. 실제로 사사기는 지방의 가족들과 부족 그룹들이 이스라엘의 나머지와 분리되거나 더 큰 그룹 활동에 참여하지 않음으로써 마음껏 행동의 자유를 누리고 있는 이스라엘을 보여 준다. 예를 들면 사사기 5 : 15b~17은 르우벤, 길르앗(아마도 갓을 언급), 단, 그리고 아셀이 다른 지파들이 전투할 때 참여하라는 드보라의 호출에 응답하지 않았음을 주목한다. 여기서 우리는 지역적인 수준에서, 특히 혈연관계임이 분명한, 특히 '아버지의 집' 내에서는 아주 강한 충성심이 존재했던 부족 연합이 느슨하게 구성되었음을 볼 수 있다. 가족 관계가 외적으로 성장해서 씨족과 부족으로 확장되고, 동시에 혈연관계는 더 약해졌을 때, 충성심 또한 더욱 활력을 잃게 된다. 오직 왕의 중앙 권력만이 그런 다양한 그룹들을 전체의 공동 선을 위해 통솔할 수 있다. 사사기는 이 시기를 다음과 같은 말로 마무리한다. "그때에 이스라엘에 왕이 없으므로 사람이 각기 자기의 소견에 옳은 대로 행하였더라"(삿 21 : 25).

다른 본문들의 이러한 입장에서 여호수아 3 : 1~5 : 1은 여호수아가 절대적인 권위를 갖고 있으며, 지역의 족장들이나 장로들은 정치적인 영향력을 거의 행사하지 않는 이스라엘의 모습을 함축함으로써 "주름을 펴 준다"(8 : 33 ; 20 : 4 ; 22 : 14 ; 23 : 2 ; 그리고 24 : 1과 같은 본문들에 장로들과 부족장들에 관한 언급이 거의 없음을 주목할 것. 이 지도자들은 어떤 이야기에서도 독립적으로 권력을 행사하지 않는다). 여호수아서의 이 단락은 여호수아의 시대를 왕국이 아님에도 불구하고 그러한 중앙집권적인 권력이 존재했었던 시기로 기억한다. 그러나 가장 중요한 질문은 "왜?"와 "이것이 신학적으로 무엇을 의미하는가?"이다. 대답의 한 부분은 여호수아의 모습에 대한 더 큰 묘사에서 발견할 수 있는데, 그는 왕의 모습으로 나타나는바, 요시아의 패턴을 따른다. 이런 유형의 일치는 저자들 시대의 정치적 현실이었고, 여호수아서는 그 배경에 놓여 있다. 그러나 그 시대적으로 일치하지 않는 묘사의 또 다른 가능성 있는 이유는 신학적으로 더 중요하다. 일치감은 여호수아가 기록될 당시 이스라엘의 자기 인식의 일부분이며, 그러므로 그것은 일치감의 근본에 대해서 이스라엘이 기억하는 것의 일부분이 된다. 마찬가지로, 인종과 경험에 있어서 다양한 미국인들은 국가의 기원에 대하여 단 하나의 관점을 채택하고 인식하는 경향이 있다. 제임스타운(Jamestown)[8]과 플리머스(Plymouth)의 정착은 그 나라에 들어온 이민자들의 다양한 경험들을 분쇄하는 모두의 국가라는 가치를 만들어 냈다. 비슷한 방법으로 이스라엘의 하나 됨 또는 하나 됨에 대한 꿈들은 그 현실이 정말로 훨씬 더 복잡한 시대였던, 그 기원 안에서 다시 읽히고 있다.

여호수아의 위상 높이기

이 책의 나머지 부분에 대한 또 다른 신학적 연결은 여호수아의 위상 높이기와 관계가 있다. 이 주제는 백성들 가운데서 여호수아가 인정받을 것이라는 여호와의 약속(수 3 : 7)과 요단을 건넌 후 실제로 백성들이 여호수아를 두려워하게 되었다는(수 4 : 14) 후속 언급에 분명하게 명시되고 있다. 3 : 7의 약속은 여호수아를 모세에게 직접 연결시킨다. 그리고 8절

8. 미국 버지니아 주 동부의 마을로서 북미 최초의 영국 식민지.

에서 여호수아에게 계속되는 여호와의 말씀은 다음과 같은 강조 명령에 의해서 더욱 강화된다. "너는 언약궤를 멘 제사장들에게 명령하여 이르기를"(영어 번역〈NRSV〉에서는 "**You are the one** who shall command the priests who bear the ark of the covenant." 즉, "법궤를 멘 제사장들에게 명령할 사람은 바로 너다."라는 의미-역자주). 하나님이 선택하신 지도자로서 여호수아를 모세와 일치시키는 것은 여호수아 1 : 5b와 17a에 명시된 주제로써 계속되고 있으며, 2장에서 여호수아가 정탐꾼들을 보내는 것을 통해 함축적으로 전달되고 있다. 그러므로 3 : 7에서 여호수아에게 하신 여호와의 말씀과 4 : 14에서 확증하는 여호수아의 위상 높이기는 여태까지 이 책에 나온 여호수아에 대한 하나님의 태도 가운데 일부분이다.

개정된 예식서에서 여호수아 3 : 1~17은 무엇이 사람으로 하여금 하나님이 위상을 높여 주실 가치가 있도록 만드는지를 탐구하는 마태복음 23 : 1~12과 짝을 이룬다. 이 복음서 텍스트는 자신을 낮추는 사람들, 모세의 자리에 앉았다고 생각되지 않는 사람들을 하나님이 총애하신다는 사실을 강조해서 말한다. 반대로, 자신을 높이는 사람들은 낮아지게 된다. 그러나 여호수아는 높여지기 적합한 사람으로 보는 것이 가능한데, 왜냐하면 그는 자신의 창조주에 대해서 뻐기지 않고, 대신 하나님의 역사를 순종하며 기다렸기 때문이다. 이 책의 더 넓은 정황에서, 여호수아는 토라 순종의 모델이며, 항상 율법을 묵상하고 모세를 통해 주어진 계명에 완전하게 복종함으로써 하나님께 의지하고 있음을 보여 준다. 교부들은 여호수아를 찬양했는데, 특히 기브온에서 태양을 멈추게 하는(수 10 : 12-13) 큰 기적을 행했음에도 불구하고, 자기 자신을 높이지 않았다는 사실이 그 이유였다. 여호수아에 대한 이 칭찬할 가치가 있는 성품은 사실상 높아짐에 대한 예수의 기준이다(*The Ante-Nicene Fathers*, vol. 7, Apostolic Teaching and Constitutions, book 8, sec 1 참조).

3장과 4장은 또한 여호수아를 예언자적 인물로 그려 낸다. 이 본문들은 부분적으로 여호수아가 제사장들과 백성들에게 훈계하는 것을 강조함으로써 그렇게 한다. 이와 관련하여 두 가지 중요한 점들이 있다. 첫째, 본문은 여호수아가 모세처럼 하나님께로부터 직접 받은 훈계를 백성들에게 선포하는 것이라고 말한다. 여호수아서의 저자들은 아마도 여호수아가 신명기 18 : 15~22에서 하나님이 모세가 죽은 후에 일으키실 '모세와 같은 예언자'로 인식되기를 의도한 듯하다. 비록 본문에서 여호수아를 예언자라고 칭한 적은 없지만, 3 : 9b에 나오는 그의 서론적인 말("이리 와서 너희의 하나님 여호와의 말씀을 들으라")은 많은 예언자 신탁의 도입부와 비슷하다(사 1 : 10 ; 렘 2 : 4 ; 호 4 : 1 ; 암 3 : 1 ; 4 : 1). 그 복수형 '말씀들'은 여호수아의 연설과 다른 예언자들의 도입부 사이에 있는 유일한 작은 차이점이다. 그러므로 헬라어, 아람어, 그리고 라틴어 번역들이 모두 단수형 '말씀'으로 기록하고 있는 것은 놀랄 일이 아니다. 이러한 변형은 여호수아의 연설이 다른 예언자들의 담화와 훨씬 더 밀접하다는 사실을 보여 준다.

두 번째, 요단에서 행한 여호수아의 연설 내용은(3 : 9b-13 ; 4 : 5b-7) 여호수아가 신의 말씀을 전할 권한뿐만 아니라 그것을 해석하고 적용할 수 있는 권한도 갖고 있음을 제시한다. 실제로 여호수아는 단지 하나님의 말씀을 축자적으로 반복한 것은 아니다. 오히려, 그는 거기에 자신의 말을 덧붙여 그 법을 어떻게 백성들의 삶에 적용시킬 것인지에 관한 훈계와 함께 하나님의 계명이 중요하다는 사실을 설명하고 있다(Polzin, *Moses and the Deuteronomist*, pp. 82-84).

공동 기억의 역할

여호수아 3 : 1~5 : 1은 예식과 제의의 중요성을 묘사하는데, 그것들은 구원 사건을 해석해 주는 기억을 제공한다. 제임스 구스타손(James Gustafson)은 교회란 '공동의 기억'으로 형성된다고 말했었다. 이 기억은 '과거에 대한 지식'을 포함하고 있으나, 믿음의 구성원이 되는 것은 또한 '과거 사건들의 의미와 함께 개인적인 정체성'을 요구한다(*Treasure in Earthen Vessels*, pp. 71-72). 또는 앨런 버리(Allen Verhey)가 언급했듯이 "기억하지 않는다면, 정체성이란 없다. 기억을 잃어버린 사람은 자신의 정체성을 잃은 것이다. 그리고 공동의 기억이 없다면, 공동체는 없다"("The Holy Bible and Sanctified Sexuality", p. 35). 여호수아 3 : 1~5 : 1은 그러한 공유된, 의미 있는 기억의 중요성을 보여 준다. 실제로 그 기억은 나중 세대에게 요단 도하를 해석해 주며, 그 사건에 대한 적절한 이해를 각인시키는데, 기억은 청중들에게 그것의 중요성을 내면화하여 의식적으로 창조된 기억을 통해서 그 이야기에 의해 감동 받도록 촉구한다. 여호수아 3 : 1~5 : 1과 같이 예수의 수난, 죽음, 그리고 부활에 대한 교회의 공식적인 기념은 역사적인 뿌리를 갖고 있지만, 그 사건들은 보도된 것이라기보다는 신학적인 렌즈가 그 이야기 속에 세워지도록 하기 위해서 기억된 것이다.

여호수아 3 : 1~5 : 1은 또한 믿음의 사람들이 하나님의 존재에 대하여 손에 잡히는 징조들을 발견할 필요가 있음을 묘사한다. 성경은 사람, 장소, 그리고 사물들 안에서 구체적인 방법으로 경험되는 하나님에 대한 증거를 지속적으로 주고 있는데, 기독교인들에게는 하나님에 대한 경험이 그리스도 안에서 가장 크게 고양된다(Terrien, *The Elusive Presence*, pp. 162-175). 요단 도하에 대한 이야기는 어떻게 법궤가 이런 방식으로 이스라엘 백성들에게 작용했는지를 보여 준다. 그러나 법궤가 더 이상 존재하지 않게 되었음에도 불구하고 그 이야기가 지속되었다는 사실은 또한 어떤 상징 하나도 하나님의 존재에 대한 이 요구를 완전히 채우지 못한다는 것을 보여 준다. 신약에서 분명하듯, 인간 예수를 통한 하나님의 경험조차도 성령의 교통하심과 그 이야기가 전해 주는 예수에 대한 기억에 길을 비켜 주곤 했다.

여호수아 5 : 2~12

애굽의 수치를 굴러가게 하다

한 시대가 다음으로, 그리고 한 세대가 또 다른 세대로 변하는 것은 점진적이다. 후속 집단의 관심사들과 가치들은 겹친다. 그 공통적인 사실에 비추어 여호수아 5 : 2~12은 놀라운 주장을 한다. 광야 세대 멤버는 하나도 그 땅에 들어가지 못했다! 물론, 이 결정적 파국은 광야에서의 배반 이야기를 통해 예고되었다(민 14 : 30 ; 신 1 : 35). 그러나 지금 여호수아 5 : 2~12은 광야시절이 아주 분명하게 끝났다는 것을 보여 준다. 이스라엘이 요단 강을 건넌 이야기에 이어서 이 책의 본 단락은 극장에서 막을 내리는 것과 똑같은 기능을 한다. 그것은 독자에게 가나안 땅에 들어가지 못하는 이스라엘 백성들은 무대에서 퇴장하게 되었으며, 이제 새로운 세대가 그 땅을 차지하게 되었다고 말한다. 여호수아 5 : 2~12은 모세의 죽음을 강조함으로써 광야 시대가 공식적으로 끝났음을 보여 주던 책의 도입부(수 1 : 1-2)와 더불어 일한다. 그것은 두 개의 삽화를 통해서 그렇게 한다. 첫째, 여호수아는 광야에서 태어난 이스라엘 백성들에게 할례를 하는데, 모세와 함께 출애굽하고 그에게 할례를 받았던 사람들은 모두 죽었다는 사실을 분명하게 한다(5 : 2-9). 그 다음에 여호수아는 새롭게 할례 받은 이스라엘 백성들을 가나안에서의 첫 유월절 행사로 이끈다(5 : 10). 그 행사는 광야에서 이스라엘 백성들을 먹여 살렸던 만나가 멈추게 되는 계기가 된다(5 : 11-12 ; 출 16 : 15).

할례는 아브라함의 후손들이 하나님 앞에 모이기 위한 전제조건이다(창 17장). 그 이유 때문에 여호수아는 가나안에서의 유월절 행사를 위해 이스라엘 백성들에게 할례를 행하는데, 마치 모세가 이 절기의 첫 행사 전에 애굽에서 사람들에게 할례를 행했던 것과 같다(출 12 : 43-49). 그러나 여호수아 5 : 2~9에서 할례는 또한 성화(the torch)가 출애굽 전에 모세에게 할례를 받았던 그 이스라엘 백성들로부터 광야에서 태어난 그들의 후손들에게 전달되었다는 상징이다. 이 세대 구분에 관한 암시는 여호와께서 이스라엘 백성의 할례를 여호수아에게 명령하시면서 '다시'라고 말씀하시는 것에 드러난다(수 5 : 2). 이 표현은 하나님이 여호수아에게 이미 할례 예식을 수행한 사람들에게 또 할례를 행하라고 명령하시는 것이 아니다. 오히려 5절에서 언급하듯, 애굽에서 나온 모든 남자는 할례를 받았으나, 광야에서 태어난 자는 할례를 받지 못했다는 것이다.

어떤 학자들은 이 두 번째 할례에 관한 원래의 이야기는 그리스어판에 나오고(칠십인역), 히브리어판(우리네 번역본들의 기본이 되는)은 후대의 변형된 진술을 담고 있다고 생각한다. 이러한 이론이 옳건 그르건, 히브리어와 그리스어 본문 비교는 영어 번역본들이 기록하고 있는 두 세대 사이의 확실한 분리를 조명하는 데 도움을 준다. 그리스어판은 여호수아가 광야에서 태어난 사람들뿐만 아니라 애굽에서 할례를 받지 못했던 사람들에게도 할례를 행했다고 서술한다. 두 집단 사이의 분리에 대한 강조를 드러내는 히브리어 본문은 출애굽한 사람들은 모두 할례를 받았지만, 그들은 여호와의 음성을 청종하지 아니하므로 다 멸절했다(6a절)고 말한다. 그러므로 "그들의 대를 잇게 하신 이 자손에게 여호수아가 할례를 행하였으니"(7a절). 그리하여 히브리어 본문은 모세의 세대와 여호수아의 세대를 분명하게 구분하는 신학의 증거를 제시한다.

세대 사이의 신학적 분리는 여호수아가 할례를 행한 길갈이라는 현장에 의해 강화된다. '그때에'라는 그 시간적 언급은 할례를 이스라엘이 요단을 건넌 바로 직후에 놓으며, 5 : 9은 길갈이 그 사건의 현장임을 분명하게 말한다. 길갈이라는 명칭은 '구르다'라는 의미의 히브리어 동사에서 유래했는데, 그래서 그 장소는 여호수아가 가나안으로의 여정 가운데서 태어난 이스라엘 백성들에게 할례를 행함으로써 '애굽의 수치'가 '굴러가 버린' 그 현장으로 인식되는 것이다(5 : 9).

'애굽의 수치'가 표현하는 정확한 의미는 확실하지 않지만, 그것은 분명히 광야에서 태어난 이스라엘 백성들의 부끄러움을 언급하고 있다. 이 이야기의 초기 발전 단계에서 이 단어들은 할례를 받지 않고 출애굽한 몇몇 이스라엘 백성들을 가리키는 것이었을 수도 있는데(그리스어판에서 보도되었듯이), 이 문제가 길갈에서 해결되었다는 것이다. 그러나 현재의 여호수아서에서 그 어구는 약간 다른 의미를 갖고 있다. 그것은 애굽에서의 종살이에 대한 수치로써 이스라엘이 자신들의 땅에 정착하는 것으로 끝나게 될 수치를 가리키는 것이거나(사무엘상 17 : 26에 나오는 유사한 표현

참조), 또는 광야 세대의 믿음 결여를 가리키는 것 중에 하나이다. 이러한 두 가지 해석은 보완적이다. 여호수아서의 신학적 도식에서 광야 세대는 애굽 종살이의 낙인을 완전히 제거하지 못했다. 왜냐하면 광야 세대가 땅 소유라는 자유를 기꺼이 받아들이지 않았기 때문이다. 그 광야의 방랑자들은 가나안 땅에 대한 약속의 실현이 허락되지 않으리라는 '사형선고'를 받은 이후로, 그들이 제거할 수 없는 수치를 짊어졌던 것이다.

여호수아 그룹이 이전 세대의 수치를 제거했다는 이 주장은 신학적으로 흥미롭게 적용된다. 본문은 부모의 죄가 자식들의 의로운 행동으로 용서받을 수 있다는 추론을 하게 한다. 특별히, 광야 세대의 수치는 그들이 제거할 힘은 없었지만, 그들의 후손들이 행한 할례를 통해서 지워졌다. 예레미야와 에스겔 둘 다 어떻게 한 세대의 죄악을 다음 세대에 끼치게 되는지 토로한다. 그들은 부모의 죄가 자식들에게 고통을 준다는 개념을 반박한다(렘 31 : 29–30 ; 겔 18 : 1–4). 그러나 여호수아 5 : 9은 하나님은 때때로 자식들의 믿음을 통해서 부모의 죄를 사하신다고 선포하는 데까지 나아간다. 히브리서 저자는 교회가 믿음의 용사들과 연속성을 갖고 있으며, 그들의 사역이 열매를 맺도록 하는 데 책임이 있다고 선언한다(히 11 : 39–40). 여호수아 5 : 9은 세대들 사이의 관계를 강조하는 점에서 비슷하지만, 가나안 땅을 소유하게 된 사람들이 믿음이 없었기 때문에 광야에서 죽은 그들의 조상들을, 그들의 믿음으로 가려 주어야 한다고 주장한다.

여호수아 세대의 할례가 중요하다는 사실은 특히 이 책의 최종 단계인 포로기 배경에서 읽을 때 명확해진다. 할례는 애굽에서나 대부분의 다른 서부 셈족 사이에서 규칙적으로 행해졌기 때문에 이 예식이 가나안에 사는 이스라엘만의 유일한 것은 아니었을 것이다. 그러나 바벨론에서는 할례가 일반적인 것이 아니었기 때문에, 그것이 하나님께 대한 헌신의 중요한 표시가 되었다. 여호수아서의 포로기 청중들은 여호수아가 이스라엘 백성들에게 할례를 행했다는 이야기를 새로운 땅에서 바벨론에 사는 자신들의 현실에 비추어 읽었을 것이다. 이 포로기 배경을 이해하는 것은 무엇이 현대 믿음의 백성들을 구별하는 표시인지에 대하여 질문을 야기한다.

어떻게 교회는 주변의 문화로부터 자신을 구분하면서 믿음을 증거할 것인가? 그것은 의심의 여지없이 바벨론 포로들의 질문이었고, 여호수아 5 : 9은 하나의 답변을 제시해 주고 있는 것이다.

여호수아 5 : 13~6 : 27

여호와께서 여리고를 정복하시다

"믿음으로 칠 일 동안 여리고를 도니 성이 무너졌으며"(히 11 : 30). 여호수아 5 : 13~6 : 27에 대한 이 묘사로, 히브리서 저자는 여리고 이야기의 핵심을 포착하고 있다. 여리고의 정복은 이스라엘이 하나님을 신뢰했다는 큰 표시였다. 실제로 이 이야기는 역경을 이겨 낸 인간 승리에 대한 이야기로 축소될 수 없도록 만들어진 것이다. 여호수아 6장은 어떠한 군사 작전도, 목적이 분명한 어떤 군대의 움직임도, 성벽을 타격하려는 어떤 계산된 공격도 보도하지 않는다. 인간의 활동은 전투에서 철저히 부정된다. 이런 방식으로 승리를 설명함으로써, 여호수아 5 : 13~6 : 27은 가나안 땅이 하나님이 이스라엘에게 주신 선물이라는 이 책 도입부의 주장(수 1 : 3)과 군사적 용맹성이 그 땅에서 승리하게 한 것이 아니라는 사실을 묘사해 준다.

비록 이 잘 알려진 이야기의 기본 줄거리는 분명하지만, 여호수아서에서 이 부분은 세부적인 면에서 복잡하고 혼동이 된다. 예를 들면, 여리고 주위를 돌 때 누가 나팔을 불었느냐에 대해서 논란이 있다. 6 : 8과 13a절에서는 나팔을 분 것이 법궤 앞에 있었던 제사장들이지만, 6 : 9과 13b절에서는 후방의 호위대(후군)가 나팔을 분다. 비록 현대의 번역들은 9절과 13b절에서 "나팔이 울렸다"(trumpets were blowing)로 옮김으로써 이 문제를 부드럽게 넘어가지만(우리말 성경에서는 9절과 13절의 나팔을 불며 앞에 작은 글씨로 '제사장들은'이라는 말을 추가해서 8절과의 논란을 해결하고 있음.-역자주), 마소라 본문은 후방 호위대 멤버들이 나팔을 불었다고 암시한다. 이 문제에 대해 가능성 있는 설명 한 가지는 이 이야기가 더욱 전통적인 전투 보고서로 시작했으나, 점차 후대의 예배에서 재현하기 위한 것으로써 그 사건의 예식적인 측면을 강조하는 것으로 변화되었다는 것이다(Soggin, *Joshua*, pp. 86-87). 이것이 사실이든 아니든, 현재의 기사는 법궤로 대표되는, 행동의 주체이신 하나님을 묘사하고 있으며 이스라엘은 신적인 도움을 받을 뿐이다. 본문에 혼동스러운 무엇인가가 남아 있음에도 불구하고, 그것은 핵심이 분명하게 전달되는 것을 방해할 만큼 충분한 것은 아니다.

그러나 여리고를 취하는 데 하나님이 주도권을 행사하셨다는 주제 역시 매끄럽지 않은 부분을 갖고 있다. 그 이야기는 여리고 안의 모든 것들이 정복의 첫 열매로 여호와께 제물로 바쳐져야 할 것임을 강조하고 있다. 그리하여 이스라엘이 엄격하게 준수해야 하는 물건들을 '진멸로 헌신'(히브리어 '헤렘')하는 것과 관련된 규칙들은 하나님이 그 도시를 패배시키신 데 대한 적절한 반응이다. 이것은 어떻게 여호수아서를 일상의 믿음에 적용시킬 수 있는가에 대한 어려운 질문들을 부가한다. 어떻게 교회는 무죄한 사람들을 죽이라고 명령하는 그 이야기를 성서라고 주장할 수 있는가? 그 이야기를 좀더 납득할 수 있도록 읽을 수 있는 방법은 있는가? 아래의 논의는 그 이야기에 나오는 진멸의 법의 목적과 의미를 탐구하게 될 것이다. 그러나 첫 번째 임무는 그 이야기가 어떻게 구성되어 있으며, 그 진술의 어떤 공식적인 요소들이 독자들의 기대를 저버리지 않도록 주의하면서, 그것이 어떻게 이야기로 작용할 수 있는지를 보여 주는 것이다.

여호와의 군대 대장(5 : 13-15)

하나님이 여리고를 패하게 하셨다는 주제는 여호수아 5 : 13~15에서 처음으로 등장하는데, 여호수아가 자기 신분을 '여호와의 군대 대장'이라고 밝히는 신비스러운 천상의 인물과 만나는 것에 관한 간결하고도 다소 비밀스러운 이야기이다. 이 이야기는 여호와께서 이스라엘을 위한 전투에서 승리하시리라는 확신의 말로 여리고 함락 이야기를 시작하기 위해 여호수아 6 : 1~27 앞에 위치한 것 같다. 그러한 목적은 앗수르 왕 아슈르바니팔의 연대표에 나오는 대단히 유사한 이야기를 통해 확증된다. 연대표에서는 전사와 같이 칼을 빼어 든 여신 이쉬타르가 왕의 참모에게 나타나서 임박한 전투에서 돕겠다는 약속을 했다고 보도한다. 비록 그 이야기들이 일치하는 것은 아니지만, 그리고 성서의 정복 기사는 아슈르바니팔의 문서와 신학적으로 큰 차이가 있지만, 그래도 앗수르의 기록이 여호수아 5 : 13~15에서 왜 그런 일이 일어났는지 가장 잘 설명해 준다(Van Seters, "Joshua's Campaign of Canaan" 참조). 이 이야기가 서론으로써 무엇을 의도하고 있는지 알아내기 위해서는, 학자들로 하여금 종종 책에서 그 이야기의 위치가 의도된 것임을 깨닫지 못하도록 방해하는 몇 가지 문제들을 조사할 필요가 있다.

5 : 13~15이 여호수아서에서 하는 역할을 알기 어렵게 하는 이유는 그것이 원래 6 : 1~27의 서론이 아니었으며, 초기의 (다른) 목적이 흔적으로 남아 있다는 사실에서 부분적으로 비롯된다. 예를 들면, '여리고에 가까이'(by Jericho, 수 5 : 13)라는 여호수아의 위치에 대한 첫 언급은 '여리고에서'(in Jericho)라고 표현되는 것이 더 나았을 것이다. 그래서 어떤 이들은 이 이야기가 한때 이스라엘이 그 성에 무력으로 들어간 후에 일어났던 사건을 말하는 것이라고 결론 내린다. 또 다른 이들은 '거룩한 곳'이라는 언급은 5 : 13~15이 원래 성소, 아마도 길갈이 배경이었음을 가리킨다고 주장한다(Miller, *The Divine Warrior in Early Israel*, pp. 128-131).

5 : 13~15의 문학적 형태 또는 장르는 여호수아서에서의 그 이야기의 위치와 기능에 관한 문제를 더 심각하게 만든다. 이 이야기는 임무 부여에 관한 보고서와 아주 유사한데, 예를 들면 사사기 6 : 11~24에 나오는 기드온의 소명에 관한 설화와 비슷하고, 출애굽기 3~4장에 나오는 모세의 소명 이야기와도 비슷하다. 그런 이야기들은 전형적으로 네 부분으로 이루어져 있다. (1) 하나님이나 천사를 만나는 한 사람, (2) 두려움 또는 예배와 같은 그 사람의 반응, (3) 신 또는 천사가 그 사람에게 특별한 임무를 부여,

(4) 하나님 또는 천상의 대표자가 그 임무의 성공에 관한 확신의 표적을 준다. 여호수아 5 : 13~15은 이 전형적인 스토리 가운데서 처음의 두 가지 요소를 포함하고 있는데, 그래서 이제 곧 여호수아가 이어질 전투에서 그가 할 일과 관계된 지시를 받게 될 것이라는 기대감이 생겨난다. 그 기대는 “내 주여 종에게 무슨 말씀을 하려 하시나이까?”(14절)라고 여호수아가 물을 때 강화된다. 더군다나 15절은 모세 임명을 떠올리게 하는데(출 3 : 5), 그로 인해서 여호수아가 특별한 소명에 참여한다는 사실은 한층 더 고조된다. 그러나 여호수아가 어떤 임무를 받을 것이라는 독자의 기대는 무참해지고, 그 설화는 아무것도 받지 않은 여호수아가 — 불타는 떨기나무 앞의 모세처럼(출 3 : 1-6) — 신을 벗는 것으로 끝난다.

여호수아 5 : 13~15의 이러한 모습들은 그것이 정복 이야기의 현재 위치에 끼워 맞춰진 것임을 가리킨다. 그렇다면 그것이 도입부로써 말하려는 것은 정확하게 무엇인가? 우리는 첫 번째로 그 이야기의 과거에 성소가 관계되었을 가능성에도 불구하고, 그것은 이스라엘과 여리고 주민들 사이에 곧 이어질 전투에 관한 것임을 주목해야 한다. 칼을 빼어 든 천상의 군대 대장, 그가 어느 편을 위하느냐고 묻는 여호수아의 질문, 그리고 자신의 신분을 하늘 군대의 대장이라고 밝히는 것 등의 이 모든 것이 그것을 분명하게 한다(민 22 : 23 ; 대상 21 : 16 참조). 그렇다면 5 : 13~15이 어떻게 여호수아의 소명(장르의 문제)에 대한 기대를 막게 되는지 살피는 것은 중요해 보인다. 어떤 학자들은 6 : 2에 이미 여호수아에 대한 하나님의 지시사항이 포함되어 있었기 때문에, 그 이야기가 축약되어 그것이 6 : 1~27에 부가될 때 여호수아에게 주어진 임무를 생략한 것이라고 생각해 왔다. 이것은 그 이야기가 발전해 왔던 방식일 수는 있지만, 지금의 형태와 위치에서도 그 생략된 임무 수여 형식은 독특한 신학적 메시지를 전해 준다. 그 생략된 소명 설화는 여호수아의 주 임무가 믿음을 지속하는 것이었다는 사실을 알게 하는 데 도움을 준다. 이 점에서 여호수아가 거룩한 곳에 섰다는 언급(5 : 15a)은 해석의 열쇠가 될 수 있다. ‘거룩’을 가리키는 데 여호와의 곳간에 들일 귀금속(6 : 19)을 묘사하는 같은 단어를 사용한다. 그 이야기의 최종적 형태의 정황에서 여리고는 신적인 용도로 바쳐질 것이며, 오직 신의 역사를 통해 탈취될 것이라는 점에서 거룩하다. 그 사실에 비추어, 여호수아의 임무 수여가 여호와의 군대 대장에게 달려 있다는 점은 의미가 있다. 정복에서 그의 주된 '임무'는 책의 서두에서 그가 받은 것이다. 즉, 하나님이 이스라엘을 위해 그 땅을 얻게 하시리라는 것(수 1 : 1-9)을 신뢰하는 일이다.

여리고 전투에서 여호와의 군대 대장이 하는 역할은 인간이 하는 일에 신이 개입하신다는 관념을 거부하는 많은 현대 독자들에게 문제가 된다. 실제로 현대성은 역사의 원동력은 인간이라고 주장하는데, 그것은 그러한 과정에 하나님은 없다는 것을 의미한다. 반면에, 여호수아서의 저자들은 반대로 생각했다. 그들은 하나님이야말로 역사의 실세이시며, 역사의 한 부분으로서(그것의 주인이 아니라), 인류는 그것을 변화시킬 수도, 통제할 수도 없고, 신이 주도하시는 활동에 복종할 따름이었다고 믿었다(Schroeder, *History, Justice, and the Agency of God*, pp. 37-39 ; 그리고 153-158쪽, 여호수아 10 : 1-14에 관한 주석 참조). 그럼에도 불구하고, 현대의 독자들은 여호수아가 여호와의 군대 대장을 알아보지 못했다는 사실에서 안도할 것이다! 사실상 다가올 전투와 관련하여 단지 두 개의 세력만을 인식하고 있었다는 점에서, 여호수아의 질문은 '현대적'인 표현이었다고 할 수 있다. "너는 우리를 위하느냐 우리의 적들을 위하느냐"(5 : 13). "아니라."(Neither)(저자는 문자적으로는 'no'임에도 불구하고 'neither'라는 단어를 사용했음을 강조한다. 여호수아의 질문 "이것이냐, 저것이냐?"에 대한 답변이 "아니라."는 것은 실제로 "이것도 아니고, 저것도 아니라."는 의미라고 보았다.-역자주)는 군대 대장의 답변은 여호수아의 질문이 틀렸다는 것을 지적한다. 제3의 힘, 군대 대장이 대표하고 있는 신의 힘이 전쟁의 결과를 결정하게 될 것이었다. 여호수아는 그 현실에 충격을 받자마자 즉시 복종했다(5 : 14). 그리스어 번역은 여호수아가 군대 대장에게 경배했다는 언급을 하지 않는데, 의심의 여지없이 그들은 천사에게 절하는 것이 신성모독이라고 생각했기 때문이었을 것이다. 마찬가지로, 어떤 기독교 주석가들은 그 천상의 존재가 그리스도였다고 논증을 하는데, '피조물인 천사는 감히' 여호수아의 경배를 '받을 수 없기' 때문이다(Wesley, *Commentary on the Bible*, p. 154). 그러나 그 이야기의 첫 번째 청중은 구약의 비슷한 이야기들이 보여 주듯, 군대 대장과 그를 보내신 하나님 사이를 명확하게 구분하지 않았을 것이다(창 16 : 7-14 ; 삿 6 : 11-24 ; 13 : 2-23). 여호와의 군대 대장을 향한 여호수아의 반응은 그 이야기의 필수적인 부분이다. 그것은 여호수아가 '부르심'에 대하여 신뢰로 응답했다는 것을 가르쳐 준다. 그는 자신을 신의 전사에게 의탁하면서, 자기 군대의 용맹함은 하나님 앞에 진정으로 부복하는 것만큼 중요하지 않다는 것을 함축적으로 고백한다.

여호와께서 여리고를 함락시키시다(6 : 1-27)

여호수아 6장의 여리고 함락 기사는 5 : 13~15의 도입부와 같이 그것이 보도하는 것과 어떻게 그러한 보도를 할 수 있는지에 관하여 놀라움을 금치 못하게 한다. 그러나 현대 독자에게는 어떻게 그 이야기가 기대를 저버리는지 이해하기 위하여 고대 근동 세계의 전쟁에 관한 중간 다리가 필요할 것이다.

우선 6장에서 여호와께서 여호수아에게 넘겨주신 그 도시의 본질을 이해하는 것이 중요하다. 고고학적인 증거는 후기 청동기 시대의 여리고가 오히려 별로 중요하지 않은 농업 도시였을 것이라고 한다(주전 1550-1200년 ; Mazar, *Archaeology of the Land of the Bible*, p. 331 참조). 그러나 여호수아 6장은 여리고의 찬란한 시기를 보여 준다. 여리고는 주전 10,000년이라는 이른 시기에 거주지를 성벽으로 둘러싸고 상당한 인구를 자랑했던 세계에서 가장 오래된 성곽 도시였다. 오늘날 그 유적지를 방문하는 사람들은 30피트 높이의 요새화된 탑을 볼 수 있는데, 신석기 시대의 것으로써 그 도시가 절정에 있었을 때 존재했었던 방어 능력을 묘사한다.

여리고와 같은 요새를 공격할 때의 주요 목표는 도시의 방어벽과 성문을 뚫는 것이었다. 따라서 여호수아 6장의 '전투' 핵심은 여리고 성벽을 무너뜨림으로써 그 도시에 도달하여 그 도시의 거주민들을 사실상 공격자들 앞에서 무력하게 만드는 것이다. 고대의 침략자들은 세 가지 방법을 통해서 그러한 성벽 요새에 침투했다. (1) 때때로 그들은 속임수로 거주지에 들어갔다. 이런 기술의 전형적인 보기가 그리스인들의 트로이 목마 이야기인데, 이것은 또한 여호수아 8장에서도 사용되었다. (2) 다른 때에는 군대가 도시를 직접 파괴하는데, 도시 방어벽의 취약한 곳 위를 넘거나 아래를 통과한다(예 : 성문들, 성벽에서 방어가 안 되는 지점들). (3) 세 번째 선택은 요새를 포위하고, 거주민들이 항복할 때까지 보급선을 차단하는 것이다. 여호수아 6 : 1에서 "여리고는 굳게 닫혔고 출입하는 자가 없더라"라고 말하는 것은 그 도시의 거주민들이 그 방어벽에 대한 (만약 공격이 실패하면 포위로 이어질 수도 있는) 직접적인 공격에 대비했다는 것을 가리킨다.

군사 작전은 또한 신학적인 요소를 필수로 한다. 전형적으로 군대 지휘관은 전투를 하는 것이 타당한지 아닌지 결정하기 위해 예언자의 신탁을 구했다(왕상 22 : 5-18). 그때 여호와의 응답은 다음과 같은 전형적인 언어가 공식이었다. "내가…… 네 손에 넘기리니"(왕상 20 : 28).

어떤 고대의 전쟁 보고서들에는 하나님이 그 군대를 위해 작전을 짜 주시기도 한다. 여호수아 8장에 이것이 보이는데, 여호와께서는 아이 성 전투에 병력이 얼마나 필요한지 여호수아에게 말씀하신 다음 덤불 뒤에 숨어 있으라고 명령하신다. 아이 성 이야기는 여호수아 6장과 대조되는 좋은 보기이다. 이스라엘이 아이를 패배시킨 것에 대한 보고는, 하나님이 지시하신 결과대로 쓰임 받는 것이 곧 합리적인 작전이었음을 보여 준다. 여호수아 6장에서 군사적인 공격은 없었다. 여리고 공격에 대한 진술은 여러 면에서 전형적인 유형을 따르지 않는다. 여호수아에게 하신 하나님의 말씀은 다른 전투 보고서들에서처럼 "보라 내가 여리고와 그 왕과 용사들을 네 손에 넘겨주었으니"(2절)이다. 더군다나, 16b절에서 여호수아는 용사들에게 그 메시지를 반복한다. "외치라 여호와께서 너희에게 이 성을 주셨느니라." 그러나 다른 전투 보고서들과의 이러한 유사성들에도 불구하고, 이 이야기는 여호수아가 전쟁에 나가는 것에 대하여 여호와께 조언을 구하지 않았음을 보여 주는데, 공격 준비의 한 부분으로써 최소한으로 해야 할 일이었다. 반면에, 이 이야기는 여호와께서 여호수아에게 그의 성공에 대하여 묻지도 않은 말씀을 주시는 것으로 시작한다. 따라서 독자는 여호수아가 공격 계획을 세웠는지 알 길이 없다. 대신에 여호수아는 매 순간 하나님의 인도하심에 따라 행동한다. '너'에게 여리고를 넘겨준다는 약속은 2인칭 단수 대명사를 사용한다. 여호수아는 마치 정복해 나가고 있는 큰 군대의 지도자인 것처럼 혼자 말씀을 듣는다. 그럼에도 불구하고 그는 그 성을 패배시키는 데 아무것도 하지 않는데, 전투에 참여하라는 신호인 외치라는 그의 명령은 이미 여리고 성벽을 무너뜨리신 하나님으로부터 나온 것이다.

가장 중요한 것은 여리고의 공격에 있어서 이스라엘은 알려져 있는 그 어떤 군사적 진행 순서와 반대로 행동한다. 이스라엘의 행위들은 군사적 기술로 알려진 것들과 '닮았다'. 예를 들면 이스라엘이 그 도시를 돌 때, 그 행동은 그 도시의 성벽과 성문들을 공격하기 위한 준비로써, 그 거주지 주변의 전략 지점들에 포진하는 순서와 비슷하다. 그러나 본문은 여리고 주위를 도는 것이 그런 목적이 아님을 분명히 말해 준다. 정말로, 여호와께서는 여호수아에게 군사들을 성벽 주위에 배치시키라는 명령을 하지 않으셨다. 대신 '모든 군사들이' 그 도시를 돈 다음에는 출발지로 돌아오라고 하셨다(3, 7, 14절). 그 도시 주변을 도는 것은 제의의 한 과정이었으며, 어떤 의식적인 군사 행동이라기보다는 예식에 가깝다.

이스라엘이 유월절 축제 기간에 해당하는 칠 일 동안 여리고를 돈 것은 아마도 우연이 아닐 것이다. 그러므로 여호수아서에서 여리고를 취한다는 것은 유월절을 따르는 것일 뿐만 아니라 유월절과 같이 축제로 자리매김하는 것이다. 도시 주변을 도는 과정에는 선두에서 나팔을 부는 제사장들이 있다. 히브리어로 제사장들의 뿔(나팔)은 '쇼파르'(shofar)인데, 양의 뿔로써 전쟁 신호로 사용되지만(욥 39 : 25), 예배에서도 주된 역할을 한다(대하 15 : 14). 여리고 주변을 도는 과정에서 요단 도하 예식(3 : 1-5 : 1)에서와 같이 법궤는 중요한 요소이다. 물론 7일이라는 유형이 반드시 어떤 절기를 제시하지는 않는다. 여호와의 영광이 시내 산을 덮었던 것과 같은, 어떤 핵심적인 사건들도 칠 일 동안 지속된다(출 24 : 15-16). 칠 일이라는 기간은 대개 완성을 나타내며, 어떤 임무나 사건을 성공으로 인정하는 신호이다(왕상 20 : 29). 그럼에도 불구하고 이스라엘이 가나안 땅에서 생활한 첫 두 주간이 종교적인 축제기간이 되도록 하려는 의도적인 강조로 보인다. 첫 번째는 유월절이었고(5 : 10-12), 두 번째는 여리고에서 벌어지는 제의스러운 전투였다.

첫 열매로써의 여리고

이스라엘 백성들이 여리고에 대치하고 있던 제 칠 일에 그 성을 일곱 번 돌았을 때, 여호수아는 그 도시를 점령하는 방법에 관한 지시를 한다. 여리고에 대한 취급은 첫 번째로 정복된 이 도시는 이스라엘을 위한 하나님의 위대한 승리에 대한 기념비로써 영원히 폐허로 있어야 한다는 관념이 거의 완벽하게 형성되어 있다. 어떤 주해가들이 주목했듯이, 여리고는 그 땅의 '첫 열매'였다(Wesely, *Commentary on the Bible*, p. 155 ; Calvin, *Joshua*, p. 95). 여리고를 취하는 데 있어서 여호수아의 첫 명령은, "이 성과 그 가운데에 있는 모든 것은 여호와께 온전히 바치되"(6 : 17a). 여기서 진멸의 법이 이해된다. 아무것도 살려 두지 말고, 그 도시 자체도 불태워야 한다. 그 도시에 대한 이 철저한 파괴는 여리고가 번제와 같음을 의미하며, 하나님께 드리는 예물로써 완전히 파괴되어야 한다는 것이다. 이것은 또한 6 : 26에 나오는 여호수아의 저주도 설명해 준다. 비록 저주의 의미에 대하여 논쟁 중이며, 다른 이론들로 여리고 재건축 금지를 설명할 수 있지만, 가장 쉬운 설명은 여리고가 '온전히 바쳐진' 도시이기 때문에 계속 폐허로 남아 있어야 한다는 것이다.

진멸의 법의 개념은 서구 독자들에게 혼란스러운데, 그것이 외래 문화적이기 때문이기도 하고, 구약의 개념 자체가 복잡하기 때문이기도 하다. 여호수아 6장에서의 모습을 이해하기 위해서는 그 사상에 대한 충분한 지식이 필요하다. 전쟁의 한 모습으로써 진멸의 법이 고대 근동 사람들에게는 잘 알려져 있었는데, 메샤 비문, 또는 모압 석비에 언급된 관습이 그 증거이다(Pritchard, *Ancient Near Eastern Texts*, pp. 320–321). 어떤 학자들은 진멸의 법이 실제적인 이유에서 수행되는 것이라고 생각해왔는데, 전 주민을 진멸하는 것은 질병을 막거나 저항하는 적군들의 씨를 말리려는 시도였을 것이다. 그 관습에 대한 이러한 가능성 있는 동기들과는 관계없이, 고대 세계의 진멸의 법에 대한 기록들은 구약성서와 메샤 비문을 포함해서, 그것을 순수하게 종교적인 쟁점으로 이해하고 있다. 신명기는 그것을 주로 정의의 문제로 표현한다(신 7 : 2, 26 ; 20 : 16–20). 모세는 이스라엘에게 그 땅의 주민들을 "진멸하라"고(신 7 : 2 ; 20 : 17), "불쌍히 여기지도 말라"고(신 7 : 2), "호흡 있는 자를 하나도 살리지 말라"고(신 20 : 16) 명령하는데, 자세한 이유는 "그들이 그 신들에게 행하는 모든 가증한 일을 너희에게 가르쳐 본받게"(신 20 : 18) 할 것이기 때문이다. 달리 말해서 가나안 족속들은 악하기 때문에, 그리고 다른 신들에게 드리는 그들의 예배가 만일 완전히 뿌리 뽑히지 않는다면 이스라엘 가운데 퍼질 것이기 때문이다(신 9 : 4–5).

그러나 여호수아 6장에 나오는 진멸의 법의 의미를 신명기적 법률로는 충분히 설명할 수 없다. 우리가 살펴보았듯이 이 이야기에서 진멸의 법은 여호와께 드리는 희생제사로 인식되고 있는데, 마치 제물처럼 하나님이 여리고의 모든 물건을 요구하신다. 여호수아서와 신명기 사이의 이 차이점은 부분적으로 히브리어 어근 '헤렘'을 다르게 사용하는 데서 기인하는데, 각각 '진멸하다'(또는 '온전히 바치다')라는 동사 표현에서 나온 것과 '바쳐진 물건'이라는 명사적 어구에서 나온 것을 사용한다. 신명기는 대개 동사 표현을 사용하는데(진멸하다), 그것은 이스라엘에게 주로 어떤 것을 '하라'고 명령하기 때문인바, 말하자면 그 땅의 우상을 없애기 위해 가나안 거주민들을 싹 쓸어버리라는 것이다. 반면에 여호수아 6 : 17에는 명사

형태가 나오는데, 여리고가 어떤 것이 '되어야 한다'는 사실을 강조하고 있다. "이 성은 **바쳐진 것**이 될 것이요, 그 가운데 있는 모든 것은 **여호와께 속한 것**이 되리라"(이 구절은 히브리어 원문을 직역한 저자의 사역이다. 따라서 저자는 NRSV 번역을 괄호 안에 소개하고 있는데, 개역개정판의 번역도 NRSV처럼 '동사형 문장'으로 해석했다 — "이 성과 그 가운데에 있는 모든 것은 여호와께 온전히 **바치되**" — 히브리어 원문은 저자의 사역처럼 be 동사 역할을 하는 '하야 동사'를 사용한 '명사형 문장'이다.-역자주). 6 : 18에 나오는 여호수아의 지시사항은 진멸의 법이 희생제사라는 관점을 더욱 분명하게 한다. 그는 이스라엘에게 "이스라엘 진영으로 바치는 것이 되게 하여 고통을 당하게 되지 아니하도록" 하기 위해서는 "바친 물건에 손대지 말라"고 명령한다. 사람이 '바쳐진 것'을 취함으로써 진멸의 대상이 될 수도 있다는 관념은 그 진멸되는 물건들은 여호와의 몫이라는 생각에서 비롯된다. 그렇게 된 이 물건들은 거룩해졌기 때문에 부주의하게 다루어져서는 안 된다. 이 점은 귀중한 금속들을 여호와의 곳간에 넣으라는 여호수아의 다음 명령에서 묘사되는데, 이 물건들은 "다 여호와께 구별될 것이기" 때문이다(6 : 19). 이 물건들은 맹세로 (아마도 여호수아 6 : 17에 암시되듯) 여호와께 구별되었을 때 거룩해진다. 어쨌든 핵심은 거룩한 물건으로써, 어떤 인간이든지 그것들을 소유한다는 것은 그 사람을 부정하게 만든다는 것이다. 7장에 나오는 아간 이야기에 해당하는 언급이 여기에 있다. 그가 '바쳐진 물건'에 허락 받지 않고 접촉한 것은 그의 장막 안에 있는 모두에게 퍼지기 시작한 끔찍한 재앙을 야기했다.

히브리어 어근 '헤렘'을 명사형으로 사용하는 데 있어서, 여호수아 6 : 18은 사람, 가축, 그리고 땅까지 '헤렘'으로, 즉 온전히 바쳐진 물건으로 지정될 수 있다는 레위기 27 : 28과 비슷하다. 이 규정은 때때로 '평화 헤렘'이라고 불리는데, 그것은 평상시에 적용되는 것이지 전시에 해당하는 것이 아니기 때문이다. 그럼에도 불구하고, 레위기 법은 두 가지 세부적인 면에서 여호수아 6장의 배경으로 넓게 이해될 수 있다. (1) 진멸의 법 아래 놓인' 것으로 지정된 물건들은 제물이 되어야 한다는 것, (2) 진멸의 법

아래 놓인 사람들은 무를 수 없다는 것, 말하자면 돈이나 다른 선물을 성전이나 성소에 바친다고 그들을 대신할 수는 없다(민 3 : 40-51). 이 이스라엘 침입자들이 그 도시의 어떤 것도 취하는 것이 허락되지 않았으며 그 도시의 재건도 허락되지 않았다는(6 : 26) 사실은, 여리고가 하나님이 전투에서 승리하게 해 주셨다는 것을 인정하는 일종의 제물로 다루어져야 한다는 것을 의미한다.

라합의 구원

여호수아 6장에 나오는 진멸의 법의 특별한 개념은 신명기에 나오는 것과 비교할 때 무시무시하다. 참으로 신명기는 일반적으로 그 주제가 불편하다는 것을 인식하고 있음을 보여 주며, 따라서 많은 기독교 주석가들이 하는 것처럼, 정의라는 명목으로 진멸의 법을 합리화하고 있다. 여호수아 6장을 주도하고 있는, 희생제사라는 진멸의 법의 개념은 좀더 원시적으로 보인다. 그러나 진멸의 법의 야만적인 특성은 이 이야기의 묘사 방식에 의해 완화되고 있다. 이를테면, 이 장에서 진멸의 법의 예외적인 존재로 라합을 제시하는 것은 그것을(야만적인 특성을) 부드럽게 하려는 시도의 신호일 수 있다. 실제로 진멸의 법을 다루는 단락에서, 바쳐질 물건들에 관한 각각의 명령에 이어서 곧바로 라합의 구원에 관한 언급이 뒤따른다(17b, 22-23, 25절). 하나의 유형으로써 첫째, 바쳐질 물건들을 진멸하라는 명령에 뒤따르는 둘째, 라합을 구원하라는 지시가 있다. 이 유형에서 일종의 긍정과 부정이 함께하는 본보기를 발견할 수 있다. '오로지' 라합이 진멸로부터 구원을 받는다. 그러나 본문 안에는 우리가 반대 방향으로 읽어야만 하는 단서들이 있다. 라합의 구원은 진멸의 법에 관해 알고 있는 규정들에 비추어 볼 때 특히 중요하다. 위에 인용한 신명기 본문에서도, 레위기 본문에서도 예외의 여지는 없다. 사실상 레위기 27장은 맹세에 의하여 바쳐진 어떤 사람도 무를 수 있는 가능성은 없다고 강조한다. "온전히 바쳐진 그 사람은 다시 무르지 못하나니 반드시 죽일지니라"(레 27 : 29).

그러나 그 규정은 라합의 경우에 보란 듯이 깨진다. 여리고의 '바쳐진 것들' 가운데 하나로서(17a절), 그녀는 진멸되어야 할 운명이었으나, 그 대신 구원을 받았다. 라합은 계속해서 '바쳐진 것'으로 취급 받는다. 그녀는 진 밖에 놓여지는데(23절), 여호와의 소유로서 그녀는 노예로 있을 수도 없고, 아내로 취해질 수도 없으며, 어떤 것으로도 이스라엘 사람의 '소유물이 될' 수 없었기 때문이다. 더군다나 '바쳐진 것'으로서 라합은 멀리 떨어져 있음으로써 그녀의 진멸이 요구되었던 그 거룩한 본성에 이스라엘이 접촉되지 않도록 해야만 했다. 그러나 그녀는 학살되지 않았다. 그러므로 그 이야기는 살해된 다수에게 관심의 초점을 맞추지 않는다. 대신 그 이야기는 이름이 있고, 독자가 관계를 맺고 동정할 수 있으며, 학살에서 살아남은 여리고의 유일한 거주민에게 관심을 기울인다.

초대교회에서 라합의 이야기를 하나님 은혜의 표시로 읽었던 증거들이 있다. 주후 333년에 벌써 순례자들이 라합의 집으로 확인된 여리고의 한 현장을 방문했었다. 주된 관심은 이 건물이 여호수아가 여리고를 공격할 때 살아남았다는 것이었다. 거의 확실하게, 방문자들이 보았던 것은 '여행자들'을 위해 지어진 집이었는데, 비잔틴 시대에 그런 장소들이 많이 세워졌다. 그럼에도 불구하고, 초대교회가 라합의 집을 하나님의 구원의 기념비로 여겼다는 것은 중요하다. 그것은 하나님이 이스라엘의 선택 밖에도 몇몇을 보존하시고 사실상 그런 '예외들'은 정말로 인류를 향한 하나님의 은혜의 법칙을 특징짓는 것임을 가르쳐 준다(Noort, *Das Buch Joshua*, pp. 145-146).

희생제사의 모습과 언어

라합 이야기는 희생제사의 모습과 언어를 사용한다는 점에서 신약의 구속사에 참여한다. 초대교회는 하나님이 희생제사를 요구하신다는 개념을 유대교와 함께 공유했다. 그리하여 어떤 초기 기독교 설교가들은 그리스도의 죽음은 하나님이 원하시는 제물이 되기 위한 희생제사였다고 선포했었다(고전 15 : 3). 이 구원제사 모델의 중요한 부분은 구속의 개념이다. 말하자면, 제의를 위한 도살용으로 죽을 수밖에 없는 어떤 것이 만약 대신 바칠 것이 있다면 생명을 부지할 수 있게 된다. 이 사상은 특별히 예수의 사역에 적용되는데, 다른 모든 사람들을 구원하기 위해 그가 희생제물이 되셨다는 점에서 그러하다. 이 관념은 "어두운 겟세마네로 가라" 라는 찬송가 3절 가사에 표현되어 있듯이, 교회신학 아래 면면히 흘러 계속되고 있다.

> 갈보리 슬픈 언덕의 어린양,
> 거기서, 그의 발 앞에 경배하며,
> 하나님 자신의 희생을 완성하신,
> 기적의 시간을 바라보네.

라합의 이야기는 이 신학에 참여한다. 비록 많은 현대인들이 하나님이 심지어는 인간을 희생제물로 요구하셨다는 구약의 사상을 그냥 지나칠 수 없다 하더라도, 이 고대 사상에 초점을 맞추는 것은 핵심을 놓치는 것이다. 라합 이야기, 그리고 후대의 기독교 이야기는 함께 작용해서 하나님은 당신 자신의 아들을 희생하심으로써 희생제사를 요구하신다는 그 개념을 명료하게 한다(Levenson, *The Death and Resurrection of the Beloved Son* 참조). 이러한 희생의 개념을 배경으로 하지 않는다면, 예수의 죽음에 관한 성서의 개념 대부분은 의미 없게 된다. 어떤 면에서 라합의 구속은 예수의 사역 안에서 완성될 완전한 구속의 첫 열매이다.

하나님 말씀 적용하기

여호수아 6장에서 진멸의 법은 또한 하나님의 말씀을 이해하는 것과 그 말씀을 어떻게 적용할 것인가에 연결된다. 그 문제는 여호수아에게 권한이 있었던 진멸의 법과 관련된 어떤 규정들이(특히 신 20 : 10-20 ; 아마도 레위기 27 : 28-29 역시) 무효가 되었다는 사실에서 시작된다. 라합과 그녀의 가족들은 여리고의 모든 주민들을 진멸하라는 여호수아의 명령에 대하여 분명히 예외이다. 그들의 구원은 비록 라합이 요구하고 그녀의 재치로 쟁취한 은혜이지만, 단지 그 은혜의 상징으로 설명될 수 있다. 기생을 보호하는 것은 '헤렘'에 대하여 알려진 지시사항에서는 그 어떤 틈새에도 끼워 넣을 수 없다. 이스라엘 백성들은 라합을 근본적으로 평화조약을 받아들인 주민으로 여겼지만(신 20 : 10-18), 그녀는 그런 제안을 수용하지 않은 도시에 거주했었다. 그러나(즉, 진멸의 법의 일부가 무효가 된 것에도 불구하고-역자주) 여호수아는 이 기사 말미에서 인정을 받았고(6 : 27), 그리고 나중의 평가에서도 그가 모세의 모든 명령대로 했다고 선포된다(10 : 40 ; 11 : 12, 15).

어떻게 이것이 가능할까? 만약 복종이라는 것이 훈계집과 같이 명문화된 말을 적용하는 것을 의미한다면, 여호수아는 복종했다고 볼 수 없다. 그러나 이것은 분명히 이 책이 모세와 여호와의 명령을 여호수아가 어떻게 적용했는지 평가하는 방식이 아니다. 우리는 이미 여호수아가 보충적인 설명과 해석으로 하나님의 명령들을 자신의 말로 바꾸는 데 자유롭다는 것을 봤다(참조. 87-103쪽, 여호수아 3 : 1-5 : 1에 대한 주석). 달리 말해서, 하나님의 말씀은 역동적으로 이해된다. 그것은 최대한 심각하게 다루어져야 할 신학적 의도들을 갖고 있지만, 그것은 일어날 수 있는 모든 정황을 설명하지도, 설명할 수도 없다. 믿음의 백성은 그 말씀을 각각의 새로운 상황에 새롭게 적용해야 하며, 그 말씀에 기초한 새로운 진리 안으로 이끄시는 성령의 인도하심에 열려 있어야 한다.

개혁주의신학에서 성서의 역동성 부분은 어떤 문서가 다른 문서들에 의해 해석될 수 있다는 개념이다. 이것은 종종 여호수아서가 평화와 비폭력에 대한 성서 본문들과 함께 읽혀야 한다는 말로 그 정복(기사)에 적용된다. 라합의 구원은 몇몇 텍스트들이 그 자체 안에 이러한 긴장을 포함하고 있다는 점을 묘사해 준다. 라합의 구원은 여호수아의 저자들 스스로가 진멸의 법의 적용에 관심을 갖고 있었으며, 따라서 진멸의 법은 가장 중요한 것의 배경 화면(에 불과한 것)으로 표현되었다는 증거인데, 말하자면 진멸로부터 하나님의 구원과 건지심을 표현하는 것이(가장 중요했)다.

여호수아 7장

이스라엘을 향해 타오르는 여호와의 진노

만약 여호수아 5 : 13~6 : 27이 여리고는 하나님의 선물이므로 그 안의 모든 것을 정복의 첫 열매로 바쳐야 한다는 사실을 받아들인 이스라엘의 믿음을 묘사한 것이라면, 여호수아 7장은 그 반대를 보여 주고 있다. 이 단락은 어떻게 아간이 여리고에서 전리품의 일부를 취함으로써 여호와의 진노가 이스라엘에게 미치게 되었는지 말해 준다. 그는 엄밀하게 말해서 하나님의 것을 도적질했는데, 이것은 멋대로 해도 된다는 자만에서 표출된 행동이요, 하나님의 권위를 무시한 범죄이다.

여러 면에서 아간의 죄와 그의 처형에 관한 이야기는 문제스럽고 혼란스럽다. 이것은 범죄와 처벌에 관하여 특히 어려운 문제들을 야기한다. 여리고에서 바쳐진 것을 취한 것은 누구의 책임인가? 그것은 아간 혼자, 아간과 그의 가족, 또는 모든 이스라엘의 책임인가? 만약 아간이 그의 고백에서 "나는 이스라엘의 하나님 여호와께 범죄하여"(20절)라고 말한대로 아간 혼자 유죄라면, 왜 그의 가족들이 그와 함께 죽임을 당했는가? 우리가 그러한 질문에 대답하려고 시도할 때, 우리는 계속해서 진멸의 법의 개념과 씨름하게 된다. 어떤 방식으로 진멸의 법이 정의의 도구로 작동하는가? 어떻게 진멸의 법은 거룩함, 희생제사, 그리고 계약준수의 개념들과 연결되는가? 최종적인 분석에서 이 질문들이 완전히 해결되지는 않을 것이다. 그러나 또 다른 측면에서 발견한 어떤 수준의 불확실성은 하나님에 대한 반역이라는 추함과 그 추함을 제거하려는 인간의 노력을 묘사해 준다. 이 문제들이 여호수아 7장의 핵심이다.

이 이야기의 문학적 구조와 논리

아간의 죄와 벌에 대한 이야기는 이스라엘의 아이 성 공격에 관한 더 큰 서사 안에 놓여 있다. 여호수아 7 : 1은 독자들에게 아간이 여리고에서 하나님께 바친 물건을 몇 가지 훔쳤으며, 이것은 비신앙적인 행위이기 때문에 여호와께서 이스라엘을 향해 진노하셨다는 사실을 알려 준다. 하나님의 진노하심에 대한 언급들은 아간 사건의 틀이 된다(1절과 26절). 하나님의 진노하심에 대한 첫 번째 언급은 왜 이스라엘이 아이 성에 대한 처음 공격에서 패하고 물러섰는지 독자들로 하여금 미리 알게 한다. 그 다음에 여호수아 7 : 2~5은 이스라엘이 어떻게 아이 성을 정탐하고 약 삼천 명의 적은 병력으로 공격했는지, 그리고 그 성의 반격에 패하고 후퇴했는지를 요약해서 보도한다. 이스라엘의 패배에 관한 이 간결한 설명은 사사기 7 : 1~23과 같은데, 여기서 기드온은 적은 병력을 승리로 이끈다. 그러나 기드온의 소수 병력은 이스라엘의 여호와 하나님에 대한 의존을 가리키는 반면, 여호수아 군대의 적은 병력은 이스라엘의 과신과 자신들을 향한 여호와 하나님의 진노하심에 대한 무지를 보여 준다. 여호수아 7 : 2~5에서는 (기드온 이야기에서처럼) 하나님이 아니라 정탐꾼들이 공격 작전을 개발한다. 더 나아가서, 이스라엘은 전투가 성공할 것이라는 여호와의 말씀도 없이 아이 성을 공격하는데, 여리고에서 이스라엘이 한 행동(수 6 : 2)과 반대된다. 그리하여 여리고에서 물건들을 훔친 아간의 죄는 또한 방종이라는 이스라엘의 더 큰 문제를 반영한다. 아이에서 이스라엘은 자신들이 혼자서 할 수 있다고 생각했기에 여호와 하나님과 동떨어진 그들의 고유한 군사 작전을 개발한 것이었다. 그 집단을 대표하는 일원으로서 아간은 마치 자신이 그 전쟁의 전리품 가운데 얼마를 주관하는 존재인 것처럼, 이스라엘이 군사적 재치로 승리를 얻은 것처럼 행동했다.

여호수아는 이스라엘을 위해 중보했지만, 그는 그 패배 원인의 당사자는 아니다. 그의 간구는 금송아지 사건에서 사용된 모세의 기도와 유사한 기법을 드러낸다(출 32 : 11-14). 모세처럼 여호수아는 만약 이스라엘이 그 땅을 얻는 데 실패하면, 여호와의 명성이 해를 입을 것이라고 주장한다(7 : 9). 이러한 태도로 여호와께 간구하는 것은 술수처럼 보인다. 확실히 대부분의 현대 기독교인들에게 익숙한 기도 방식은 아니다. 그러나 그것은 이해되는 것이며, 고대 이스라엘 사회의 거래 속성과 하나님도 계약체결 방식으로 행동하신다는 전제에 비추어 완벽하게 받아들여진다. 사회의 그 어떤 인간 구성원과 마찬가지로, 여호와께서도 당연히 계약 의무를 준수하지 않는 존재로 인식될까 봐 신경 쓰실 것이다. 그래서 여호수아는 이 점을 하나님과 논쟁하여 이스라엘에 대한 하나님의 관심을 얻는 수단으로 삼는다.

7 : 10~15에서 여호와께서는 여호수아에게 그의 인식을 바꾸시는 말씀으로 응답하신다. 여호수아에게 하신 하나님의 말씀은 두 개의 주요 부분을 갖고 있다. 7 : 10~12에서 여호와께서는 왜 패배하게 되었는지 여호수아의 인식을 바꿔 주신다. 이 단락은 여호수아에게 그의 입장을 바꾸라는 하나님의 명령으로 시작하는데, 맥빠진 상태로부터 경외하는 예배 안에서 일어나 들을 준비를 하라는 것이다(10절). 히브리어로는 여기에 두 개의 명령어가 있는데 "일어나라.", 그리고 "가라."로써 격려하는 분위기에서 사용되며, 하나의 메시지를 전달하는 한 쌍의 동사로 함께 번역되는 것이 적절하다. "일어서라!" 여호수아의 태도를 고쳐 주신 후에, 하나님은 이스라엘의 죄와 취약점을 선언하신다. 여호수아 7 : 11~12에서 여호와께서는 바친바 된 물건을 취함으로 이스라엘도 '바친바' 되었으며, 이스라엘 군대는 바쳐진 물건들이 진멸될 때까지 고통을 겪을 것이라고 밝히신다. 여호수아에게 하신 여호와의 두 번째 말씀(13-15절)은 첫 부분처럼, 축자적으로 "일어나라!"는 의미를 가진 명령어로 시작된다. 그 말 다음에 목적절이 뒤따르기 때문에, 그것은 "진행하라."로 번역될 수 있다(백성들을 구별하기 위해서 ; 13a절). 이스라엘 진을 성별하는 것은 '바쳐진 물건'을 제함으로써 수행될 것이다(7 : 13a-15). 여호수아 7 : 16~26은 여호수아가 여호와의 지침들을 실천하는 것에 관한 보도를 담고 있다. 16~21절은 아간이 바쳐진 물건을 훔친 자로 밝혀지는 것과 추궁 받는 것에 초점이

맞추어진다. 22~26절은 아간 이야기를 그의 죽음으로 결론짓는다. 불사르는 행위는 아간이 희생제물과 같이 되었다는 사실을 인식하는 것이다. 다음으로 아간의 몸은 그 문제의 사건을 기억하게 만드는 무더기의 형태로 돌에 묻혔다(25-26절 ; 아골, 아간이라는 이름과 비슷한 음으로 '괴로움'이라는 의미이며, 25절에서 여호수아의 질문에 동사 형태로 나타난다). 아간의 이야기는 하나님의 진노에 관한 두 번째 언급으로 끝나는데, 이번에는 아간의 죽음으로 하나님의 진노가 그쳤다는 것이 핵심이다(26절).

죄의 본질과 징벌

현대의 개인에 대한 강조는 죄는 한 사람이 저지른 단독 행위라는 보편적 인식을 갖도록 한다. 각 개인은 선과 악의 선택에 대한 자유가 있으므로, 그 생각은 더 나아가서 사람들이 저지른 실수가 무엇이든 책임은 그 개인에게 있다는 것이다. 물론 현대 신학자들은 종종 죄가 또한 집단적이라는 사실을 지적하는데, 각 개인은 비록 "악을 버리고 선을 택할"(사 7 : 15) 자유가 있지만, 하나님께 계속 반항하도록 쳐 놓은 악의 그물에 걸려 있기 때문이다. 헨드리쿠스 벌콥(Hendrikus Berkhof)이 말했듯이, 모든 속이는 행위는 부분적으로라도 다른 사람의 영향 때문이라는 점에서 죄는 사람들 간의 상호작용이다. 그것은 또한 사람들 위에 군림하는데, 말하자면 악은 인간공동체 안의 한 체계이므로, 개인은 그것으로부터 도망할 수 없다는 것이다(*Christian Faith*, p. 213). 아간의 이야기는 죄 가운데서의 인간적 상호 연관성을 너무도 잘 묘사하는데, 개인과 공동체라는 범주가 비록 그 이야기에 분명히 나타나지만, 많은 점에서 분명하지 않다는 것이다. 실제로, 여호수아 7장에서 누가 죄인이며 누가 벌을 받아야 하고, 왜 그런지에 관한 질문들은 때때로 대답하기 어렵다.

여호수아 7 : 1은 아간의 이야기를 개인과 공동책임 사이의 상호작용을 보여 주는 세 가지 핵심과 함께 소개한다. 1절은 "**이스라엘 자손들이** 온전히 바친 물건으로 말미암아 범죄하였으니"라는 말로 시작한다. 다음에는 세부적으로 그들이 어떻게 죄를 지었는지 "온전히 바친 물건을 가졌음이라"라는 아간의 행위를 지적함으로써 설명을 한다. 아간을 범인으로 밝힌 후에 그 구절은 "여호와께서 **이스라엘 자손들에게** 진노하시니라"라고 결론을 맺는다. 이런 진술들은 비록 단 한 사람이 계약을 위반하는 행위를 했더라도, 전체 공동체가 그것 때문에 곤욕을 치루게 되었다는 사실을 분명히 한다. 더 나아가서 하나님은 여호수아에게 왜 아이 성에서 패했는지를 밝혀 주시면서, 단지 "**이스라엘이** 범죄하여"(11a절)라고 선언하시고, 이어지는 설명에서 여호와께서는 온 민족에게 죄가 있다는 것을 강조하신다.

> "이스라엘이 범죄하여 내가 그들에게 명령한 나의 언약을 어겼으며 또한 그들이 온전히 바친 물건을 가져가고 도둑질하며 속이고 그것을 그들의 물건들 가운데에 두었느니라 그러므로 이스라엘 자손들이 그들의 원수 앞에 능히 맞서지 못하고"(11-12a절).

여호수아가 6 : 18에서 경고했듯이, 온 이스라엘은 멸망당하기 위해 온전히 바친 물건이 되어 버렸다. 아래에서 보듯이, 이 이야기의 역동적인 부분은 아간이 취한 그 바친 물건들의 성스러움이다. 그것들은 전 진영을 감염시킬 수 있는 일종의 바이러스가 침투한 것이다. 이 이야기는 제의상의 부정함이 단지 그 행위자에게뿐만 아니라 공동체에게도 징계를 야기한다는 구약성서 다른 곳들의 내용과도 같다(레 10 : 1-7 ; 민 16장). 그러나 고대 이스라엘에게 있어서, 제의상의 순결함은 계약에 충실한 것과 밀접한 관계가 있었다. 그러므로 이 이야기는 단순히 제사 용품을 잘못 다룬 한 개인에 의해 온 이스라엘이 감염될 위험에 처했다는 사실을 가리키는 것이 아니라 오히려 전체 공동체가 또한 율법을 범하는 죄를 지었다는 것이다. 실제로, 본문은 아간이 아니라 이스라엘이 '배신하였고'(1절, 한글개역개정판에서는 '범죄하였으니'라고 번역했지만, 히브리어 원어는 '배신하다'의 의미인 '마알'〈ma'l〉로써, 저자는 영어 번역〈NRSV〉에 따라 broke faith라고 표현-역자주), "범죄하여"(11절), 언약을 "어겼으며"(11절), "온전히 바친 물건을 가져가고"(11절), 그리고 "그것을 그들의 물건들 가운데에 두었느니라"(11절).

이스라엘의 연대 책임은 16~26절에서 진행되는 것들에 흥미로운 틀을 제공한다. 이스라엘 전체가 범죄했음에도 불구하고, 계약 위반에 직접적으로 책임 있는 그 개인이 제거되면, 민족은 용서 받게 될 것이다. 그래서 여호수아는 가장 큰 집단, 곧 지파로 시작해서 가장 작은 집단인 개인의 가정으로 진행된, 친족 집단들 앞으로 나아오게 함으로써 아간을 죄인 쪽으로 분류한다(14-15절, 그리고 16-18절). 이러한 혈연 단위들로의 진행 과정은 여리고에서 온전히 바친 물건을 가져간 사람을 찾는 데 체계적인 힘을 실어 준다. 여호수아는 제비뽑기로 처음에 유다 지파라고 밝혀낸다(16절). 지파는 가족들을 포함하고 있는 큰 그룹이다. 지파들은 이론상 혈연 관계로 함께 맺어져 있지만, 그런 관계들을 입증하는 것은 어려웠다. 그러나 더 작아지는 단위들을 통해 혈연의 확실성 및 한 구성원의 또 다른 구성원에 대한 관계를 강화했다. 가장 가까운 사회적 단위는 아비의 집이라고 불린다. 이 집단은 가장(patriarch)과 그의 자식들, 그리고 그들의 가족들로 구성되어 있다. 아간은 가장인 삽디의 손자요, 갈미의 아들이었다(1절 ; 참조. 24절에서 아간의 그의 모계 쪽 증조부와 강한 유대감). 이러한 사회적 구조는 집단의 동질감과 죄의 연대를 매우 잘 보여 준다. 아간은 삽디 가문에 부끄러움을 끼쳤고, 온 유다 지파를 그의 불충한 행위 안으로 끌어들였다.

결국 아간은 단독으로 벌을 받았다. 하지만 왜 그랬을까? 7장 초반에서 죄의 연대 책임을 강하게 언급한 것과 여호와께서 여호수아에게 하신 말씀(11-15절)에 따르면, 이스라엘 민족에 대한 비난이 제거되었다고 상상하기는 어렵다. 어떤 학자들은 아간이 희생양이었다고 적절하게 제안해왔다. 실제로 그러한 죄악의 연대 책임을 말하는 사회에서는 공동체 전체가 멸망당하지 않도록 어떤 사람이나 어떤 하부조직이 반드시 신의 심판을 감당해야만 했다. 하나님의 진노는 아간의 죽음을 통해서 누그러졌고,

그 민족의 나머지 사람들은 살 수 있게 되었다. 그러나 아간은 처형되었다는 점에서 고대 이스라엘 사람들에게 한 개인이 죄 또는 징벌을 완벽하게 혼자서 감당할 수는 없었다는 사실이 분명해진다. 비록 아간이 혼자서 처형을 당했지만, 그의 온 가족도 그와 함께 죽임을 당했다. 대부분의 현대 독자들은 이 부분을 문제 삼아 그것을 이해하느라 씨름을 한다. 아간 가족의 죽음을 진멸의 법이란 '전염성'이므로 아간의 가까운 친지들과 그의 가축들이 바쳐진 물건으로 오염된 장막에 있었다는 사실 때문에, 그들이 '진멸의 법' 적용을 받은 것이라고 설명하려는 유혹이 있다. 비록 이 이야기의 저자조차 진멸의 법을 그런 식으로 이해한 것이 분명하다 할지라도, 아간의 식구들이 죽임당한 것을 설명할 필요는 없다. 사실상, 이스라엘의 공동체적 정체성, 특히 각자 한 가족의 구성원들이라는 정체성이 너무 강했기 때문에 개인이 온전히 자주적이라는 인식은 불가능했었다. 레오 퍼듀(Leo Perdue)가 말하듯이 "가족 안에서 개인의 의지와 필요는 더 커다란 전체의 집합적인 의지와 필요성에 흡수된다"(*Families in Ancient Israel*, p. 237). 이러한 '집합적인 의지'는 죄와 징벌에도 확장된다. 한 가족 구성원의 죄악들은 다른 구성원 모두에게 영향을 끼치는데, 특별히 그 집단 전체의 가치들과 행위들을 형성하는 그 가족의 우두머리인 경우에 더하다. 이것은 우리가 아간의 죄가 라합의 의로운 행위와 상반된 것임을 인식할 때 분명해진다. 여호수아 7 : 15에서 죄인 한 사람을 '그의 모든 소유와 함께' 불사르라고 말할 때, 6 : 25에서 라합의 가족을 묘사한 것과 일치하는 어법이 사용된다. 양쪽 다 히브리어는 무심하게 읽힌다. "그(녀)에게 속한 모든 것(또는 사람)." 그리하여 정탐꾼들을 구해 준 라합의 행위는 그녀의 가족을 지켜 준 반면, 아간의 비신앙적 행위는 그의 가족을 파멸시켰다. 아간의 불순종이 가족 전체를 그의 죄악에 얽히게 만든 것과 똑같이, 라합의 의로움은 그녀의 식구에게 확장되었다.

개인과 공동체 사이에서 이렇게 죄가 상호작용하는 것은 죄와 징벌에 대한 동시대의 관점에 근본적으로 적용된다. 그것은 정의가 각 개인들에게 할당될 때는, 더 커다란 공동체의 악을 어느 정도 구현하는 사회의 대표자들 때문에 교정이 지속되어야 함을 제시한다. 그리하여 예를 들면, 여호수아 7장은 우리로 하여금 감옥에 수용된 사람들과 국가에서 처형한 사람들을 모든 사회의 죄악을 담당하는 속죄양으로 볼 수 있도록 해 준다. 아간 이야기에 대한 그런 적용은 너무나 빈번하게 개인적인 것으로 취급되는 죄에 대한 관점을 교정해 주는 긍정적인 효과가 있다. 그러나 반대로 아간의 가족이, 비록 그들은 바쳐진 물건 훔치는 것에 대해서 결백했다고 추정되지만, 아간과 함께 파멸되었다는 사실은 다른 방향으로 너무 나아간 것처럼 보인다. 현대 개인주의가 '아비의 죄를 자식에게 갚는 것'(출 20 : 5)의 공정성에 문제 제기하는 것은 옳다. 그럼에도 불구하고, 비록 여호수아 7장에 소개된 그런 종류의 공동체와 가족이 때때로 개인을 무시하지만, 그것은 개인의 자율성에 대한 현대 사회의 오만한 주장을 고쳐 준다. 더 나아가서, 아간 가족의 죽음을 장려하는 같은 문화적 자극들은 또한 다음과 같이 선포되는 하나의 신학을 일으켰다. "너희 중에 가난한 자가 없으리라"(신 15 : 4). 더불어 잘 산다는 개념에서 생겨난 그러한 신학적 확신들은 사도행전 4 : 32~37에 따르면, 초대교회의 신학적 총체였다.

거룩함, 계약, 그리고 진멸의 법

우리가 이미 주목했듯이, 이 이야기는 진멸의 법에 대하여 어려운 질문들을 제기하며 그것의 실행이 이스라엘의 계약 준수 가운데 중요한 부분임을 보여 준다. 여호수아 6장은 진멸의 법의 개념을 소개했다. 몇몇 기본적인 핵심들이 상기되고 있다(아울러 서론 부분 참조). 여호수아 7장은 여호수아 6 : 18에서처럼 진멸의 법을 주로 어떤 행동이 아닌, 존재 상태로서 언급한다. 또 다른 방식으로 말해서, 여리고 이야기와 그 이후 이야기에서 진멸의 법은 실행되어야 할 어떤 것이라기보다는, 신성한 용도를 위해 따로 분리되어야 할 어떤 조건이다. 이스라엘에게 기대되는 유일한 '행동'은 '바쳐진 것'으로 지정된 어떤 사람이나 물건으로부터 철저하게 멀리하는 것이다. 이것은 진멸의 법에 대한 이스라엘의 관점이 정결 제의에 대한 이스라엘의 이해와 밀접하게 관련이 있음을 보여 준다. 이스라엘 백성들이 제의적으로 부정한 물건이나 사람에게 접촉함으로써 더러워진 것과 마찬가지로, 또한 '바쳐진 것'을 잘못 다룸으로써 그들은 '멸하기 위해 바쳐진' 것이 되어 버렸다.

여호수아 7장에서 진멸의 법은 하나님과 맺은 계약 관계의 일부분이기 때문에, 그것을 적합하게 준수하지 못한 이스라엘의 실패는 계약 언어로 논의된다. 십계명의 단어들이 눈에 띈다. 여호와께서는 아간의 죄를 도둑질로 특징짓는데(11절), 제8계명에 나오는 똑같은 단어들을 사용하신다. "도둑질하지 말라"(출 20 : 15 ; 신 5 : 19). 아간이 그가 바쳐진 물건을 '탐내어' 가졌다고 고백할 때, 그는 마지막 계명의 언어로 자신의 죄를 표현한다. "네 이웃의 집을 탐내지 말라"(출 20 : 17 ; 신 5 : 21). 여호수아 7장에서 이러한 용어들이 십계명을 의도적으로 반영한 것이든 아니든, 이스라엘에 대한 정죄의 의미는 유사하다. 십계명의 후반부는 이스라엘 백성들이 각각 타인의 소유를 존중하기 위한 행동 지침을 의도하고 있다. 이스라엘 백성들이 그러한 소유의 제한 가운데 거할 때에만 질서를 갖춘 인간공동체가 가능하다. 마찬가지로 이스라엘이 하나님과 맺은 관계도 오직 이스라엘이 어떤 물건들과 사람들은 하나님께 속한 것이라는 사실을 인식할 때에만 바르게 존재할 수 있다. 하나님의 소유임이 마땅한 것을 '도둑질' 하는 것은 이스라엘과 여호와 하나님 사이의 관계의 균형을 무너뜨리게 된다.

바쳐진 물건을 이스라엘이 취한 것에 대한 계약의 측면은 여호수아 7 : 1에 나오는 하나님의 분노에 대한 표현을 이해하는 데 중요하다. '진노'라고 번역된 단어는 동시에 '코'(아 7 : 4)를 의미할 수 있는데, 이 신체 부분이 감정들의 터전이라는 고대 근동 개념을 반영한다. 그래서 하나님의 진노가 '타오른다'는 말은 여호와의 콧김이 불을 뿜거나 성난 짐승처럼 씩씩거리는 신인동형론 이미지를 만들어 낸다. 이 표현으로 하나님의 진노를 가장 빈번하게 묘사하는 것은 이스라엘이 계약을 깨뜨렸을 때나(수 23 : 16 ; 삿 2 : 20) 다른 신들을 따를 때(신 31 : 16-17)이다. 그러므로 현대 독자들에게는 여기에 표현되는 하나님의 진노는 어떤 사랑하는 사람이 부정을 저지른 파트너에게 분출하는 분노와 같다고 상상하면 도움이 될 것이다. 여호수아 7장에서 염두에 둔 것은 이런 종류의 관계 안에 있는 분노인 것이다(24장에 나오는 하나님의 질투에 관한 논의를 참조할 것, 211-214쪽).

'바쳐진 것들'과 기독교인의 삶

진멸의 법과 정결 제의의 관계는 여호수아 7장이 여리고에서 시행된 진멸의 법과 최근의 역사에 있었던 인종청소를 쉽게 동등화하는 것을 막아 준다는 점에서, 특별히 이 개념을 성찰하는 데 중요한 길을 제공한다. 여호수아서에서 이 주제는 인종적인 순수함이라기보다는 하나님께 대한 예배와 헌신의 순수함이다(충분한 논의를 위해서는 Niditch, *War in the Hebrew Bible*, pp. 56-61을 참조하라).

진멸의 법에 대한 이런 관점은 진멸의 법이 현대 사회에 대하여 말하지 **않는** 것이 무엇인지 명확하게 하도록 도와준다. 여호수아 7장이 교회에게 어떤 긍정적인 메시지를 전하는지 결정하는 것은 더 어렵다. 그런 통찰력을 얻을 수 있는 한 가지 가능한 방법은 이 본문이 상징적 의미를 갖고 있다고 생각한 초기 주석가들을 따르는 것이다. 이렇게 접근하면 이 이야기는 다른 현실들을 나타내고 있는 하나의 상징체계가 된다. 예를 들면, 오리겐(Origen)은 여호수아 6 : 18의 '바쳐진 물건들'은 현재 세계의 현안들을 나타낸다고 말했다. 그래서 그는 그 본문이 다음과 같은 명령들 안에서 교회에 적용된다고 주장했다. "세상의 것들을 하나님의 것들과 섞지 말라." 그리고 "세상 일들이 교회 안으로 들어오지 않도록 하라"(*Homélies sur Josué*, p. 205). 오리겐은 더 나아가서 이 이야기의 은유적 메시지를 로마서 12 : 2의 "이 세대를 본받지 말라."는 바울의 평범한 의미를 지닌 말과 연결시켰다.

오리겐의 해석은 어려운 본문들은 다른 본문들에 비추어 읽혀야 하고, 신학적 가치가 분명하지 않은 본문은 더 명백한 본문에 의해 조명되어야 한다는 도움이 될 만한 원칙들을 반영한다. 그럼에도 불구하고 역사적 기질을 가진 현대 독자들은 전형적으로, 원래의 정황에 나타난 본문의 평범한 의미를 드러내지 않는다는 근거로 이런 유형의 해석을 배척해 왔다. 실제로, 여호수아 7장은 특별한 의미를 가진 물건을 훔친 어떤 특정한 인물을 소개한다. 확실히 아간 이야기의 역사적 장식품들은 해석상의 안내자임에 틀림없다. 그러나 오리겐은 아간 이야기에서 제기되는 근본적인 문제를 인식한 점에 있어서 통찰력이 있었다. 아간은 물질적 이익을 기대함으로써 유혹을 받았고, 그는 이 세상의 즐거움을 소유하기 위해 기꺼이 자신의 영혼을 위험에 빠뜨렸다. 이 이야기는 두 세상의 가치들 사이에서 선택하는 것에 관한 것이며(현재), 그 선택은 하나님과의 계약 안에 있는 거룩함과 세속적인 탐욕으로 얻게 되는 부요함 사이에 있다. 이 본문을 다루는 설교자 혹은 교사는 이 시대의 청중들이 아간의 이야기로부터 멀리 떨어져 있다는 것과 오늘날의 교회에 진멸의 법은 낯선 것이라는 사실을 받아들여야만 한다. 그럼에도 불구하고, 여호수아 7장은 믿음에 직면한 모든 사람들의 갈등, 말하자면 어떻게 믿음을 포기한 대가로 이익을 얻으리라는 유혹으로부터 돌아서서 하나님께 헌신할 것인가를 강력하게 말해 주는 잠재력이 있다. 아간은 이 선택에서 적절한 타협점을 찾을 수 없었던 한 주요 인물이다(행 5 : 1-11과 비교).

아간 갈등의 핵심에 인간 주권의 문제, 아니 인간 주권에 대한 잘못된 의미가 있다. 어떤 인간의 행동들이 실제로 하나님의 것을 도둑질한 것이라는 개념은 인간들이란 궁극적으로 그들의 존재를 주님께 의탁하고 있으며, 그 사실에 대한 고백으로서 삶의 어떤 부분 또는 소유물을 하나님께 바쳐야만 한다는 믿음에 근거하고 있다. 창조주-피조물의 관계를 부정하는 것은 죄의 근본이다. 또는 죄렌 키르케고르(Søren Kierkegaard)가 그렇게 썼듯이, 인간적으로 적절하다는 느낌은 진정한 믿음의 주된 장벽이다. 과학적 신뢰, 윤리적 진보, 또는 군사력으로 표현될지라도, 인간적 자신감은 사람을 그 또는 그녀의 창조주로부터 멀어지게 한다(*Philosophical Fragments*, p. 24). 아간은 마치 인간의 힘으로 그 전투에서 이긴 것처럼 행동했기 때문에 하나님께 의지할 것을 거부한 어떤 사람이었다.

여호수아 8 : 1~29

여호와께서 그의 분노를 돌이키시다

우리가 이미 살펴보았듯이 여호수아 7장은 여호와의 분노에 대한 언급으로 틀을 이루고 있는데, 아간의 죄 때문에 이스라엘을 향해 여호와의 진노가 타올랐고(7 : 1), 그 다음에 아간과 그의 가족이 처형당하게 된다(7 : 26). 아간의 계약 위반으로 인해 진노하신 여호와께서 그 진노를 돌이키신 후에 어떻게 이스라엘이 아이 성을 두 번째 공격했는지 말해 준다는 점에서, 여호수아 8 : 1~29은 아간 이야기의 연장이다. 그러나 비록 여호수아 7장과 8 : 1~29은 함께하지만, 이스라엘이 아이 성을 패배시킨 이야기는 독립적으로 다루어질 만한 자체적인 문제점들을 야기한다.

아이 성에 대한 묘사

여호수아 8 : 1~29은 아이 성을 주요 도시로 묘사하는데, 여리고와 마찬가지로 성벽으로 둘러싸인 요새이다. 아이 성 사람들을 그 요새화된 성읍 밖으로 끌어내도록 유인하는 작전은 그 성벽과 망루가 정말로 튼튼할 경우에만 의미가 있는데, 왜냐하면 공격의 궁극적인 목표는 이 장벽들을 뚫는 것이기 때문이다. 그러나 대략 이스라엘이 그 땅을 정복한 시기에 해당하는 주전 13세기의 아이 성에 대한 고고학적인 증거는 이 도시에 대해 매우 다른 모습을 보여 준다. 말하자면 성서의 아이 성으로 지목된 지역은 주전 3100~2400년까지 실제로 인상적인 성읍이었으나, 그때 파괴된 이후 주전 1200년까지는 미거주지로 버려져 있었고, 비로소 성벽이 없는 촌락으로써 사용되기 시작했던 지역이었다(Callaway, "Ai", p. 127).

학자들은 이 증거를 다양한 방법으로 해석한다. 어떤 이들은 여호수아의 저자(또는 그들이 의존했던 전승)가 아이 성과 서쪽으로 불과 2마일 거리에 위치했으며, 후기 청동기(주전 1550-1200년)에 파괴된 벧엘과 혼동했다고 결론 내린다. 그런데 이야기의 최종 형태에서는 벧엘과의 근접성을 알고 있으며, 심지어는 벧엘에서 온 군사들이 아이 성을 방어했다고 말한다(17절 ; 비록 벧엘의 도움에 대한 언급이 모호하고, 그것의 이야기는 원래 벧엘에 대한 것이었다는 증거가 될 수 있으며, 그 문제는 더 나아가서 그리스 버전이 그 전투에서 벧엘의 도움을 언급하고 있지 않다는 사실로 인해 더 복잡하다는 사실에도 불구하고 ; 참조. 다음 단락의 논의 "이스라엘의 아이 성 작전"). 다른 학자들은 여호수아 8 : 1~29을 아이 성의 폐허가 여호수아의 공격 때문이라고 설명하는 기원론적인 것으로 이해한다(비록 이 이론에 따르면, 그 도시는 이스라엘 백성들이 도착한 다음에 폐허 상태에 놓여 있어야 하지만). 이 이론은 그 도시에 아이 곧 '폐허'(28절 참조.)라는 이름만이 유일하게 주어졌다는 점에서 지지를 받았다. 만약 그 도시가 이스라엘 백성들에 의해 진멸된 것이라면, 그 이야기는 그 지역을 전투 초기에 '폐허'라고 부르게 된 '**지명의 변화**'를 반영하는 것이라고 추측할 수 있다(이것, 또는 다른 가능성 있는 해석에 대해서, Callaway, "Ai" 참조). 여호수아 8 : 1~29은 아이에서의 전투를 거의 정확하게 사사기 20장에 기록된 기브아에서의 전투와 비슷하게 보여 준다는 사실을 주목하는 것이 중요하다. 두 이야기에서 도시는 그 공동체가 파괴될 만한 납득할 수 있는 행위 후에 책략에 의해 패배한다. 그러므로 여호수아 8 : 1~29의 저자는 어떻게 아이라는 이름이 만들어지게 되었는지를 설명하기 위해 목록에 있는 한 이야기 형태를 채택했을 가능성이 있다(Auld, *Joshua, Judges, and Ruth,* pp. 55-56).

비록 아이 성에 관한 어떤 고고학적 증거들은 여호수아 8 : 1~29의 역사성에 관해 의문의 여지를 남기게 하지만, 그 도시에 대한 신학적 묘사는 더욱 분명하고, 정복 기사의 다른 어떤 부분들보다 일관적이다. 아이는 기브온(10 : 2), 그리고 여리고(2절)에 비할 만큼 강력한 도시로 등장한다. 특히 여호수아 8장은 아이 왕에 대한 언급으로 틀을 이루고 있는데(1절과

29절), 그럼으로써 아이 왕의 역할을 강조하고, 왕권이 강력한 지역으로 그 거주지를 그리게 된다. 여호수아 10~11장에서 보겠지만, '정복' 기사가 더 넓게는 그 힘을 행사하는 강력한 가나안 왕들에 대한 혁명으로 묘사되기도 한다.

이스라엘의 아이 성 작전

이스라엘이 아이 성을 파괴한 이야기는 부분적으로 여호수아가 지휘하는 침입자들(이스라엘 백성)과 왕이(아이 성 왕이) 앞장선 그 도시 거주민들 사이의 놀라운 대조를 이룬다. 아이 성을 차지하려는 첫 번째 시도가 완전히 실패한 후에(7 : 2-5), 이스라엘은 두 번째 시도에서 여호와께 완전히 복종하는 모습을 보인다. 아이 성 사람들과의 첫 번째 조우에서 여호수아는 정탐꾼들을 보냈고 계획을 세웠으나 성공할 수 없는 공격을 감행했는데, 모든 것이 명백하게 하나님의 인도하심을 구하지 않았던 반면, 여호수아 8 : 1~2은 그 도시를 취하기 위해 여호와께서 새로운 계획을 주도하시고, 이스라엘은 완전히 그분의 지도를 따른다. 그 공격은 책략으로 이루어진다. 이스라엘은 그 도시 후방에 병력을 매복시킨다. 군대의 나머지는 그 도시의 거주민들 눈에 띄도록 아이 성 북쪽에 위치시킨다. 아이 성 방어부대는 지나친 자만에서 비롯된 작전의 실수로 패배한다. 말하자면 성안의 모든 병력들이 도시 북쪽의 이스라엘 백성들을 쫓느라 성채를 텅 비워놓게 된다. 아이 사람들의 자만심에 대한 이 묘사는 만약 17절에 나오는 벧엘에 대한 언급을 '하나님의 집'으로 읽는다면 특별하게 들린다. 물론 '벧엘'이라는 것이 문자적인 의미일 수도 있지만('벧엘'은 히브리어로 '집'이라는 뜻의 '벧'〈bêṯ〉과 '하나님'이라는 뜻의 '엘'〈'ēl〉이 합쳐진 단어이다.-역자주) 말이다. 고대 근동의 성채는 종종 요새화된 성전을 포함하고 있었으며, 내부 요새의 기능을 했다. 그런 건물은 도시가 침략 받을 때 최후의 보루였다. 17절에 나오는 하나님의 집, 벧엘이 그런 구조물에 대한 언급일 가능성이 있다. 만약 그렇다면, 그것은 그야말로 모든 병력들이 한 사람도 남김없이 여호수아의 군대를 쫓기 위해 아이 성을 나갔다는 강조 표현이 된다.

여호수아는 그의 임무와 관련한 아이 성의 전투에서 완전히 여호와께 의지하는 모습을 보여 준다. 비록 그가 전투 지침을 내렸지만, 그의 말은 여호와께서 명령한 것과 일치한다(8절). 더군다나 전투에서 여호수아의 지도력은 그의 칼을 "그가 아이 성의 거주민들을 완전히 진멸할 때까지" 들고 서 있는 것으로 나타난다(26절). 여호수아가 들고 있던 칼을 가리키는 단어는 평범한 용어가 아니다. 그것은 낫(또는 초승달) 모양의 무기를 말하는데, 성서 시대에는 다소 낯선 것이지만 고대 근동의 작품에서 확인되듯이 권력의 상징으로 사용된다. 여호수아가 그런 도구를 들고 있음은 두 가지 의미를 갖는다. (1) 그는 이 이야기에서 아말렉과 싸울 때 팔을 들고 있었던 모세와 같은 모습으로(출 17 : 11 ; 〈외경〉 집회서 46 : 2) 등장한다. (2) 이러한 권력의 상징을 들고 있음으로, 여호수아는 이스라엘을 위해 그 전투에서 승리하시는 여호와의 권능을 가리킨다. 후자는 이스라엘이 아이 거주민들에게 진멸의 법을 시행할 때, 그 도시가 하나님의 소유임을 그 도시의 큰 불로 보여 주었다는 사실로 강화된다(비록 가축과 탈취물은 전리품으로 취해졌지만). 종합해서 여호수아 8 : 1~29은 이스라엘이 7장에서 그렇게 실패했던 모습과는 대조적으로 적절하게 하나님께 의존했음을 보여 준다. 더 나아가서 이 기사는 왕권으로 특징지어지는 어떤 도시에 대한 하나님 백성의 승리를 강조하고 있는데, 그 왕권은 또다시 직면하게 되어 10장과 11장에서 더 자세하게 다루어질 것이다.

여호수아 8 : 30~35

모세의 명령대로

여호수아 8 : 30~35은 여리고 점령, 아간의 배신과 처형, 아이 성 승리 등의 매혹적인 이야기들 다음에 오기에는 다소 평범하게 보일 것이다. 실제로 기념비에 사용된 돌의 종류, 레위 지파 제사장들과 관련된 그룹들의 정확한 위치, 돌기둥에 여호수아가 모세의 율법을 기록한 것 등에 관한 본문의 자세한 언급 등은 (다른 부분의) 풍부한 이야깃거리와 비교해서 빈약하게 보인다.

그러나 이 간결한 단락은 여호수아서의 신학적 결정체이며, 현대 교회에 주는 의미 있는 메시지를 담고 있다. 어떤 학자는 여호수아 8 : 30~35이 '여호수아서의 절정'이라고까지 하는데, 본문이 모세의 율법에 대한 순종을 아주 분명하게 보여 주고 있기 때문이다(Gelin, *Josue,* p. 57). 특별히 이 단락은 여호수아가 신명기 27장에 나오는 모세의 가르침을 완수했음을 언급하고 있다(아울러 신 11 : 29-30에 나오는 더 간결한 내용을 참조할 것). 신명기 27장에서 모세는 이스라엘 자손에게 명령하는데, 약속의 땅에 들어갔을 때 계약의 재확인을 위해, 에발 산과 그리심 산에 이스라엘 백성들을 모으라고 명령한다. 이스라엘 하나님께 바치는 번제물과 그 예식에 참여한 자들을 위해 공동 식사로 제공되는 '자원' 예물('good will' offerings)을 드리게 될 다듬지 않은 돌로 만든 제단을 세워야 한다. 다음에 그들은 회반죽으로 표면 처리한 돌들 위에 모세의 율법을 새기고, 이 돌들을 모세가 하나님께 받아 전달한 모든 제도에 대한 이스라엘의 충성의 영원한 증거로 세운다. 여호수아 8 : 30~35는 여호수아가 거의 정확하게 신명기 27장에 묘사된 대로 이 가르침들을 실천했다고 보고한다(사소한 차이점들의 예를 들면, 여호수아는 8 : 35에서 그 회중의 구성을 명시하는데, 여호수아 8 : 32에서는 그 율법을 새긴 것이 그 제단의 돌들인지, 아니면 다른 돌들인지 명확하지 않다).

여호수아 8 : 30~35의 여호수아서 내에서의 위치

신학적으로 중요한 본문들에서는 자주 있는 경우이듯이, 여호수아 8 : 30~35의 해석에는 본문이 적용하려는 것들이 충분히 이해가 되지만, 반드시 해결해야 할 논제들이 있다. 이 단락의 여호수아서 안의 위치가 그러한 문젯거리이다. 그리스어 버전(칠십인역)은 여호수아 8 : 30~35을 9 : 2 이후에 위치시키고 있으며, 사해 두루마리들 가운데서 발견된 여호수아서 사본 조각(4Qjosha)은 이 이야기를 5 : 2~9에 나오는 할례 사건 이전에 위치시키고 있다. 더군다나 여호수아 8 : 30~35의 이 다양한 위치들은 마소라 본문의 배열보다 더 논리적으로 보인다. 적어도 첫눈에 마소라 본문에 나오는 여호수아 8 : 30~35을 따르는 것이 어색하다. 여호수아 9 : 1~2은 그 땅의 왕들이 '이 일을 듣고' 이스라엘에 대항하여 전쟁할 계획을 세웠다는 사실을 알려 준다. 자료의 현재 배열은 '이 일'이 8 : 30~35에 나오는 예식을 가리키지만, 가나안 족속들의 공격은 여리고 성과 아이 성에서 있었던 이스라엘의 군사 활동에 대한 반응이었을 것이다. 그러므로 우리는 마소라 본문과 현대 번역본들에 있는 여호수아 8 : 30~35의 위치를 논리적으로 구별해야만 한다.

여호수아 8 : 30~35을 주의 깊게 읽으면 사실은 그 위치가 의미 있고, 고대 이본들(versions)이 놓쳤던 본문의 의미를 '수정'하기 위한 시도를 보여 준다. 실제로 마소라 본문에서의 배열은 계약 갱신 예식의 내용(신 27-28장에 기록된)과 관련하여 계약 갱신에 대한 가나안 족속들의 반응(9 : 1-2에 기록된)을 고려할 때 의미가 있게 된다. 이미 주목했듯이, 8 : 30~35의 현재 위치는 이스라엘이 모세의 율법을 재확인하려는 것에 대한 가나안 왕들의 폭력적인 반응을 제시한다. 단 쌓기를 포함한 그 예식은 어떤 땅에 대한 권리 주장으로 인식될 수 있었을 것인데, 그 지역을 통치하는 자들에게 불꽃을 튀게 만드는 주장이었던 것이다. 그러나 가장 중요한 것은 여호수아 8 : 34은 여호수아가 그 모임에서 신명기 27장과 28장의 모든 복과 저주를 읽었다는 사실을 함축한다는 것이다. 그 경우에 이스라엘에게 주어진 아래의 약속들은 분명히 가나안 왕들을 불편하게 했을 것이다.

> "……네 하나님 여호와께서 너를 세계 모든 민족 위에 뛰어나게 하실 것이라"(신 28 : 1).

"여호와께서 너를 대적하기 위해 일어난 적군들을 네 앞에서 패하게 하시리라……"(신 28 : 7).

"땅의 모든 백성이 여호와의 이름이 너를 위하여 불리는 것을 보고 너를 두려워하리라"(신 28 : 10).

이스라엘에 대한 이런 진술들을 고려할 때, 8 : 30~35을 9 : 1~2 앞에 위치시키는 것은 매우 논리적이다. 가나안의 통치자들은 이스라엘이 자신들을 위해서는 국제적인 우위를, 자신들의 하나님을 위해서는 우주적인 주권을 선언한 것으로 인식했다. 그 땅의 완악한 왕들은 여호와의 권세에 복종할 것을 거부하면서 전쟁을 선포했다. 시편 2 : 1~2에 묘사된 민족들처럼 가나안 왕들은 '공모'하며, '허사를 경영하고', 여호와와 그분이 통치자로 임명한 여호수아에게 스스로 '대적했다'. 그리하여 여호수아 8 : 30~35은 현재의 위치에서 한편으로는 구약의 많은 다른 어떤 본문보다 여호와의 세계적인 권세와 다른 한편으로는 그의 권세에 복종하기를 거부하는 민족들을 증거하고 있다(참조. 수 8 : 1-29과 10-12장에 대한 주석).

그 예식의 현장

현대의 많은 학자들은 또한 여호수아 8 : 30~35에 나오는 그 계약 갱신 예식의 지리적인 위치의 문제점을 주목해 왔다. 그 행사는 에발 산과 그리심 산 사이의 통로에서 이스라엘을 그룹별로 각각 양쪽에 세워 놓고 했다. 두 산 사이, 여호수아 8 : 30~35에서 묘사되는 그 예식 장소에 그 지역 거주지 가운데 가장 중요한 곳 중의 하나인 세겜이라는 도시가 있다. 세겜은 이스라엘 족장의 역사에서 매우 중요한 역할을 했다. 이곳은 아브라함이 가나안 땅을 통과할 때 처음 방문한 곳이며(창 12 : 6), 야곱이 그 도시와 밀접한 관계가 있고, 이 도시는 디나가 욕보임을 당한 현장이다(창 34장). 여호수아 24 : 1은 공개적으로 세겜이 여호수아가 이스라엘 백성에게 마지막 연설을 한 장소라고 언급하지만, 학자들은 종종 8 : 30~35에서 이 지역의 놀라운 점을 주목해 왔다. 왜냐하면 그곳이 승리한 아이 성으로부터 북쪽으로 약 20마일 이동한 장소를 대표하는데, 이 북쪽 지역을 개방했다는 그 어떤 전투 기록이 없기 때문이다. 그러나 가장 혼란스러운 것은 여호수아 8 : 30~35은 계약 갱신 지역으로 결코 세겜이라는 이름을 말하지 않는 것이다! 더군다나 여호수아 8 : 30~35의 본문이 비롯된 신명기 본문 역시 그 장소 이름을 생략하고 있는데, 아마도 의도적으로 이 도시의 이름을 논의에서 배제시키려 했던 증거가 된다. 문제는 신명기 27 : 2이 그 예식을 '너희가 요단을 건너는 날에' 행하라고 명령한다는 사실에서 더 복잡해지는데, 비록 에발 산에 단을 쌓으라고 했지만, 그 행사의 위치는 길갈이 되어야 하기 때문이다(참조. 3 : 1-4 : 24). 신명기 11 : 30은 에발 산과 그리심 산이 '길갈 맞은편에' 있다는 이상한 진술로써 그 어려움을 유연하게 하려는 시도를 보인다. 어떤 이들은 이 본문들이 두 개의 전승이 합쳐진 것을 반영한다고 주장해 왔는데, 하나는 길갈에서의 사건을 담은 전승이고, 다른 하나는 세겜에서의 예식을 알고 있는 전승이다. 또 다른 이는 에발 산과 그리심 산이 요단 옆에 있는 길갈의 돌무더기를 가리킨다고 함으로써 그 문제의 해답을 내놓았다(우리는 또한 구약성서에 길갈이라는 지명이 한곳 이상 더 있다는 사실을 알아야 한다). 이 두 번째 이론이 역사적으로 옳건 그르건, 이것이 여호수아서의 그 행사의 존재와 신명기에서의 그 예식에 대한 명령을 이해하는 데 가장 도움을 준다. 사실상 여호수아 8 : 30~35의 현재 형태는 독자의 마음에 세겜이라는 그림을 그려 준다는 것이 명백하지만, 동시에 더 넓은 정황에서 길갈이 그 예식의 장소였다는 인상도 준다.

그 행사가 길갈 또는 그 근처에서 발생했다는 것은 논리적일 수 있다. 왜냐하면 이 이스라엘 진은 이미 모종의 기념물이 세워진 주요 성소였기 때문이다(4 : 19-24). 더군다나 이곳은 이스라엘 백성들이 요단을 건넌 '그날' 도착한 곳이며, 계약 갱신 바로 직전에 싸워서 이긴 여리고와 아이 성 근처이다. 더군다나 다음 장에서 기브온 사람들이 이스라엘과 조약을 맺고자 했을 때, 그들은 여호수아를 길갈에서 만났다(9 : 6). 그러나 그 장소를 왜 세겜의 이미지가 그려지도록 묘사하는 것일까? 그 해답은 마치 아테네가 철학과 관계있고, 오늘날 제네바가 외교 무대로 인식되듯이, 고대의 세겜은 계약 체결과 관련이 있었기 때문이다. 그 도시의 주신(主神)은 '계약의 주'라고 불렸다(이것이 사사기 9 : 4에 나오는 '바알-브릿'이라는 이름의 의미이다. -역자주 : 히브리어로 '바알'〈ba'l〉은 '주'〈主〉, '브릿'〈brît〉은 '계약'이라는 뜻이다. 또한 사사기 9 : 46에서 언급하는 '엘-브릿'〈'계약의 신'-'엘'은 히브리어로 '신'(god)이라는 뜻〉 신전을 참조할 것-역자주). 그 지역에서 계약을 체결하는 데 그 도시의 특별한 역할을 의식하지 않는 고대 저자를 상상한다는 것은 어려운 일이다. 그러므로 8 : 30과 33절에 나오는 그 예식의 장소에 대한 묘사는 모세를 통해 세웠던 하나님과 이스라엘 사이의 합의를 재확인하는 장소로 그곳을 이상적으로 그린다(참조. 196-214쪽, 여호수아 24장에 대한 주석).

또한 여호수아 8 : 30~35에서 묘사하는 그 쌓은 단에 관한 것과 예식의 일부로 그 단에서 드린 희생에 관하여 몇 가지 불확실한 것이 있다. 그래미 올드(Graeme Auld)가 지적했듯이, 제단이 에발 산에 놓인다는 것은 이상하다. 왜냐하면 그 산은 세겜에 서서 두 산을 바라볼 때 왼쪽이며, 왼쪽은 성서의 사고에서 재앙으로 인식되기 때문이다(*Joshua, Judges, and Ruth*, p. 61). 실제로 그 단은 계약의 저주가 선포되는(신 27 : 13) 그 꼭대기에 위치하고 있다. 사마리아인들이 나중에 이 장소를 그들의 가장 신성한 곳으로 정할 때, 그들은 그리심 산을 오른쪽에 있는 것으로 그리고 모세가 바로 그 위에 단을 쌓으라고 명령한 것으로 기록했다!

교회를 위한 계약 갱신의 중요성

여호수아서의 이 짧은 단편은 책 전체를 위해 중요한 의미들을 갖고 있는데, 특별히 여호수아서 안에서 그 단락이 놓여 있는 위치의 의미이다. 여호수아서는 "나의 종 모세가 네게 명령한 그 율법을 다 지켜 행하고"(1 : 7)

라는 여호수아에 대한 명령으로 시작하기 때문에, 여호수아 8 : 30~35은 중간보고서와 같은 기능을 한다. 그것은 독자들로 하여금 여호수아가 모세의 명령들을 충실하게 지키고 있으며, 모세의 후계자로서 적절하게 행동하고 있다는 확신을 갖게 한다. 본문이 이러한 목표들을 달성하고 있기 때문에, 이 단락은 독자들의 관심을 전쟁이나 정복으로부터 돌려놓고 있다. 그것은 여호수아의 가장 중요한 역할이 이스라엘로 하여금 계약에 충실하도록 인도하는 것이라는 사실을 분명하게 한다. 여호수아서는 여호수아에 대한 비슷한 묘사로 끝을 맺는다(24장). 그리하여 여호수아 8 : 30~35은 모세의 율법을 항상 묵상하는 여호수아의 성공적인 삶과 소명에 대한 중간 표시지점인 동시에, 신명기 27~28장에 나오는 모세의 연설과 여호수아 24장의 최종 계약 갱신 사이의 문학적 중간 지점이기도 하다.

그러나 모세의 가르침에 복종하는 여호수아의 모습은 현대 독자들을 궁금하게 할 것인즉, 신명기 27~28장에 나오는 모세의 계명들 가운데 어떤 부분들이 오늘날 적용되는가? 그리고 현재의 신앙공동체에게 어떤 방식으로 이 계명들을 교훈할 것인가? 어떤 방식으로 여호수아는 교회들에게 율법 복종의 모델을 제공하는가? 이미 주목했듯이, 어떤 방식으로 여호수아 8 : 30~35의 예식이 수행되었는지 상세한 것들은 매우 모호한데, 예를 들면 그 예식을 거행한 장소이다. 세겜과 길갈이 혼동되어 왔던 것처럼 보이는데, 그 행사의 적절한 장소로서 둘 중의 하나를 명시하는 것을 불가능하게 만들고 있다. 또한 예식 장소 그 자체와 마찬가지로 제단의 위치도 불확실하여 [통상적으로 세겜이라고 여기는] 교회의 해석이 의미 있는 것으로 받아들여질 수 없다([]는 역자의 첨가 부분임).

여호수아 8 : 30~35에서 분명히 서 있는 것은 이스라엘 회중 앞에서 보이는 모세 율법에 대한 여호수아의 관심과 공표이다. 본문은 그가 처음으로 온 이스라엘 목전에서(8 : 33, 35) '모세의 율법을 그 돌 위에 기록하고'(8 : 32) 그 다음에 그들에게 '율법의 모든 말들을 읽어 주었다'(8 : 34)고 한다. 그리하여 여호수아는 이스라엘 백성들이 그것에 따라 살아야만 하는 규범으로서 모세의 율법을 추천했고, 그가 전체 공동체 앞에서 그렇게 했다. 설교자는 이러한 율법의 갱신에서 교회를 위한 적어도 두 가지 중요한 적용 사항을 발견할 수 있을 것이다. 첫째, 신앙공동체는 여호와의 권위에 복종할 것이 요청되며, 정의에 대한 하나님의 비전에 따라 자기 자신을 형성해야 한다. 이 점은 모세 율법의 '복사판'에 대한 이전의 유일한 언급이 모세의 규정에 왕을 종속시키는 정황(신 17 : 18)이라는 사실을 깨달을 때 명확해진다. 신앙공동체는 한 사람이 주도권을 행사하는 독재체제가 되어서는 안 된다. 또한 모든 이해집단들이 그들의 공통적인 뜻을 함께 결정하는 민주체제가 되어서도 안 된다. 이 계약공동체는 오히려 모든 사람들이 하나님의 의도를 추구하고 신성한 목적으로 이루어지는 신정체제가 되어야 한다. 그 목표는 모세의 율법에 묘사되는데, 그것은 고대 이스라엘에 대한 일종의 헌법으로서 작동할 것이 의도되어 있었다(참조. 여호수아 1장 "'율법책'과 현대의 독자들"에 대한 주석, 62-65쪽). 둘째, 여호수아 8 : 30~35은 하나님의 은혜에 대한 공적인 증거와 복종에 대한 공적인 수행의 중요성에 대한 함축적 메시지를 전한다. 본문은 정의 없이 축복을 누릴 수 있고, 희생 없이 성공적인 삶을 살 수 있다는 개념을 가진 어떤 기독교인 그룹들에게 말하고 있다.

여호수아 9장

속임수로 목숨 구하기

기브온 사람들은 여호수아 9장에서 처음으로 소개된다. 그들은 히위 족속으로 분류되는데, 이스라엘이 가나안에 출현하기 몇 세기 전 아나톨리아에서 가나안으로 이주해 온 그룹이다. 그러므로 그들은 이스라엘로부터 아주 먼 문화적, 지리적 정체성을 갖고 있었다. 그러나 그들이 자신들의 발전을 위해 사용하는 기술적인 면에서, 그들의 모습은 분명히 이스라엘의 전통에 속한 몇 가지 핵심적인 모습들과 유사하다! 잔꾀를 통해서 자신들의 처지를 개선했다는 점에서 기브온 사람들은 야곱, 요셉, 그리고 다말 같은 인물들의 판박이다. 그들은 특히 야곱과 비슷하다. 왜냐하면 기브온 사람들은 거절당하게 될지도 모를 어떤 것을 얻기 위해 속임수를 사용했기 때문이다. 아울러 정복 기사의 정황에서 기브온 사람들은 라합을 닮았는데, 그녀는 속이는 데 성공했으면서도 정죄를 당하지 않는다(수 2장 ; 6 : 17b, 22-25). 기브온 사람들과 라합은 진멸의 법 규정에 따라 멸절되었어야 함에도 불구하고(신 20 : 10-20 ; 서론 참조.), 그들의 책략 덕분에 살아남았다. 그러므로 독자들은 부분적으로 그들에게 연민을 갖게 된다. 왜냐하면 그들의 인물 유형이나 이야기가 매우 닮았기 때문이다. 고대 이스라엘은 그들 내부의 비이스라엘적인 모습에도 불구하고, 아마도 그런 인물들에게 호감을 가졌을 것이다. 왜냐하면 그것은 그들 자신이 하나님의 도움을 통해서 그러나 또한 계략과 속임수를 통해서만 이 세상에 존재할 수 있는 낙오자임을 인식시켜 주기 때문이다.

구조와 내용전개

여호수아 9 : 1~2은 '요단 강 건너편' 왕들이 이스라엘과 전쟁을 치르려고 계획했다는 보도를 통해서 기브온 사람들의 이야기를 위한 무대를 마련한다. 그래서 이야기는 자연스럽게 두 부분으로 나뉜다. 3~15절은 기브온 사람들과의 조약을 보도하는 반면, 16~27절은 이스라엘이 속았다는 사실을 알았을 때 보이는 분노의 반응을 설명한다. 이 기사의 첫 부분은 참으로 흥미진진한데, 왜냐하면 이스라엘의 시각을 제시하는 두 번째 부분과 반대로 기브온 사람들의 관점으로부터 이야기를 전개하는 것처럼 보이기 때문이다. 실제로, 3~15절은 기브온 사람들을 영리한 민족으로, 이스라엘보다 지적으로 더 뛰어난 민족으로 묘사한다. 그들이 '지혜롭게 행동했다'(4절)는 것은 그들에게 주어진 평가이다. 히브리어는 때때로 '간교함'(cunning)이 부정적인 의미를 갖지만(욥 5 : 13 ; 시 83 : 3), 여기서 그것은 현명하다는 뜻을 갖는다(잠 15 : 5과 19 : 5처럼). 기브온 사람들이 영악하다는 이러한 인식은 현대의 많은 서구 독자들에게 이상하게 보일 것이다. 왜냐하면 총체적으로 이것은 뻔뻔스러운 거짓말이기 때문이다. 그런 이유로 현대 독자들은 이런 속임수가 칭찬 받을 만한 것으로 여겨지는 세계를 이해할 수 있도록 무엇인가 도움을 받을 필요가 있다. 계약의 본성을 가진 고대 근동 사회와 어떻게 기브온 사람들과 같은 속임수의 모습이 그런 정황에서 기능할 수 있는지 이해하는 것은 도움이 된다.

고대 이스라엘에서 계약 또는 조약은 가장 심각하게 받아들여졌다. 그것은 하나님 앞에서의 맹세로 체결되며, 그것의 번복은 무서운 결과를 가져오는데, 왜냐하면 맹세란 대개 그 합의가 깨어진다면 하나님의 분노를 초래하는 자기 저주를 포함했기 때문이다. 그러므로 여호수아 9장의 고대 독자는 즉시 계약이 체결되었다는 사실에 초점을 맞추었을 것이며, 기브온 사람들이 그것을 쟁취한 수단이 '비윤리적'이라는 것은 단지 부수적으로 느꼈을 것이다. 더군다나 이스라엘과 같은 만년 낙오자들에게는 이스라엘과 계약을 맺고자 하는 기브온 사람들의 시도가 일종의 경연으로서, 그들이 사용한 방법이 무엇이건 간에 가장 위축된 집단이 유력해지고, 그 때문에 칭찬 받는 일종의 지적 경기였다. 이것은 결코 여호수아 9장이나 그와 유사한 이야기들이 속임수와 거짓말을 칭찬하고 장려한다는 의미는 아니다. 그럼에도 불구하고, 이 이야기는 야곱이 합법적으로 에서의 소유였던 것을 얻게 되는 창세기 25~27장에 나오는 일련의 이야기들과 같다. 성서기자의 관점에서 야곱이 속인 것이 아니라(명백한 사실) 에서가 둔하고 분별없는 것이다. 마찬가지로, 여호수아 9장은 이스라엘이 '민감하지 못했고' 깨닫는 것이 느렸다고 묘사한다. 그들은 먼저 여호와께 묻지 않고 계약을 체결했으며, 그들은 기브온 사람들의 긴 여행과 곰팡이 난 식량 이야기에 쉽게 넘어갔다(여행자들이 여정 가운데 신선한 빵을 얻을 수는 없는가?). 이스라엘은 그런 문제 제기를 하지 않았기 때문에, 그들은 기브온 사람들의 **조급한 마음**에 동화되었는데, 기브온 사람들은 이스라엘이 다른 많은 이야기에서 보여 준 것처럼, 자신들의 생존을 위해 투쟁하고 있다. 비록 본문에서 그것을 말하지는 않지만, 실제로 본문에 나오는 그들의 전략이 이스라엘에게 잘 어울린다.

기브온 사람들은 여호수아의 부하들에게 접근할 때, 고대 근동 조약체계 안에서 그들은 군주에 대한 봉신의 예를 최대한 갖추었다. 그들은 말할 때 표준적인 외교적 언어를 사용하는데, "우리와 조약을 맺읍시다"(6절 : 문자적으로 "우리와 계약을 자릅시다〈cut〉"). 그들은 여호수아에게 "우리는 당신의 종들이니이다"(8절)라고 말하면서 자신들의 목적을 정중하게 밝힌다. 그들은 그 조약을 위해 양식을 가져온다(14절). 이스라엘 백성은 그들의 행위에 속는다. 그리고 그들은 그 식량을 기브온 사람들과 나눈다. 그 다음에 15절에서 여호수아는 '그들과 화친하고' 백성들은 맹세를 지킬 것을 서약한다. 그러나 이미 우리가 살펴보았듯이, 14b절은 이스라엘의 어리석음을 드러내는데, 고대 근동의 조약체결은 신 앞에서 이루어짐에도 불구하고, 이스라엘은 그들의 서약에 앞서 '여호와께 묻지 않았다'. 그럼에도 불구하고 이스라엘은 기브온 사람들과 맺은 조약이 자신들을 여호와 하나님과 맺은, 특히 다른 민족들과 계약을 맺지 않겠다는(신 7 : 2) 그 합의에 위배되는 모순에 처하게 할지라도, 그 서약을 돌이킬 수 없었다.

그러한 절대적인 서약은 활을 떠난 화살처럼 되돌릴 수 없었다. 성서의 더 넓은 맥락에 따르면, 그 조약은 기브온 족속에게 오랫동안 대가를 지불하게 된다. 사무엘하 21 : 1~14에서 사울이 그 조약을 깨뜨렸기 때문에 죄가 있다고 여호와께서 가르쳐 주시자, 다윗은 기브온 사람들의 고소를 받아들인다고 보도한다. 다윗은 기브온이라는 도시에서 사울의 일곱 아들을 매달아 기브온 사람들의 원수를 갚는다.

이 이야기의 두 번째 부분은 관점이 너무 달라서 때때로 많은 학자들은 그것이 따로 구성되었다가 나중에 3~15절과 합쳐졌다고 주장한다. 이런 입장에 따르면 16~27절은 솔로몬 통치 기간의 후대 이방 노예의 지위를 설명한다는 것이다(왕상 9 : 15-22). 그럴지도 모르지만, 16~27절은 자연스럽게 3~15절에 대한 결과를 이룸으로써 두 부분은 매끄럽게 함께 어울려 현재의 형태에 적합하다. 16~21절에서 이스라엘 백성들은 기브온 사람들의 속임수를 발견하고 자신들이 맞서야 할 그들의 도시로 진군한다. 서약을 발했기 때문에 이스라엘은 공격하지 못하고, 백성들은 성급한 계약 체결에 대하여 족장들을 원망한다(18절). 21a절에서 족장들은 기브온 사람들이 살아남게 될 것이라고 선언한다. 그 다음에 그 구절은(21b절) 기브온 사람들이 '나무 패는 자와 물 긷는 자'가 되었다고 결론을 맺는데, 그 역할에 대한 이유나 그것이 긍정적인지(특별한 지위를 가리키는지) 또는 부정적인지(징벌이나 위상을 낮추는 것을 언급하는지) 아무런 언급이 없다. 다음에 22~26절은 이 주제를 반복하지만, 여호수아의 지도력을 강조한다. 22절에 나오는 여호수아의 질문과 그 뒤를 따르는 23절의 저주는 일종의 재판절차를 암시한다. 기브온 사람들에게 주어진 저주는 21b절의 언급이 낮은 지위에 처하는 것임을 분명하게 밝히지만, 만약 시편 84 : 10에 나오는 성전 봉사에 대한 찬양을 진지하게 고려한다면, 성전 봉사는 거의 징벌로 보이지 않는다!

이 이야기는 독자들에게 기브온 주민들이 라합과 같으며 그녀와 동일시되어야 한다는 단서를 준다. 그 땅의 다른 거주민들과 달리, 그들은 이스라엘 하나님의 능력을 인식했고 겸손하게 진멸의 법으로부터 구원 받기를 구했다. 정말로 기브온 사람들은 "여호수아가 여리고와 아이에 행한 일"(9 : 3)을 들은 사람들이었고, 그래서 하나님이 이스라엘을 위해 행하신 것을 듣자마자 이스라엘 정탐꾼에게 적극 협조하는 라합과 같이 지혜롭게 행했다(9 : 4). 9 : 1~2 ; 10 : 1~5 ; 그리고 11 : 1~5에 나오는 다른 가나안 족속들과 달리, 기브온 사람들은 라합처럼 이스라엘의 성공이 이스라엘의 하나님의 행사 때문이지, 단순히 군사적 용맹함 때문이 아님을 인식했다. 9 : 9~10에 나오는 기브온 사람들의 연설의 틀은 놀랍게도 2 : 9~11에 나오는 라합의 고백과 유사하다. 라합처럼 그들은 가나안 민족들을 쫓아내시는 분이 여호와였음을 인정한다(2 : 9 ; 9 : 9). 그들은 라합이 "여호와께서 그 땅을 당신들에게 주셨다."라고 들었던 것처럼(2 : 9), 여호수아의 군대에 대한 것이 아니라 '그분에 대한 소식을 들었다'. 더 나아가서 3절을 변형해서 읽으면 기브온 사람들은 여호와께서(여호수아가 아니라) 여리고와 아이에서 하신 일을 들었다고 진술한다. 만약 이것이 기브온 사람들의 원래 말이라면, 이 민족이 이스라엘의 존재 안에서 활동 중이신 하나님을 인식했다는 느낌을 크게 준다. 그러나 기브온 사람들 자신의 이야기는 그 점과 관계없이, 그들이 애굽에서 행하신 하나님의 해방 역사(9 : 9), 그리고 요단 동편의 시혼과 옥에게 행하신 일(2 : 10 ; 9 : 10)에 관하여 들었기 때문에 두려워서 항복하는 것임을 알려 준다.

여호수아 9장의 배경에는 신명기의 몇몇 본문들이 어렴풋이 드러나며 그 이야기의 의미를 언급할 틀을 제공한다. 예를 들면, 그 이야기는 신명기 29장에 나오는 단어와 주제를 미묘하게 사용한다. 기브온 사람들이 13절에서 스스로 강조하듯이, 기브온 사람들이 해진 옷을 입었다는 묘사(5절)는 신명기 29 : 5에 나오는 모세의 연설을 상기시키는데, 거기서 모세는 여호와께서 이스라엘 백성의 옷과 신발이 해어지지 않도록 하셨다고 선포한다. 여호수아가 기브온 사람들의 속임수를 알아차렸을 때, 그는 그들에게 신명기 29 : 11에 묘사된 나그네의 처지에 해당하는 저주를 한다. 여호수아 9장의 신학에 있어서 더 중요한 것은 기브온 사람들의 행위는 기브온 사람들이 신명기 7장과 20장에 나오는 진멸의 법에 관한 규칙을 알고 있었다는 사실을 전제로 하는데, 그 이야기는 대체로 이 법률이 만들어낸 노선 위에서 움직이고 있다. 사실은 여호수아 9 : 24에서 기브온 사람들이 왜 이스라엘 백성들을 속였는지 설명할 때, 그들은 가나안 족속에 관한 모세의 명령, 곧 "너는 그들을 진멸할 것"과 "어떤 언약도 하지 말 것이요 그들을 불쌍히 여기지도 말 것"(신 7 : 2)이라는 명령에 대해서는 함구한다. 또한 그들의 독특한 속임수는 이스라엘이 거주할 가나안 도시의 거주민들과 멀리서 온 거주민들 사이에 구분이 있음을 알고 있었다는 사실을 전제로 한다(신 20 : 15). 기브온 사람들은 해진 옷과 신을 신고 곰팡이 난 식량을 가져옴으로써, 그들이 매우 멀리서 왔다는 인상을 주었다. 멀리서 온 이웃처럼 가장하고서, 그들은 길갈에 와 여호수아에게 탄원한다. "우리는 먼 나라에서 왔나이다 이제 우리와 조약을 맺읍시다"(9 : 6b). 그들은 전멸당하지 않기 위해 여호수아를 공격하기로 결정한 가나안 그룹들 가운데 하나를 대표한다(9 : 1). 그러나 그 집단의 다른 멤버들과 달리,

이들 히위 족속들은 그 땅에서 자신들의 미래를 보장 받기 위해 지혜롭게 다른 작전을 결정한다.

진멸의 법 모면하기

여호수아 9장의 초점은 분명히 기브온 사람들은 이스라엘 백성이 그 땅을 차지하고 있는 모든 사람들을 진멸하도록 위임 받았다는 사실을 알고 있었으며, 이스라엘로 하여금 조약을 맺도록 속임으로써 그 진멸의 법을 피했다는 것이다. 이미 살펴보았듯이 이것은 기브온 사람들을 그들과 비슷하게 처신한 라합과 동일시하게 만든다. 그러나 여호수아 9장에 나오는 진멸의 법에 대한 개념은 라합이 여리고에서 생명을 유지하게 된 이야기와 다소 차이가 있다. 적어도 그것은 라합 이야기(수 6 : 22-25)와는 다른 양상의 진멸의 법을 강조한다. 여호수아 9장에서 진멸의 법은 정의로운 행위로 인식된다. 그것의 목적은 이스라엘 백성들에게 다신교의 제의들로부터 자유롭고 정결한 환경을 보장하는 것이다. 반면에 여호수아 6장은 진멸의 법을 주로 이스라엘이 가나안의 첫 열매를 여호와께 바치는 희생제사의 행위로 표현한다. 진멸의 법에 관한 두 가지 관점 모두 하나님 앞에서의 적절한 태도를 보증하는 것은 하나님의 행사에 대한 반응이라는 사실을 강조한다. 희생제사로서 진멸의 법은 전투에서의 승리를 위해 인간이 하나님을 의지하고 있다는 의식을 나타낸다. 정의의 표현으로써, 그것은 하나님에 대한 신앙적 이상을 절대적으로 수행하기 위한 예배공동체 설립이라는, 율법의 더 커다란 목표를 극대화한다. 라합과 기브온 사람들의 이야기에서 그 모든 목적과 미묘한 의미에도 불구하고, 우리는 진멸의 법에 대한 예외를 본다. '바쳐진 것'의 구원 가능성(레 27 : 29)을 묘사하는 라합의 이야기와 마찬가지로, 기브온 사람들은 이스라엘의 가까운 이웃도 살아남을 수 있음(신 20 : 10-18)을 보여 준다.

어떤 이들은 라합과 기브온 사람들의 이야기가 주로 기원론적인 것(etiological)이라고 결론을 내린다. 말하자면, 그 이야기들의 목적은 과

거의 이야기들을 통해서 현재의 실태(그 땅에 남아 있는 가나안 사람들의 존재)를 설명하려는 것이다. 더 나아가, 문학적 차원에서 이 이야기들은 사사기 2~16장에 이르는 길을 예시하고 있는데, 거기서는 가나안의 토착민들이 어떻게 이스라엘의 올무가 되었는지 서술한다. 이 해석의 문제점은 본문에서 이 구원 받은 가나안 족속들이(라합과 기브온 사람들) 결코 이스라엘에게 위협이 되지 않으며, 반대로 그들은 매우 긍정적으로 보인다는 사실이다. 라합과 기브온 사람들 둘 다 이스라엘의 하나님을 전능자와 창조자, 그리고 세상의 원동력으로 인식하고 있다. 하나님의 능력에 대한 그들의 신앙고백과 구원을 위한 그분에 대한 전적인 의지는 모범적이다(수 2 : 9-13 ; 9 : 9, 24). 그러므로 이 이야기들은 그 땅에 생존하고 있는 가나안 족속들을 설명하기 위한 것이라기보다는 진멸의 법에 대한 전승들을 약화시키기 위한 것이라고 결론을 내리는 것이 더 나을 듯하다. 진멸의 법에 대한 평가는 정복 기사의 더 넓은 맥락 안에서 이중적인 충격을 준다. 가나안 족속들을 완전히 진멸하라는 신명기 율법이 단순하게 시행되지 않는 것을 보여 줌으로써 그 이야기의 현재 모습은 가나안 족속들에게도 베풀어 주시는 하나님의 연민을 제시하고 있으나, 여호수아는 여전히 율법에 충실한 자로 우뚝 서 있다. 더 나아가서 진멸의 법의 목적은 가나안 족속들을 멸절시킴으로써 인종적인 순수함을 유지하려는 것이 아니라 모세의 율법을 중심으로 삼는 어떤 사회를 세우려는 것이다. 반면에 기브온 족속을 살려 두고 그들을 성전 섬기는 자로 삼았다는 것은 이스라엘의 정체성이 혼합된 다수라는 사실을 부각시킨다. 이 '이방인들'은 때때로 생각하는 것만큼 불안한 신분은 아니다. 실제로 여호수아 9장을 통해 판단컨대, 그들은 많은 이스라엘 백성들을 대표하고 있으며, 오히려 이스라엘 사회 안에서 긍정적인 요소를 나타낸다. 아마도 진멸의 법과 파괴에 직면했기 때문에 기브온 사람들이 여호와 하나님 앞에서 마음을 바꾼 것이라고 인식한 사람들은 그들이 하나님의 긍휼을 의지하고 있다는 사실을 더 쉽게 깨닫게 될 것이다. 그러나 어떤 이유에서든 그들보다 앞서 있는 라합처럼 기브온 사람들은 신명기 율법에 나타난 하나님의 의도를 잘 알고 있었으며, 그들은 그 계약공동체에 받아들여짐으로써 적절하게 토라에 순종하고 있다.

패배자와 동일시하기

설교자 또는 교사들이 여호수아 9장의 신학적 의미를 탐구할 때 물어야 할 적절한 질문이라면 "어떻게 교회는 기브온 사람들 같은 인물들과 관계를 맺을 것인가?"이다. 비록 정직하지 않은 수단이라 할지라도, 우리는 그들의 곤경에 동정심을 갖고 그들이 구원 받은 것을 기뻐해야 할 것인가, 또는 그들은 자격이 없거나 정직하지 않은 자들이기 때문에 우리는 그들이 보호 받게 된 것을 꺼려야 할 것인가? 달리 말해서 여호수아 9장은 누구에게 복음인가? 많은 기독교인들은 기브온 사람들의 이야기를 포도원 품꾼에 관한 예수의 비유(마 20 : 1-16)처럼 여긴다. 기독교인들은 기브온 사람들이 자격이 없음에도 무엇인가를 받았던, 날이 저물 때 포도원에 들어온 품꾼들과 같다고 생각한다. 설교자는 하나님의 은혜를 받은 모든 사람들이 제대로 들어올 수 없는 곳에 접붙임을 받은 것이라고 제안하는데 있어, 그러한 생각을 회중들에게 전하는 것이 가장 큰 도움이 된다는 사실을 알게 될 것이다. 그 이야기의 패배자와 동질성을 갖는 것은 그러한 자기 이해에 있어 교회를 이스라엘로 더 가까이 이끌게 될 것이다. 다시 말해서 기브온 사람들에게 공감하는 것은 여호수아 9장이 고대 이스라엘에게 가한 충격을 현대의 독자들이 받아들이도록 하는 데 도움을 줄 것이다. 그 이야기는 의심의 여지없이 이스라엘로 하여금 그 '이방인들'을 자신들의 한 복판에서 그 공동체 전체의 한 부분으로서, 때때로 평안을 위해 하나님을 의지하는 본보기로서 바라보도록 압박했을 것이다. 그 이야기는 또한 이스라엘 자신의 극단적 행동, 때때로 자기의 것을 유지하려고 정직하지 않았던 것과 연결되기도 한다. 여호수아 9장을 이렇게 읽는 것은 구약성서의 속이는 자들의 성공과 예수의 어떤 비유에 있는 놀라운 반전(마 20 : 1-16 ; 눅 16장)을 더 잘 이해할 수 있게 해 준다.

여호수아 10~12장

그 땅에서 전쟁이 그치다

여호수아 11 : 23은 "그 땅에 전쟁이 그쳤더라"라는 말로 여호수아가 북쪽과 남쪽 영토를 싹쓸이했다고 결론을 내린다. 그러나 대부분의 독자들에게 여호수아가 적들을 학살하고, 왕들을 매달며, 도시를 불태운다는 살벌한 이야기들 가운데서 이러한 평화 선언은 퇴색된다. 사실상 많은 사람들은 여호수아서의 이 부분을 영어로 운과 리듬이 맞는 '전쟁'(fight)과 '학살'(smite)이라는 두 단어를 통해서 알고 있는데, 이 용어들은 더 오래된 몇몇 번역본들의 여호수아 10~12장에서 반복적으로 나타난다. 이 단어들이 전투 행위를 언급하는 다른 용어들과 함께 이 단락에서 셀 수 없이 등장한다는 사실을 부정할 수는 없다. 그러나 여호수아서의 저자들이 현대 독자들만큼이나 폭력이라는 주제에 관심을 갖고 있었다는 신호가 또한 이 단락에 들어 있다. 여호수아 10~12장이 전쟁에 관한 이야기 중에도 중요한 신학적 주장들을 표현하고 있다는 사실은 별로 알려져 있지 않다.

여호수아 10~12장은 다양한 자료들이 수집되어 이스라엘이 그 땅을 다스리게 될 것이라는 여호수아서의 공통 주제로 합쳐져 함께 구성된 것이다. 이 단락은 남방 왕들이 기브온에 대항하여 연합군을 편성했을 때, 이스라엘이 기브온 사람들을 돕기 위해 왔다는 보도로 시작된다(10 : 1-14). 이 단락의 중심에는 여호수아가 남방(10 : 16-42)과 북방 영토(11 : 6-20)를 점령하고, 그 지역에서 그들에게 대항했던 도시의 왕들을 처형하는 이야기가 있다. 이 후속 단락 둘 다 어떻게 여호수아가 '온 땅을 취했는지'(10 : 40-42 ; 11 : 16-23)에 관한 폭넓은 결론으로 끝난다. 구조적으로 눈에 띄는 두 가지 형태가 10장과 11장을 연결한다. 첫째, 여호수아 10 : 1~5과 11 : 1~5은 둘 다 이스라엘에 대한 가나안 족속들의 반응을 보도하는 데 매우 유사한 연설 형식들을 사용한다("……왕이 ……을 듣고, ……를 보내매"). 이러한 도입 문구들은 중요한데, 왜냐하면 이스라엘이 계약 준수로 인해 기브온을 방어하게 된 결과 영토의 주요 부분(여리고와 아이를 제외하고도)을 정복했다는 것을 기정사실화하기 때문이다. 둘째, 기브온에 관한 이야기(10 : 14-15)와 여호수아의 남방 지역 평정에 관한 보고(10 : 42-43)의 말미에서 두 부분의 결론이 나오는데 "여호와께서 이스라엘을 위하여 싸우셨다"(10 : 14-15, 42-43)는 설명과 여호수아가 길갈 진으로 돌아갔다는 내용이다(10 : 15 ; 11 : 43). 그 다음에 12장은 모든 정복에 관한 전체적인 요약인데, 모세가 요단 동편을 차지한 것(12 : 1-6)과 여호수아가 요단 서편에서 행한 업적(12 : 7-24)을 포함하고 있다.

여호와께서 이스라엘을 위하여 싸우시다(10 : 1-14)

여호수아 10 : 1~14은 9장에 나오는 기브온 사람들과의 계약 체결 이야기와 긴밀하게 연결된다. 이스라엘과 조약 맺은 것을 근거로, 기브온 사람들은 예루살렘 왕이 이끄는 군대가 자신들을 대항하자 여호수아에게 군사적 지원을 요청한다. 그래서 10 : 1~14의 이야기는 기브온 사람들의 속임수에 관한 커다란 맥락 가운데 한 부분이다. 여호수아 10 : 1~5은 이 부분이 이스라엘이 그 땅에 출현한 것에 대한 가나안 족속들의 반응을 묘사함으로써 이야기의 도입부를 삼는다는 점에서 9 : 1~2과 평행한다. 10 : 1~5에서 예루살렘 왕은 기브온 사람들이 9장에서 조약을 맺었다는 것 때문에 기브온 성읍을 치려고 도모한다. 왕 아도니세덱이 기브온 사람들의 조약에 대해서 문제 삼는 것은 이중적이다. 첫째, 여리고와 아이 성에서 여호수아 군대가 성공했다는 사실은 이스라엘 백성들이 매우 위협적인 군대가 될 것임이 분명하다. 둘째, 예루살렘 왕은 의심의 여지없이, 이스라엘과 새롭게 조약을 맺은 기브온 사람들이 서약 때문에 그 땅에서 군사적으로 반드시 이스라엘 편에 서게 될 것이라는 사실을 깨달았다. 그러므로 어떤 실제적인 이유에서도 기브온 사람들은 그 주변 가나안 족속들의 적이 되어 버렸다. 이것은 기브온의 군사적 능력 때문에 중요했다. 2절에 따르면 "……기브온은 왕도와 같은 큰 성임이요 아이보다 크고 그 사람들은 다 강함이라"고 했다. 이 묘사는 기브온이라는 성읍을 여호수아 12 :

9~24에서 각각 왕의 이름이 언급되는 31개 성읍 목록과 맞먹게 한다. 그리하여 기브온이 만약 여호수아나 그의 군대와 조약을 맺지 않았었다면, 반이스라엘 동맹의 주요 일원이 될 수도 있었을 것이다.

그러나 10 : 1~14의 주안점은 이스라엘이 기브온을 방어했다는 것이 아니라 이스라엘을 위한 하나님의 개입이다. 물론 우리는 여호수아서에서 이 주제를 셀 수 없이 보아 왔지만, 여호수아 10 : 14은 하나님의 역사가 너무나 초자연적이어서 다른 어떤 날도 그와 같을 수는 없다고 말한다. 그러나 하나님 역사의 정확한 본질에 관해서는 문제점들이 있다. 이 이야기는 두 가지 방식으로 하나님이 하신 일을 보도한다. 첫째, 하나님은 이스라엘의 적들에게 '하늘에서 큰 (우박)덩이들'을 내리셨다(10 : 11). 어떤 이들은 이런 보도가 폭풍과 같은 격렬한 전투에서 영감 받은 것이라고 자연스러운 결론을 내린다. 그것이 그 이야기의 기원일 수도 있지만, 저자는 단순히 자연 현상만으로는 설명할 수 없는 하나님의 특별한 개입이라고 주장한다. 이스라엘이 칼로 죽인 것보다 더 많은 적군들이 우박에 죽었다고 하는데, 더 놀라운 것은 그 우박에 죽은 이스라엘 백성은 하나도 없다는 명백한 사실이다. 핵심은 그 폭풍이 이스라엘을 위해 싸우시는 전쟁의 신이 사용한 무기였다는 사실이다(참조. 욥 38 : 22-23).

두 번째 주장에 관해서는 더 많은 질문들과 잠재적인 신학적 문제들이 있는데, 바로 태양과 달이 하늘에서 운행을 멈췄다는 것이다(10 : 13). 주된 신학적 주제는 만약 히브리어 본문이 수정되지 않았다면(거기에 모종의 실수가 있다는 가정과 함께), 12b절에서 여호수아가 하늘의 천체들에게 직접 명령할 수 있는 것처럼 보인다는 사실이다. 이것은 이스라엘의 공식적인 종교적 입장이 태양과 달의 신성을 부정하기 때문에 부적절한 것일 수도 있다. 실제로 창세기 1 : 16은 그것들을 단순히 '큰 광명과 작은 광명'으로 부르는데, 그것들을 신으로 생각하지 않도록(이스라엘 주변 이웃들이 그랬던 것처럼) 또는 그것들이 이스라엘의 하나님을 대신하지 않도록 하기 위함이다. 그러나 신학적인 어려움은 두 가지를 고려함으로써 완화된다. 첫째, 이스라엘이 태양과 달에 대한 숭배를 거부함으로써 주변 민족들로부터 분리된 것도 사실이지만, 구약성서는 때때로 이 천체들에게 여호와를 찬양할 수 있는 능력을 부여한다(시 148 : 3). 여호수아 10 : 12~13에서는 태양과 달이 천군의 일부로서 여호와의 권세아래 완전히 복종하고 있지만, 그분을 위해 영향력을 행사할 힘은 여전히 갖고 있다는 것을 전제할 수 있다. 두 번째, 12a절에서는 여호수아가 여호와께 직접 말했다는 사실을 분명하게 밝힌다. 이 사실 자체는 여호수아가 태양과 달을 하나님의 대리인으로 여겼다는 가능성의 여지를 열어 놓고 있는 12b절에서 말하는 문제 때문에 없어지지는 않는다. 그러나 14절에서 이 이야기의 편집자는 여호수아의 기도에 응답한 것은 태양과 달이 아니라 바로 여호와 하나님이라고 진술한다. "**여호와께서** 사람의 목소리를 들으신 이 같은 날은…… 이는 **여호와께서** 이스라엘을 위하여 싸우셨음이니라." 초기의 주석가들은 이 모습을 부각시키면서 여호수아 10 : 12~13을 기도의 사람으로서 여호수아에게 능력이 있었다는 증거로 채택했다(벤시라〈집회서〉 46 : 1-6 ; 요세푸스, 「고대사」 5. 1. 17).

여호수아가 태양과 달에게 무엇인가를 해 달라고 부탁했다는 사실에 관한 질문이 또 있다. '멈추다'로 번역된 히브리어 용어(히브리어 어근 '다맘'〈dmm〉)는 또한 '침묵하다'를 의미할 수 있는데, 그것은 천상의 광명들이 단순히 보이지 않았을 뿐이라는 것을(그러나 달에 대해서 사용된 히브리어 '아마드'〈'md〉는 더 분명하게 '멈추다'를 의미한다.) 암시할 수 있다. 이 경우에 12절은 일식이나 안개나 폭풍 때문에 태양이 가린 것을 언급했을 수 있다(11절에서 폭풍이 언급된 것을 참조). 약간 어색한 것은 의심의 여지없이 시로 이루어진 12b절이 야살의 책이라는 고대 자료에서 비롯되었다는 사실 때문인데, 12b절에 인용된 그 시는 이 전투를 언급하는 것일 수도 있고 그렇지 않을 수도 있다(13a절이 야살의 책에서 어느 정도 인용된 것인지도 명확하지 않다). 태양이 정지한 것과 관련된 이 문제들을 어떻게 해결하느냐에 상관없이 이 이야기의 마지막 형태가 또다시 우리 질문에 대답하는 것처럼 보인다. 13b절은 13a절을 다음과 같은 의미로 해석했는데, 태양이 (달은 13b절에 언급되지 않는다.) 하늘에서 운행을 멈췄다는(고대인들은 태양이 움직인다고 상상했다.) 것이다. 태양이 멈췄다는 것의 중요성은 단순히 낮 시간이 연장되어 여호수아가 그 적들을 쳐부술 시간을 더 많이 확보했다는 것을 뜻할 수 있다. 이것은 고대 근동의 전쟁이 해가 지면 그쳤을 경우에 의미가 있다. 그러나 태양과 달이 둘 다 언급된다는 사실은 추가적인 설명을 요구한다. 어떤 이들은 태양과 달이 함께 나타나는 것은 일종의 긍정적인 신탁을 구성했다고 주장한다. 실제로 몇몇 앗수르 점성술 문서에서 그 달 14일에 두 광명체가 보이는 것은 성공을 보증하는 긍정적인 신호라고 언급한다(참조. Holladay, "The day[s] the Moon Stood Still", p. 176). 그러나 여호수아 10 : 13의 핵심은 단순히 그것들이 출현했다는 것이 아니라 기대했던 것 이상으로 일정한 시간 그 현상이 지속되었다는 것이다. 하박국 3 : 10b~11은 그 문제를 밝히는 데 도움을 준다. 여호수아 10 : 12b~13과 비슷한 언어를 사용하여 태양과 달이 전투하는 동안 하나님에 의해 멈췄다고 말한다. 달리 말해서 이 천체들은 여호와의 통제 아래 있었던 것이다. 그것들은 가나안 대적들이 상상했던 것처럼 독립적으로 행동할 수 있는 신적인 존재들이 아니었다. 오히려 그것들은 이스라엘을 위해 역사하시는 여호와의 도구였다. 낮이 길어졌다는 사실의 중요성이 무엇이든, 여호수아 10 : 12b~13의 핵심은 여호수아가 신탁을 받았다는 것이 아니라(비록 그런 징조에 대한 지식은 그 단락의 배경을 음울하게 할 수 있지만) 여호와께서 그의 두 가지 도구로서 해와 달을 사용하여 이스라엘을 세우셨다는 것이다(Miller, *The Divine Warrior in Early Israel*, pp. 26–127).

현대의 어떤 독자들에게는 여호수아 10 : 12~14에 대한 진실성 주장이 문제가 될 것이다. 실제로 우리들 자신의 세계관은 우리로 하여금 신의 개입에 관한 그 이야기의 역사성을 확인할 수 없게 만들 것이다. 우리는 그런 이야기를 자연현상들에 대한 고대인들의 오해에서 비롯되었거나, 신의 활동에 대한 신비적 진술로 설명하는 경향이 있다. 간단히 말해서 실재에 대한 현대적인 개념은 "여호와께서 사람의 목소리를 들으신 이 같은 날은 전에도 없었고 후에도 없었나니"(10 : 14)라는 결론을 용납하지 않는다. 현대인의 세계관에서는 모든 날들이 똑같다. 왜냐하면 현대성은 낮과 밤을 구분하는 천체의 광명들은 확실한 자연법칙에 따라 조정된다는 입장에 서 있기 때문이다.

이 본문에 대한 해석의 핵심은 역사와 자연 가운데서의 하나님 역할에 대한 우리네 관점이나 마찬가지다. 이것은 여호수아 10 : 1~14의 세부 내용이 역사적인 것으로 간주되어서 성서를 신뢰할 수 있게 한다는 의미는 아니다. 사실상, 태양이 멈춘다는 개념은 여호수아 10 : 14에 나오는 것만이 유일한 것은 아니다. 「일리아드」(Ⅱ. 412)에 매우 유사한 이야기가 나오는데, 아가멤논은 아케아인들(Achaeans)이 전투에서 이길 때까지 해가 지지 않도록 해 달라고 기도한다. 그러므로 여호수아의 저자들은 다른 전승 가운데서도 잘 알려진 전투 모습과 수식어를 사용하고 있기에, 그런 관점에서 여호수아 10 : 1~14은 역사적이 아니라는 결론을 내리게 된다.

그럼에도 불구하고 그러한 관점이 더 큰 주제, 즉 하나님이 인간의 일에 개입하셨다는 사실에 관한 논의를 끝나게 해서는 안 된다. 역사성이 이 이야기의 저자에게는 진짜 주제가 아니었을 수 있다. 그는 결국 고대 자료의 정보를 그려 내고 있으며, 태양이 멈추는 것을 그가 봤다고 주장하지는 않는다. 오히려 그의 주된 관심은 하나님이 이스라엘을 위해 역사 가운데 간섭을 하실 수 있었으며, 그렇게 하셨다는 것이다. 여기에 바로 현대 기독교인들을 위한 주요 시사점이 놓인다. 이 저자는 모든 성서의 기자들처럼 역사와 자연을 하나님이 다스리시는 창조질서의 한 부분으로 생각했다. 그는 인간들도 자연의 일부이므로 하나님이 주관하시는 역사의 움직임에 종속된다고 인식했다. 사물들에 대한 현대적 관점은 인간이 자연으로부터 분리되어, 인간들이 역사를 이루도록 이러한 관계들을 급진적으로 변화시켰다. 이 세계관은 하나님을 이 세계로 하여금 자연법칙에 따라 움직이게 하시는 분으로 이해하고, 인간들은 역사를 움직이고 이루어 가는 존재들로 여기게 만들었다. 여호수아 10 : 1~14은 교회로 하여금 인간성에 대한 이 당돌한 인식과 씨름하기를 촉구한다. 왜냐하면 교회가 사실은 그와 같은 날이 없었다는 것, 다시 말해서 주님이 부활하신 그런 날(행 2 : 29-36)과 같은 날이 없었다는 것을 주장하고 있기 때문이다. 그날은 인간의 의지나 계획에 의해 주어진 것이 아니라 파괴된 인간성을 위한 하나님의 행동으로 말미암아 주어졌던 것이다.

몰락한 왕권(10 : 16-11 : 23)

여호수아 10 : 16~11 : 23은 이 책에서 가장 무시무시한 진술 가운데 하나를 포함하고 있다. 그것은 여호수아가 남방 지역을 싹 쓸어버리고 (10 : 16-43), 북쪽 지역을(11 : 1-15) 칼로 치고, 불태우고, 그 도시들 가운데서 만난 모든 사람은 전멸시켰다는 것이다. 그러나 여호수아 1~12장의 많은 다른 부분들과 마찬가지로, 이 내용을 역사적 사건에 대한 일지처럼 읽어서는 안 된다. 헤브론(10 : 36-37)과 드빌(10 : 38-39)에 대한 묘사는 주된 설명들 가운데 핵심이다. 여호수아가 두 도시의 거주민들을 완전히 전멸시켰다고 말한다는 사실에도 불구하고, 두 도시는 11 : 21에서 마치 공격당하지 않았던 것처럼 또다시 언급되며, 나중에 갈렙에게 정복당하게 된다(13 : 6-15 ; 15 : 15).

이러한 불일치는 비록 모종의 역사적 기록이 이 기사 가운데 남아 있다 할지라도, 우리로 하여금 그러한 기록의 동기가 된 역사적 요소 그 이상의 무엇인가를 찾게 한다. 이 기사에서 폭력적인 묘사들이 제거되지 않은 반면에, 여호수아의 남방과 북방 정벌에 관한 이야기에서 만들어진 신학적인 요소들이 있다(참조. "혁명의 윤리", 160-162쪽). 말하자면 여호수아가 정복한 모든 성읍들이 언급되는데, 나중에 12장의 목록에 '왕의 도성들'로 나온다. 기브온은 비록 비슷한 군사력을 갖고 있었지만, 일찌감치 이들과 구별되었다. 그러므로 여호수아 10~11장에서 말하려는 것은 왕권의 거절과 패배인 것처럼 보인다. 문제는 왕정제도 자체가 아니라 착취에 기반을 둔 왕정의 형태이다. 어떤 역사가들은 여호수아 10~11장이 가나안 도시국가들의 강력하고 탐욕스러운 왕들에 대항하여 봉기한 농노들의 혁명에 영향을 받았을 것이며, 이 농노들의 이야기가 이스라엘의 민족사와 합쳐지게 된 것이라고 주장한다(Gottwald, *The Hebrew Bible*, pp. 272-276).

이 독특한 해석이 옳든 그르든, 여호수아 10~11장의 전반적인 사상이 왕권 착취의 거절이라는 것은 11 : 6에서 이 왕들의 군대에 속해 있던 병거들을 불태우고 그 말들의 힘줄을 끊으라는 여호와의 명령을 파악하는 열쇠가 된다. 이 두 가지 병기는 종종 잔인함과 권력 남용을 통해 획득되는 왕권 행사의 상징이다. 그러므로 이 이야기는 왕권의 남용과 다른 모든 권위 위에서 스스로 으스대는 것을 반박하는 구약성서의 다른 많은 본문들과 일치한다(신 17 : 14-20 ; 왕상 12 : 1-15). 북쪽 경계의 마지막 도시로 목록에 올라 있는 하솔은 "모든 나라의 머리"(11 : 10)라고 묘사되며 정복 초기의 여리고처럼 진멸의 대상이 된다. 하솔이 진멸된 것은 왕권이 강력했기 때문인지, 또는 여리고와 대비되는 북쪽의 거점이었기 때문인지, 또는 두 가지 모두 때문인지 그 이유를 말하는 것은 어렵다. 분명한 것은 여호수아서의 이 단락이 왕조 체제가 보편적으로 그 땅을 지배하는 와중에, 모세의 율법에서 윤곽을 그린 평등사회의 수립을 증거하고 있다는 사실이다(신 17 : 14-20). 물론 여호수아 10~12장에서 패배한 왕들처럼 이스라엘 왕들도 자주 여호와의 계획과 달리 자신들의 이익대로 행동하곤 했다. 그럼에도 불구하고 이 이야기에 나타난 이상주의는 미국과 프랑스 혁명을 포함하여, 자유 사회를 건설하기 위해 다른 활동들이 요청했던 그러한 폭력에 대항하는 사람들을 요구한다.

여호수아의 승리에 대한 요약(11 : 16-23)

11장 말미에 있는 요약 구절들은 "여호수아가 온 땅을 취하였다."라는 언급을 두 번 하는데(11 : 16, 23), 1 : 12~15에서 약속했던 그 나머지에 대한 확증이다. 여호수아 11 : 16은 여호수아서의 전체 정복 기사에 대한 결론으로 10 : 40과 병행하는데, 남방에서 정복된 영토를 축소하여 말한다. 그러나 11 : 16에서 결론 내리는 '온 땅'이 무엇인지는 분명하지 않다. 고센에 대한 언급이 가장 혼란스럽다. 이것은 요셉의 가족이 정착했던 이집트에 있는 지명인데(창 46 : 28-34), 또한 이스라엘이 남방에서 탈취한 성읍 목록에 있으며(수 10 : 41), 나중에는 유다에 속한 성읍으로 나온다(수 15 : 51). 그 도시를 이집트에 있는 지역이 아니라 남방 영토의 일부로 이해하는 것이 최선이다. 만약 그렇게 된다면 11 : 16~17에 나오는 땅에 대한 묘사는 10 : 40과 함께 다윗 왕국의 경계보다 훨씬 더 멀리 나아간 곳을 그리고 있는데, 영토 일부분을 재탈환하는 와중이거나 또는 포로기에, 백성들이 가나안 땅을 되찾고 민족의 이전 영광을 회복하려는 소망을 가진 시절이었던 요시야 시대의 저자에게 이상적이었던 경계선들이었다.

혁명의 윤리

여호수아 10~12장은 교회를 위해 극복해야 할 윤리적 질문들을 제기하는데, 이 책의 다른 많은 부분들에서도 마찬가지이다(참조. 수 2장 ; 5 : 13-6 : 27 ; 7 : 1-8 : 29 ; 9장에 관한 주석). 또다시 본 장의 가장 문제되는 모습은 진멸의 법에 관한 주제이다. 비록 이 주제는 여호수아서의 다른 부분에서도 부각되며, 진멸의 법은 여리고에서 철저하게 적용되었다고 말하지만, 10~12장은 가나안 족속들이 '완전히 진멸되는 것'에 대한 가장 집중적인 논의를 담고 있다. 말의 힘줄을 끊어 버린다는 이 끔찍한 묘사에 더해, 이 장들에서는 현대의 신앙인들이 펄쩍 뛸 만한 더한 기록들을 발견하게 된다. 그러나 우리가 이 책의 다른 부분에서 관찰했듯이 이 장에서도 의미 있는 본질들이 있으며, 심지어는 현대 독자들이 끌릴 만한 신학적 관심들이 있다. 이미 주목했듯이 이 점이 부분적으로 가능한 것은 여호수아 10~12장이 여호수아 시대에 대항하는 후기 청동기(주전 1550-1200년)에 이루어진 정복에 대하여 역사적으로 정확한 모습을 제시하지 않기 때문이다. 영토들을 싹쓸이 한 것은 여호수아서가 기록되기 시작했던 때의 왕인 요시야 시대 정복 사업을 반영할 수 있다. 또는 그 땅에 대한 다윗의 통치에 영향을 받았을 수 있다. 현재 이야기에 영향을 준 것이 무엇이든지 여호수아 10~12장은 신학적인 역사이며, 처음부터 끝까지 신학적 의미를 위해 읽혀야 한다는 것은 분명하다.

이미 살펴보았듯이 여호수아서의 이 단락은 그런 종류의 왕권을 강하게 반박하는데, 또한 신명기에서도 그렇다. 신명기 17 : 14~20에 나오는 왕에 관한 법은 특히 말을 많이 소유하는 것을 금지하는데(16절), 그것은 곧 군대의 규모를 말한다(참조. 삼상 8 : 11 ; 왕상 10 : 26). 그러므로 모든 병거를 불태우고, 모든 말의 힘줄을 끊으라는 여호와의 명령은 가나안에서의 이상적인 삶에 관한 신명기 법과 관계 있으며, 이스라엘의 행위는 이상을 실현하는 전투로 묘사된다(11 : 6 ; 참조. 11 : 9). 말의 힘줄 끊기는 정말로 동물에게 잔인한 짓이지만, 그것은 말이 무기 체계로 사용되었던 세계의 정황이었음을 고려해야 한다. 이 동물은 오늘날의 탱크나 폭격기처럼 군사 작전에 필수적이었으며, 현대적인 전쟁 도구만큼이나 공포심을 가져다주었다.

앞에서와 마찬가지로 여전히 여호수아서의 이 단락에서 가장 큰 문제는 여호수아가 그의 정복 사업 와중에 모든 도시의 거주민들을 '완전히 진멸시켰다'는 점이다. 여호수아 10~11장의 경우, 각각의 도시가 왕들과 함께 명시됨으로써 그 거부감은 다소 줄어든다. 여호수아 10 : 16~27에서는 다섯 왕들이 사로잡히고 매달린 다음에, 여호수아가 그들의 성읍에 대한 공격을 진행한다. 각각의 모든 경우에 강조점은 그 도시의 왕에게 있고(10 : 38-39에서 드빌의 경우처럼), 하솔의 경우 특히 그 도시가 주변 왕국들의 머리라는 것이 강조된다. 그러나 이러한 본문들은 그 정복이 어떻게 보이는지에 더 관심이 있다는 사실을 보여 준다. 우리가 여호수아 10 : 1~5, 그리고 11 : 1~5에서 보았듯이 폭력은 (여호수아서) 저자들의 관심사이다. 이 단락들은 여호수아의 정복 활동의 틀이 되는 정황을 가나안 왕들의 공격성에 대한 대응에 놓는다. 10 : 1~5에서 남방의 왕들은 기브온에 대항하여 연합군을 구성하기 때문에 이스라엘은 조약에 따라 방어해야만 한다. 그 다음에 11 : 1~5은 북방의 왕들이 막강한 전투 능력을 갖춘 것으로 묘사하는데 "……백성이 많아 해변의 수많은 모래 같고 말과 병거도 심히 많았으며"(4절), 이스라엘에 대항하여 모이게 된다. 그리하여 그 정복은 거의 여호수아가 이러한 왕의 성읍들 위협에 대항하는 방어 활동이 되었다. 이것은 기브온을 제외하고는 이스라엘과 화친한 성읍이 하나도 없다는 사실로 여호수아 11 : 19에 강조되어 있다. 그것은 마치 그 왕들과 도시들이 진멸될 필요가 없었는데도 그렇게 되었다는 것으로 들린다. 만약 그들이 라합이나 기브온 거민들처럼 행동했었더라면, 그들의 운명은 달라졌을 것이다(Stone, "Ethical and Apologetic Tendencies", p. 33). 여호수아 11 : 20은 이 왕들의 정복과 이스라엘이 이집트에서 겪었던 바로의 마음이 강퍅해졌던 일을 연결시킨다(참조. 신 7 : 1-2). 출애굽 이야기에서와 마찬가지로, 강퍅함의 모티프는 그 왕들이 여호와께서 그 땅을 다스리신다는 사실을 깨닫지 못했다는 기록 다음에만 나온다. 그러므로 여호수아 10~12장이 신학적인 진술로 읽힐 때, 그것은 이스라엘에 대한 하나님의 은혜로움과 가나안 족속들 또한 동정하기 원하시는 하나님을 강조한다. 그러나 가나안의 왕들은 하나님의 권위 인정하기를 거절하고, 그렇게 함으로써 하나님의 은혜 받을 기회를 놓쳤다. 가나안의 왕들과 그의 백성들을 거칠게 다루는 것은 혁명 윤리의 한 부분으로 이해되어야 한다. 혁명의 삶과 통치를 새롭게 꿈꾸는 방식에 뒤처지거나 억압하는 행위들은 종종 죽음과 파괴를 초래한다. 이스라엘의 정복은 모세의 율법에서 촉구하고 알려졌던, 일종의 그러한 혁명적인 활동으로 묘사된다.

INTERPRETATION

제2부

기업을 위한 영토 분배

여호수아 13~22장

제2부
기업을 위한 영토 분배
여호수아 13~22장

여호수아 13~22장은 의심의 여지없이 이 책에서 가장 무시되는 부분이다. 이것은 부분적으로 많은 독자들에게 이 단락의 도시와 영토에 대한 목록들이 창세기의 족보들이나 역대기의 성전 찬양대 명단처럼 신학적으로 무의미하게 보이기 때문일 것이다. 흔한 생각이지만 그 판단 자체로 잘못된 길로 인도된 것이다. 이 장들에 관심을 갖지 못하는 것은 이 부분들이 나중에 여호수아서에 첨가된 것이라는 일반적인 판단에서 기인하는데, 이러한 첨가는 많은 부분 포로기와 포로기 이후에 제사장 집단의 관심사로부터 시작되었다. 후자의 관점은 학자들의 논의에서 합의된 사항이다. 실제로 많은 주석가들은 여호수아가 나이 들어 영토 분배를 한 배경이 곧 후대 삽입의 표시라고 간주해 왔다(13 : 1). 여호수아 13 : 1의 한 행은 23 : 1b의 모방으로 보이는데, '여호수아가 나이 많아 늙었고'라는 구절이 여호수아의 고별연설 도입부로 더 자연스럽다(사무엘상 12 : 2에 나오는 사무엘의 마지막 연설에 대한 비슷한 도입부를 참조할 것 ; cf. 왕상 1 : 1 ; 그러나 Auld, *Joshua, Moses and the Land,* pp. 52-56에 나오는 그 문제에 대한 다른 견해 참조).

그러나 그 논의의 논리성에도 불구하고, 여호수아 13~22장은 여호수아서에 자연스럽게 어울리며, 여호수아서 메시지의 핵심 부분을 구성한다. 여호수아 11 : 23은 여호수아에게 두 가지 역할을 주었다. 첫째, 그 땅을 취하는 것. 둘째, '각 지파별로 할당하며, 이스라엘에게 기업을 주는' 것. 13~22장은 그 구절을 확장해서 비록 덜 유명하지만 모세의 후계자로서 두 번째 역할을 감당하는 여호수아를 묘사한다.

이 단락은 매우 중요하지만, 여호수아서나 구약성서 안에서 좀처럼 파악되지 않는 신학적 역할을 하고 있다. 실제로 여호수아 13~22장은 근본적으로 모세율법의 이상에 따르는 정의로운 사회 건설에 적용된다. 영토분배는 가나안이 소수의 특권층을 위해서가 아니라 모든 이스라엘의 (공동)선을 위해 배분되었음을 강조한다. 차례로 땅 분배에 대한 묘사는 계약공동체라는 이스라엘의 자기 이해를 형성한다. 이사야와 미가 같은 선지자들은 이러한 자기이해의 지속에 대한 관심을 표현한다. 그들은 '가옥에 가옥을 연하는 것'(사 5 : 8)과 함께 '밭들을 탐하여 그것들을 빼앗는'(미 2 : 2) 자본주의 방식의 이윤 추구자들을 비난한다. 그들이 구체적으로 비난하는 것은 부유층들이 차지해 버린 재산인데, 그것이 가난한 자들에게는 계약공동체의 구성원임을 나타내 주는 수단이다(참조. Mays의 더 확대된 논의, "Justice : Perspectives from the Prophetic Tradition", pp. 10-11). 여호수아 13~22장은 가나안에서의 이스라엘 백성의 일반적인 삶을 구성하기로 되어 있는 땅소유신학으로 인도된다. 할당된 토지는 기업이 되어야만 하고(히브리어 '낙할라'〈naḥalah〉), 땅은 지파 안에서 보존되어야만 하며, 계약을 체결한 하나님과의 관계 표시로써 다음 세대들에게 물려주어야 한다. 비록 여호수아서의 이 단락이 8세기 예언자들의 활동 기간 동안 기록된 형태로 존재했었는지는 확실하지 않지만, 정경 예언 문서의 현재 형태에서 그들은 여호수아 13~22장을 바탕으로 하고 있다.

그러나 이 장들은 여호수아서의 최종적인 형태를 접한 청중들, 특히 포로 귀환 시대(주전 539년 이후)에 살던 이스라엘 백성들에게는 또 다른 메시지를 전하고 있다. 이 시대에 요단 강은 에스겔 47 : 13~48 : 29에서 증거하듯이 이스라엘과 비이스라엘 지역 사이의 결정적인 경계였다(특히 겔 47 : 18 참조 ; 이러한 경계 구분은 에스겔 47장보다 더 이를 수 있지만, 이것은 불확실하다). 요단 동편 땅은 깨끗지 않은 것으로 여겨졌는데, 이 지역의 거주민들이 이스라엘의 제사에 참석할 수 있었는지 아니었는지에 관한 문제 제기의 관점으로써 사실은 그들이 정말로 이스라엘 민족이었는지 아닌지에 관한 것이다. 아마도 그러한 이유 때문에 여호수아서의 이 단락은 요단 동편 지파들에 관하여 지대한 관심을 기울였을 것이다(13 : 8-31 ; 22장). 데니스 올슨(Dennis Olson)이 주목했듯이 그들이 점령한 땅은 '경계가 모호한 지역, 약속의 땅에 완전히 속하지 않은 어정쩡한 땅, 그러나 이스라엘 지파들이 거주하는 곳'(*Numbers*, p. 188)이었다. 마침내 하나라는 결론이 내려진다. 요단 동편이든 서편이든 제의공동체 안에 있다는 가장 중요한 표시는, 그 백성이 점령한 땅이 아니라 여호와께서 유일한 신이라는 고백이다. 예배공동체 안에서 하나라는 이 주제는 13~22장의 틀을 이루고, 고대 이스라엘에서 중심적인 주요 논지였다는 증거가 된다. 그러한 강조점이 주어짐으로써 순수함의 본질에 대하여 지속적으로 투쟁하면서 누가 사역에 적합한지 아닌지, 또는 그 공동체의 일부분인지 아닌지 질문하고 있는 오늘날의 교회는 종종 여호수아서에서 무시되어 왔던 이 부분에 주의 깊게 관심을 기울여야 할 것이다.

여호수아 13 : 1~7

여호와께서 주시고, 제비뽑기로 여호와께서 할당하시다

여호수아서의 후반부는 하나님이 여호수아에게 그 땅을 이스라엘에게 분배하는 임무에 관하여 지시하시는 것으로 열린다. 이 부분은 1a절의 기자 설명을 1b절에서 여호와께서 재언급하시는 것으로 시작되는데, 바로 "여호수아가 나이가 많아 늙으매"이다. 형식상으로 이것은 1 : 1a에서 기자가 모세의 죽음을 언급한 것을 1 : 1b에서 하나님이 반복하시는 여호수아서의 서두와 병행한다. 이 두 시작 부분의 구조상의 유사성은 모세의 후계자인 여호수아에게 정복과 영토 분배 둘 다 필수적이었음을 가리킨다. 여호수아가 나이 들었다는 서두의 언급과 "얻을 땅이 매우 많이 남아 있도다"(1b절)라는 여호와의 선언 후에, 아직 정복되지 않은 지역들 목록이 나온다. 이미 관찰했듯이 여전히 가나안 족속 관할 아래 있는 영토에 대한 묘사는 여호수아가 "온 땅을 취하였다."라고 말하는 여호수아 11 : 16, 23과 맞지 않는다. 그러나 어떻게 이스라엘이 현실적으로 가나안을 소유할 것인가에 대한 13 : 1~7의 주장은 여호수아 1 : 1~9에서 말하는 핵심과 같다. 여호수아 13 : 6에서 여호와께서는 "내가 그들을 이스라엘 자손 앞에서 쫓아내리니"라고 말씀하신다. 여기서 '몰아내다'로 번역된 용어는 형태는 다르지만 1절에서 '소유하다'라고 번역된 히브리어와 같은 단어이다(히브리어 : '야라쉬'〈yaraš〉). 다시 말해서 이스라엘이 그 땅을 소유하게 되는 것은(1절) 여호와께서 가나안 족속을 쫓아내실 것이기 때문이다(6절). 그러므로 어떻게 하나님이 그 땅을 '주셨는지'에 대한 여호수아 1~12장의 신학적 진술이 어떻게 이스라엘이 가나안을 '차지했는가'에 관한 여호수아 13~22장의 좀더 역사적인 묘사와 대비시켜 보는 것은 옳지 않다. 여호수아서의 이 두 부분들은 그 땅이 하나님의 선물이라고 선포한다. 이 사실은 13 : 6b에서 여호수아에게 주시는 하나님의 지시 사항에 의해 강조된다. 여호와께서는 그에게 그 땅을 '분배'하라고 말씀하실 때, '던지라'(히브리어 : '나팔'〈napal〉)라는 의미의 용어를 사용하시는데, 이 용어는 제비뽑기의 정황에 자주 나타난다(느 10 : 34). 여호수아 14 : 1에서 살펴보겠지만, 이것이 바로 그 땅이 분배된 정확한 방식이다. 제비는 던지는 도구지만 그 다음에 하나님께로부터 오는 방향들을 알기 위해 '읽힌다'. 바로 이 수단을 통해서 여호수아는 여호수아 7 : 14에서 아간의 죄를 찾아냈고, 나중에는 이스라엘 역사에서 최초의 왕이 선출되었다(삼상 10 : 16-20). 그러므로 어떤 지역을 특정한 지파에게 할당하는 것조차 여호와 하나님의 행위로부터 기인한 것이었다.

여호수아 13 : 8~33

모세로부터 받은 기업

여호수아에게 하신 여호와의 지시 사항들 후에 요단 건너편 지파들이 먼저 다루어진다. 르우벤, 갓, 그리고 므낫세 반 지파는 제1장에 나오는 여호수아 위임식에서 주목되고 22장에 다시 눈에 띄게 되는데, 이는 민족 통합의 주제에 있어서 그들이 매우 중요하다는 증거가 된다. 여호수아 13 : 8~33은 자연스럽게 네 개의 작은 단락으로 나누어진다. 13 : 8~14, 요단 동편의 두 개 반 지파에게 주어진 영토에 대한 일반적 묘사는 모세가 그들의 영토와 성읍들을 할당한 장본인이라는 사실을 지적하면서, 모세가 레위인들에게는 기업을 주지 않았다는 진술로 끝나는데, 이 언급은 13 : 33에 다시 나온다. 다음에 13 : 15~23, 24~28, 그리고 29~33절은 르우벤, 갓, 그리고 므낫세 반 지파가 각각 저마다 차지한 땅과 성읍의 목록이다.

이 단락은 기본적으로 모세가 신명기 3 : 8~22에서 설교하고, 또한 민수기 32 : 1~34 : 15에서 보여 준 내용을 반복하고 있다. 이 이야기 가운데 어떤 곳에서도 요단 동편 땅을 나누기 위해 제비를 뽑았다는 말은 없으며, '던지다'라는 용어도 사용되지 않는다(수 13 : 6에서도 마찬가지). 이러한 사실은 어떤 학자들로 하여금 동쪽 지역은 열등한 곳으로, 아마도 공식적으로는 약속의 땅 가운데 일부분이 아닌 것으로 여겼으리라는 결론을 내리도록 만들었다(참조. 수 22 : 19).

민수기의 이야기는 여호와께서 이 땅을 이스라엘에게 주신 것은 시혼과 옥을 그들에게 넘겨주었을 때라고 말하며(민 21 : 34), 신명기 3 : 18도 마찬가지로 요단 건너편은 신의 선물이라고 진술한다. 그러나 우리가 여호수아 22장에서 보게 되듯이 르우벤, 갓, 그리고 므낫세 반 지파에 대한 영토 할당은 이 지역에 관한 약간의 모호함을 반영하고 있는 민족적 통일성에 대한 문제들을 야기한다.

여호수아 14~19장

가나안이 제비뽑기로 나누어지다

여호수아 14 : 1~5은 그 땅 분배를 이해하는 데 필수적인 세 가지의 정보와 함께 강 서쪽 지역의 할당을 소개한다. 첫째, 민수기 27 : 21에서 여호수아의 임무를 돕는 제사장 엘르아살이(거기서 신성한 제비〈우림〉를 담당하는 자로 명단에 오른다.) '가문의 어른들'과 마찬가지로 영토 분배의 임무를 나눠 갖는다. 그러므로 인간적인 개입이 진행되는 한 그 과정은 민주적이며, 참여와 평등에 대한 지대한 관심을 반영한다. 두 번째로, 여호수아가 14 : 2에서 지시한 대로 그 땅은 제비로 분배된다. 이 제비를 위해 히브리어는 '고랄'이라는 용어가 강 서쪽 영토 분배에 관한 나머지 보도 전반에 걸쳐 등장하지만(15 : 1 ; 16 : 1 ; 17 : 1 ; 21 : 8), 그리스어 버전은 이 나머지 언급들에서 '경계'라는 의미의 용어를 사용한다. 이것은 원래 히브리어로 실제 읽기는 비슷한 용어 '그불'(gĕbûl, 히브리어로는 단지 철자 하나만 다르다.)이었다는 사실을 가리키고 있는데, 그 의미는 '경계' 또는 '국경'으로써 이 용어가 각각의 경우에 뜻이 통한다. 옳게 읽었는지의 여부와 상관없이, 여호수아 14 : 2에서의 제비에 대한 언급은 여호수아와 엘르아살이 하나님의 지시하심에 따라 땅을 분배한다는 사실을 분명히 해 준다. 세 번째, 본문은 요셉이 므낫세와 에브라임이라는 두 개의 지파로 나누어졌다는 것과 레위 지파는 그 기업을 받지 못했다는 사실을 설명하는데, 그럼으로써 영토를 할당 받은 지파의 숫자는 여전히 완전수인 열둘이 된다.

요단 강 서안의 지파들 가운데서 유다 지파가 우위를 점한다. 그들이 영토 할당 받는 것은 여호수아 14 : 6부터 15장 끝까지 묘사된다. 유다 지파를 두드러지게 다루는 부분은 갈렙에 대한 이야기로써 그는 14 : 6~15에서 헤브론을 요구하고, 소유권을 인정받으며, 그 다음에 15 : 13~19에서 그곳을 차지한다. 여호수아 14 : 6b~12에서 갈렙은 하나님에 대한 자신의 전적인 헌신을 선언하고, 여호와의 전쟁을 싸울 헌신의 본보기로써 자기 자신을 내세우며, 정열적인 연설을 한다. 그 연설은 신명기 본문에도 반영되어 있는데, 특별히 하나님이 신과 인간의 결합으로 탄생한 거인 족속인(창 6 : 4 ; 민 13 : 33) 아낙 자손을 몰아내실 것이라고 모세가 약속하는 신명기 9 : 1~2에 있다. 갈렙은 모세를 통해 주어진 약속을 성취하기 위해 자기 자신을 통해 하나님이 아낙 자손들을 그 땅에서 제거할 것이라며 앞장을 선다. 그리하여 갈렙은 여호와 때문에 열정적으로 임무를 수행하는 믿음과 용기를 갖춘 인물로 나타난다. 그것은 그를 소개하는 방식을 흥미롭게 만든다. 그의 족보는 그가 이방인의 자손, 곧 겐 족속임을 알려준다. 이 소개를 통해서 갈렙은 라합과 마찬가지로, 비록 그의 혈통은 순수하지 않지만 이상적인 방식으로 신앙을 고백하고 있다. 그것은 이스라엘 가운데 있는 '이방인들'이 역설적으로 혈통적인 이스라엘 백성들보다 종종 더 여호와를 향한 통찰력과 열정이 있다는 사실을 더욱 의미 있게 한다.

리차드 넬슨(Richard Nelson)은 갈렙에 대한 기사를 이 단락 안에서 땅 분배에 대하여 네 가지로 다르게 나타나는 것들(15 : 18-19 ; 17 : 3-6, 14-18 ; 21 : 1-3) 가운데 특별한 한 가지 유형의 이야기로 분류했다. 그는 그것을 '땅 수여 설화'(land grant narrative)라고 부르는데, 왜냐하면 각 보기는 (1) 지도적인 인물 또는 인물들이 땅을 받도록 만들어 가는 경우, (2) 모세와의 사전 합의에 근거한 요청, 그리고 (3) 땅이 수여되었다는 기록이라는 특색을 보여 주기 때문이다(*Joshua*, p. 177 ; 특징들의 더 완전한 목록에 관한 그의 논의를 참조할 것). 각각의 이야기들에 등장하는 주요 인물들은 그들의 정당성을 논하는 데 어느 정도 당돌함을 보인다. 두 이야기가 여자들을 포함하고 있는데, 고대 근동에서 여자들은 관습적으로 재산이 상속되지 않았다. 첫 번째는 갈렙의 딸 악사이다(15 : 18-19). 그녀는 자신의 아비에게 땅의 일부뿐만 아니라 샘도 요청하며, 그의 아비는 그녀가 요구하는 것을 준다(참조. 삿 1 : 11-15). 그녀가 받은 선물에는 '기업'이라는 칭호가 붙지 않았지만, 17 : 3~6에서 슬로브핫의 딸들이 받은 재산에는 그렇게 되어 있다. 슬로브핫에게는 아들이 없고 오직 딸들만 있었다고 한다. 그래서 그 딸들은 므낫세 지파의 남자 친척들과 대등하게 유업을 추구한다. 그 이야기가 평등 또는 동등한 권리에 대한 관심을 보여 준다고 말하는 것은 시대착오적일 것이다. 그러나 이 이야기는 모든 이스라엘이 하나님이 아브라함에게 하신 약속에 참여하는 데 관심을 가져야 한다는 것을 강력하게 증거한다. 슬로브핫의 딸들은 남자 형제들이 없기 때문에 만약 아버지의 유산을 자기 자식들에게 물려주지 않는다면, 그 가족의 유산은 그 땅에서 경영될 수 없게 된다.

유다 지파에 대한 땅 분배와 관련하여 추가된 두 가지 언급이 중요하게 보인다. 첫째, 15 : 1~12에 나오는 그들의 영토에 대한 개요는 예루살렘을 배제하도록 주의 깊게 그려진다. 이것은 의심의 여지없이 다윗이 그것을 차지해서 수도로 삼았을 때에야 비로소 예루살렘이 이스라엘의 성읍이 되었음을 의미한다(삼하 5 : 6-15 ; 그러나 삿 1 : 8 참조). 둘째, 15 : 20~63에 나오는 유다 성읍들의 목록이 묘하다. 목록의 대부분은 특정 지역의 거주민들 이름이 나오고, 그 다음에 이 성읍들의 숫자를 말하는 요약 진술이 있는 일정한 형식을 따르는데, 이 형식이 45~47절에서 깨진다. 왜냐하면 지중해 해안을 따라 있는 세 성읍, 에그론, 아스돗, 그리고 가사를 부각시키기 때문이다. 각 도시는 개별적으로 언급되는데, 더 큰 목록의 나머지 성읍들과 구별되기 위함이다. 이 형식 파괴와 더불어, 여기서 왜 아스글론이 언급되지 않는지 궁금하다. 이 도시는 이 지역에서 가장 두각을 나타내는 곳이기 때문이다. 그 해답은 이스라엘과 다른 민족들과의 관계를 만들어 내려고 애쓰는 여호수아 저자의 메시지 안에 놓여 있을 것이다. 에그론, 아스돗, 그리고 가사는 주전 8세기와 7세기에 앗수르가 이스라엘 땅에서 위세를 떨치던 기간, 앗수르의 관리가 거주하고 통치하던 도시들로서 앗수르의 행정 중심지였다. 이 세 도시들을 마치 앗수르의 행정 문서에 나타나듯이 유다 성읍의 목록에 넣음으로써, 여호수아의 저자들은 이스라엘은 어떤 외세의 소유물도 아니며 통치 아래 있지 않다는 (수 1 : 4), 이 책에서 그들이 이미 말했던 것을 암시하는 듯하다. 여호와께서 그 땅을 통치하시며 그것을 이스라엘에게 기업으로 주신다.

16장과 17장에서 요셉 지파에게 영토 분배를 한 후에(16장에서 에브라임, 17장에 므낫세의 또 다른 반 지파), 나머지 다른 지파들이 18~19장에서 다루어진다. 유다와 요셉 지파의 땅은 길갈에서 분배되었으나(14 : 6), 이제 그 장소는 실로로 바뀌었다(18 : 1). 그러나 장소의 변화에도 불구하고, 민족의 통일성과 신성한 분배는 이 마지막 단락에서도 지속된다. 이미 자신의 몫을 할당 받은 지파들도 떠나지 않는다. 오히려 '이스라엘 온 회중이 모였다'(18 : 1). 회막 집회에 대한 언급은 14~17장에서와 마찬가지로 독자들에게 하나님이 이 분배를 지배하고 계시다는 사실을 확신시킨다. 18 : 6에서 우리는 또한, 일찍이 유다와 요셉 지파에게 분배되었듯이, 나머지 지파들의 영토들이 제비로 분배될 것임을 알게 된다. 영토 분배는 마치 갈렙이 자기 성읍을 받듯이, 여호수아가 자기 자신의 성읍, 곧 딤낫세라를 받는 것과 함께 끝난다(19 : 45-50). 여호수아 19 : 51은 마지막으로 여호수아와 엘르아살이 제비 뽑아 가나안 땅을 나누었다는 것과 더 나아가 그 땅의 분배는 하나님이 결정하신 것임을 상기시킨다.

여호수아 20~21장

정의를 위한 특별한 분배들

마지막 분배는 이미 몇몇 지파에게 할당된 영토 안에 놓여 있는 개별적인 성읍들과 관계되는데, 시민권이 다소 모호한 사람들의 필요에 부응하기 위해 따로 구별된 곳이다. 여호수아 20장은 심각한 범죄로 여겨지지 않는 살인의 정황에서 다른 사람을 죽인 이들을 위한 도피처로서 몇몇 도시들을 지정한다. 도피성들은 또한 출애굽기 21 : 13 ; 민수기 35 : 9~15 ; 신명기4 : 41~43 ; 19 : 1~13 ; 그리고 역대상 6 : 54~81에서도 논의된다. 이 본문들과 여호수아 20장에서 무엇보다 중요한 관심은 무죄한 자의 피를 흘리는 것이다. 이 점은 제2, 6, 8, 그리고 10~11장에 나오는 가나안 족속들이 "완전히 진멸되었다"는 빈번한 묘사에 비추어 볼 때, 어떤 독자들에게는 놀라울 것이다. 그러나 그것은 여호수아서에서 제시되었듯이, 가나안 정복의 목적은 이스라엘에게 본토를 제공하는 것뿐만 아니라 그 땅에 정의를 세우는 것이었다는 또 다른 신호이다. 이미 주목했듯이, 무죄한 사람들의 죽음까지 포함하는 혁명의 윤리(참조. 160-162쪽, "혁명의 윤리")와 그 땅에서의 이스라엘 생존을 위해 질서를 확립하고 평등을 고취하려는, 공의와 정의 체계를 구별하면 도움이 될 것이다.

이러한 도시들(도피성들)을 지명하는 것과 그러한 도시들을 필요로 하는 것은 살인과 거기에 대한 징벌에 관한 고대 근동의 독특한 개념들, 현대 독자들에게는 이상하게 보이는 사고들과 연결되어 있다. 여호수아 20장의 핵심에 살인으로 피 흘리는 것(피는 생명을 대표하는 것으로서 거의 주술적인 의미로 이해되었다.)은 창조 질서의 불균형(불의와 함께)을 초래하는 것이라는 관념이 있다. 그것은 땅에 모종의 저주를 끼친다(신 19 : 10). 민수기 35 : 33에서 서술하듯이 "피는 땅을 더럽히나니". 피 흘린 범죄는 살인 사건이 났을 때 '복수'하기 위해 죽은 자의 가족이 지명한 개인으로서(아마도 피해자의 가장 가까운 친척일 것이다.), '피의 보수자'가 행동함으로써 되돌려 줄 수 있다고 믿었다. 그 개념을 더 이해하기 위해서는 영어의 '복수하는 사람'(avenger)이라는 단어가 히브리어 '고엘'(goel)을 번역한 것인데, 이 용어의 더 적절한 의미는 '구원자'(redeemer, 룻 2 : 20 ; 3 : 13)라는 사실을 인식하는 것이 중요하다. 그리하여 보수자(the avenger)는 적절하지 않은 장소에서 적절하지 않은 방법으로 죽은 친척의 피를, 그 살인자의 피를 흘림으로써 '구원하는 것'이라 여겨졌다. 또다시 민수기 35 : 33에서 서술하듯이, 그 땅이 피로 더럽혀진 경우에 "피 흘림을 받은 땅은 그 피를 흘리게 한 자의 피가 아니면 속함을 받을 수 없느니라".

살인에 대하여 복수하는 관습은 이스라엘의 민족혼에 아주 깊게 새겨져서 제도화되었다(신 19 : 12). 그러나 살인은 때때로 명백하게 의도되지 않은 정황에서 발생하며, 그러므로 그런 경우에 복수가 정당화되지 않았다는 사실이 인식되어야 한다(민 35 : 22-24). 사실상 만약 보수자가 과실치사를 범한 사람의 생명을 빼앗는다면 복수 행위 자체가 무죄한 자의 피를 흘리게 되는 것이며, 그러므로 피의 범죄는 영원히 지속되어 버린다(또 다시 신 19 : 10 참조). 현대적인 정의의 관점에서 복수를 행한 경우 살인범으로 분류되어 아마도 3급 살인이 될 것이다. 신명기 19 : 4~5은 고전적인 보기를 제공한다. 두 사람이 숲 속에서 나무를 베러 들어간다. 한 사람 소유인 도끼 자루가 빠져서 다른 사람을 죽인다. 만약 이전에 그들 사이에 원한이 없었다면 그 경우는 사고로 판단될 것이고, 그 죽인 사람을 죽은 자의 가족이 복수하려는 것으로부터 보호 받을 권리를 얻게 된다(민 35 : 22-24, 좀더 참조).

여호수아 지도력의 다른 많은 측면들처럼, 이러한 도피성 할당은 신명기에 나오는 모세의 지침들을 따른다(신 19 : 1-13). 그 도시들을 분류하는 것은 심지어 지리적인 분포까지 고려의 동기가 된 것으로 보인다. 요단 동편에서 세 도시가 지명되었고(골란, 라못, 그리고 베셀), 강 서편에서도 세 개이다(게데스, 세겜, 그리고 헤브론), 두 경우에 도시들은 북쪽, 중앙, 그리고 남쪽 지역에 위치한다. 이 각 도시들에 있는 도피성의 특별한 위치는 그 사람에게 제단에 있는 하나님의 '피난처'에 의해 보호 받는 것으로 여겨졌다(비록 보수자로부터의 피난처라는 개념이 명시되지는 않았지만, 일반적인 개념 표현을 시편 61 : 1-4에서 참조하라). 실제로 출애굽기 21 : 13은 성소가 곧 도피처임을 암시하고 있는데, 어떤 사람이 실수로 다른 사람을 죽이면 보호해야 하지만, '고의로 다른 사람을 공격하고 죽이면' 제단으로부터 끌어내려 처형하라고 말하기 때문이다. 여호수아 20장이 성소를 염두에 두고 있는지 그렇지 않은지 확실하지 않지만, 도피처를 찾은 사람을 위한 주요 절차로 볼 때는 명백하다. 그래서 여호수아 20 : 4~5은 이 세부 사항에 있어서 다소 특별하다. 그 살인자는 도피성의 장로들 앞에 나타나야 한다. 장로들은 그 사람이 도피할 만한 사람인지 결정한다. 만약 그렇다면 장로들은 그를 추적하는 보수자로부터 그 사람을 보호할 책임을 진다(비교. 신 19 : 12, 여기서는 살인자의 출신지 장로들을 말한다. 참조. 민 35 : 24). 6절의 의미가 불확실한 또 다른 규정을 포함하고 있는데, 이를테면 살인이 일어났을 당시의 대제사장이 죽었을 때, 살인자는 그의 집으로 돌아갈 수 있다는 것이다. 이 살인자가 빠져나갈 구멍은 민수기 35 : 25, 28, 32에서 강조된다. 그것은 대제사장이 죽었을 때 시행되던 사면제도의 연장을 반영한 것이다. 더군다나 그것은 또한 피의 복수라는 행위가 주로 보복이 아니었음을 가리킨다(비록 그것이 또한 그에게 동기가 되었다 할지라도). 오히려 살인자의 죽음은 피의 범죄로 더러워진 땅을 정화하는 것이었어야 했다. 다른 방식으로 살인에 대한 복수는 제의적인 목적에 쓰였고, 그러므로 제도화되었다. 똑같은 표시에 의해서 피의 범죄를 가져온 살인은 복수가 받아들여지지 않게 되었을 때, 용서되었던 것처럼 보인다.

여호수아 21장은 이스라엘의 두 번째 모호한 집단, 곧 레위 지파에 대해서 특별히 참작해 준다. 이미 살펴보았듯이 여호수아 13~22장에서는 레위 지파에 대해서 강한 관심을 보인다. 레위 지파는 여호와를 그들의 기업으로 삼았기에 땅을 소유하지 않았다. 그들의 기업은 성소, 나중에는 성전에서의 봉사로부터 왔다. 그러나 그들은 거주하고, 가축을 먹일 장소가 필요했다. 그리하여 어떤 도시들이 이러한 목적을 위해 지정되었다. 제20장에서 목록화된 도피성들이 또한 21장에서 레위인들의 성읍들로 분류되었다는 사실에 더 주목해야 한다. 이 도피성들은 두드러진 역할을 감당했을 것이다.

여호수아 22장

통일성의 문제

여호수아 21장은 11 : 23에 나오는 이상적인 요약과 유사하게 이스라엘에 대한 땅 분배의 영광스러운 결론과 함께 끝난다. "여호와께서 이스라엘 족속에게 말씀하신 선한 말씀이 하나도 남음이 없이 다 응하였더라"(21 : 45). 제22장은 땅 분배의 결과로 성취된 '안식'에 관한 일반적 관심을 위해 앞 단락과 연결된다(21 : 44 ; 22 : 4). 그러나 이스라엘은 그들의 대적 가나안으로부터는 안식을 누리게 된 반면, 여호수아 22장의 이야기는 그들이 더 강력한 대적자를 발견했음을 보여 준다-자기 자신들! 이 기사는 제의 공동체에서 요단 건너편 세 지파의 위치에 관한 핵심적인 질문들을 제기한다. 이들 이스라엘 집단은 여호수아서의 처음과 마지막, 그리고 연결 부분의 세 군데 주요 위치에서 관심을 끈다(1 : 12-18 ; 13 : 8-33 ; 22 : 1-34). 그러므로 22장에서 그들이 등장하는 것은 전체적으로 여호수아서의 구조와 신학을 위해 중요하다. 그것은 책 전체가 이 지파들에 대한 관심, 이스라엘의 통일성에 대한 관심, 그리고 이스라엘의 기업 안에 요단 동편 지역을 포함하는 것에 대한 관심사를 중심으로 형성되었다는 것을 보여 준다.

학자들은 종종 22장이 하나는 신명기적(1-6절), 그리고 다른 하나는 제사장적(9-34절)이라는 적어도 두 개의 자료가 접착제 역할을 하는 7~8절과 함께 합쳐진 창작물이라는 사실에 주목한다. 자료들의 구분은 부분적으로 지도적인 인물들의 변화에서 보인다. 1~6절을 주도하는 여호수아가 9~34절에서 완전히 사라지고, 거기서는 민수기 25장에 나오는 브올의 죄를 뿌리 뽑은 것으로 기억되는 이상적인 제사장, 비느하스가 주요 인물로 등장한다. 이 자료 구분은 충분히 쉽게 논리적으로 보이는 반면, 이 자료들로부터 본문으로의 발전 과정은 오히려 이 자료들이 합쳐져서 하나의 이야기가 되었기 때문에 그 초점을 잃게 되었다. 그 자료들이 무엇이든지 본 장은 하나의 이야기로 작용한다. 이 주석은 그 이야기의 세 가지 측면에 초점을 맞출 것이다. 여호수아서에서 22장의 위치, 본 장의 문학적 구조, 그리고 이스라엘의 통일성에 대한 관심으로부터 비롯된 복합적인 신학적 관심들.

여호수아서 안에서의 제22장

여호수아서 22장은 전후 단락들과 중요한 연결점들을 갖는데, 지파들의 통일성 문제에 집중되어 있음을 보여 준다. 여호수아의 연설(2-5절)은 여호수아가 죽기 전에 행하는 두 개의 다른 연설들에 앞서 있다는 것을 가리킨다. 비록 세 연설들 각각 고유한 강조점과 배경과 유일한 구조를 갖고 있지만, 그럼에도 불구하고 그것들은 모세의 율법에 복종하라는 공통된 훈계로 연결되어 있다(22 : 5 ; 23 : 6 ; 24 : 25-27). 더 나아가서 22 : 6에서 여호수아가 요단 건너편 지파들을 그들의 기업으로 보낼 때, 그것은 24 : 28에서 여호수아가 온 민족을 위해 하는 것과 똑같다. 그러나 여호수아 22 : 1~5은 또한 제1장에서의 주석을 상기시킨다. 22 : 5에서 여호수아는 그가 1 : 13(cf. 1 : 7-8)에서도 했듯이, 동쪽 지파들에게 모세 율법에 복종할 것을 명령한다. 22 : 2~3에서 여호수아는 그들이 자신들의 동족을 도운 것, 즉 1 : 13~15에서 그가 했던 명령을 완수한 것을 칭찬하며 요단 건너편 지파들에게 여호수아 22 : 4에서 여호수아가 1 : 13에서 약속했던 안식을 허락한다. 그렇게 22장은 파일을 닫는데, 말하자면 여호수아서의 시작부터 열려 있었던 르우벤, 갓, 그리고 므낫세 반 지파에 대한 관심 표명의 파일이다.

이야기의 구조

본 장은 거의 세 단락으로 나누어진다. 첫째, 1~6절 도입(1절) 이후와 이야기 결론(6절) 전의 여호수아 연설(2-5절)을 기록하고 있다. 연설 그 자체도 세 부분으로 구성되어 있다. 2~3절에서 여호수아는 요단 동편 지파들의 임무에 대한 충성심을 확증하고 있는데, 바로 영토 분배에 승리하기 위해 명령 받은 다른 지파들을 지원하라는 임무였다. 그들의 행위에 대한 인정은 2절에서 동편 지파들의 행위를 묘사하는 "너희가 다 지키며", 그리고 "너희가 내 말을 순종하여"(문자적으로, "너희가 주의했다.")라는 짝을 이루는 동사에 의해 정리된다. 이 동사들의 목적어는 두 개의 절로 표현되는데, 둘 다 '명령하다'라는 동사와 '모두'라는 부사가 포함되어 있다('모세가 명령한 모든 것', 그리고 '내가 명령한 모든 것'). 3a절은 특별히 부정적인 언급으로 이들이 순종했음을 표현한다. "……너희가 너희 형제를 떠나지 아니하고" 동쪽 집단에 대한 인정은 3b절에서 일반적이지만 강조하는 또 다른 칭찬과 함께 결론 맺는다. "오직 너희의 하나님 여호와께서 명령하신 그 책임을 지키도다" 그들의 충성심에 대한 이 인정에 이어서 여호수아는 동쪽 지파들에게 안식을 명령한다(4절). 다음에 그 연설은 율법 준수에 대한 당부와 함께 결론 맺는데(5절), 2절의 언어가 많이 반복된다(순종하다, 명령하다). 연설의 사려 깊은 명령어는 단어에서 비롯되며, 신명기의 관심을 반영한다. 이것은 특별히 신명기 6 : 5에 나오는 유명한 명령에서 발견되는 말 "네 마음을 다하고 성품을 다하여" 하나님을 섬기라는 여호수아의 훈계에서 분명하다.

7~9절은 본 장의 두 번째 단락을 구성한다(여기서 이 단락이 위에서 논의한 자료들의 한계를 따르지 않는 것을 주목하라). 이 단락은 1~6절을 10~34절과 연결되도록 돕는 설명들을 포함하고 있다. 이 연결되는 구절들은 므낫세가 둘로 나뉘었으며, 지파 절반은 요단 동편에 거주하고, 다른 절반은 요단 서편에 거주한다는 사실을 설명한다. 이 연결점에서 문제를 설명하는 것은 불필요하다. 왜냐하면 여호수아 22장은 영토 분배에 대한 이전의 설명과 신명기 3 : 12~22에서 제시되는 지파별 분깃에 관한 지식을 전제하고 있기 때문이다. 둘로 나뉘어진 므낫세 지파를 통해서 또한 요단 동편 사람들도 이스라엘에게 약속된 기업을 동등하게 공유한다는 사실을 강조한다. 이러한 통일에 대한 진술은 또한 동쪽 지파들이 모세를 통해 자신들의 땅을 얻었다는 9절의 마지막 진술에서 조금 미묘하게 전달된다(또한 신명기 3 : 8-22 참조). 그러한 정보는 동쪽 땅이 정결하지 않다는 시점이 앞선 19절의 개념을 좇아낸다.

이 이야기의 마지막 단락인 10~34절은 앞의 두 단락을 의식하면서 르우벤, 갓, 그리고 므낫세 반 지파가 그들의 땅으로 돌아갔으며, 동쪽과 서쪽 지파들 사이의 경계선에 단을 쌓았는데, 그 행위가 동족들의 분노를 초래했다고 보도한다. 10~34절은 구조적으로 스토리의 거의 가운데에 해당하는 21~29절이 중심적인 신학적 주제를 포함할 수 있도록 하는데, 이를테면 동편 지파들의 단이 그들의 동족들에게 거리낌이 되지 않는 이유와 그들이 그것을 그 첫 번째 장소에 세운 이유에 관한 것이다(참조.

Nelson, *Joshua*, p. 251).

여호수아의 권위(1–6절)

여호수아의 권위는 이 단락의 자료에 함축된 하부 주제이다. 여호수아 22장에서 이스라엘의 통일성에 대한 관심은 2~5절에서 동편 지파들에게 하는 여호수아의 연설로 시작된다. 어떤 면에서 여호수아의 연설은 놀라울 것이 없다. 다른 본문들에서처럼 여호수아는 모세의 권위와 모세의 명령들에 관한 권위를 언급한다(1 : 12–15). 모세에 대한 높은 평가는 '여호와의 종'이라는 보편적인 칭호에 모세의 이름이 세 번이나 나오는 것을 보면 분명하다(2, 4, 5절). 더군다나 여호수아는 모세의 권위에 더욱 관심을 기울이면서, 자기 연설 가운데 모세의 말을 사용한다(5절 ; 신 6 : 5). 그러나 두 가지 새로운 요소들이 모세를 언급함으로써 생성되었던 편안함으로부터 독자들을 불편하게 한다. 첫째, 여호수아가 요단 건너편 지파들을 그들의 충성심 때문에 칭찬할 때, 다음과 같이 말한다. "여호와의 종 모세가 너희에게 명한 것을 너희가 다 지키며", 또 "내가 너희에게 명령한 모든 일에 너희가 **내 말을 순종하여**"(2절). 모세의 명령과 여호수아의 명령에 대하여 짝을 이룬 이 언급은 여호수아를 거의 모세와 비슷한 위치에 놓는다. 둘째, 6절에서 여호수아가 요단 동편 지파들을 축복하는 것은 신명기 33장에서 모세가 그의 생을 마감할 때 이스라엘 백성을 축복한 것과 같은 역할을 보여 준다. 그리하여 여호수아 22 : 1~6은 모세 권위와 함께 여호수아는 충분히 자격을 갖춘 후계자임을 말한다. 그러나 그것은 또한 이 본문에서 지파간의 갈등을 해결하는 중재자로서 여호수아를 대신하여 비느하스가 나타난다는 사실을 더욱 이상하게 만든다. 13~21장에서 지파별 분배를 할 때, 여호수아는 제사장과 권위를 함께 공유한다(민수기 25장에서 비록 명백하게 권위를 공유하지는 않았지만, 모세 또한 어떻게 비느하스와 짝을 이루었는지 참조할 것). 여호수아 22장 뒤에 있는 편집사와 본문의 현재 모양을 이룬 것이 제사장 자료의 관심이었을 가능성과는 관계없이, 독자는 다음과 같은 사실에 부딪히게 된다. 22 : 1~6에서 절정에 이른 여호수아의 권세는 비느하스의 제사장적 권위로 체크된다. 그것은 아마도 모세의 시대, 곧 모세의 지도력이 유일했던 시대였음을 암시한다(신명기 34장이 말하듯이). 모세 이후에 그의 자리를 대신하고, 완벽한 지도력을 행사할 수 있는 지도자는 없었다. 그래서 모세의 전형이라는 사실이 여호수아의 높은 위치를 암시하지만, 그것은 동시에 여호수아를 모세에게 종속시킨다.

증거의 단(10-34절)

10~34절에서 보도된 이스라엘 사이의 갈등은 요단 건너편 지파들이 요단가에 쌓은 단을 중심으로 한다. 그러나 그 이야기에는 단을 쌓기 전에 이미 이스라엘 민족 내에 다소 다르지만 어느 정도 고정적인 균열이 있었다는 미묘한 암시가 있다. 이야기의 이런 점에 있어서 처음의 동편 두 지파들은 현대 번역가들에게도 마찬가지로 독특하게 들리는 히브리어 칭호로 묘사된다(신명기적 문서의 특징). 르우벤 사람들(히브리어 : '루베니'〈rûbēnî〉), 그리고 갓 사람들(히브리어 : '가디'〈gāddî〉 ; 1절). 그러나 이상하게도 그들에게 사용된 그 히브리어 칭호는 9절에서 '르우벤 자손'과 '갓 자손'으로 변한다(그리고 30절에서 유사하게 므낫세 반 지파는 '므낫세 자손들'로 불린다). 비록 영어 번역에서는 9~34절에서 이 칭호들을 1절과 똑같이 옮겼지만, 히브리어에서의 그 차이는 충격적이다. 이 언어상의 변화는 22장이 다른 어휘와 형식을 사용했던 두 가지 자료로 구성되었으며(여호수아 4 : 12에 나오는 '~자손'〈sons of〉이라는 똑같은 형식을 주목할 것), 그 변화가 최종적인 이야기에도 깊은 영향을 주고 있다는 사실을 가리킨다. 실제로 온 민족에게 주어진 칭호가 '이스라엘 자손'으로 읽힌다는 사실은(NRSV에서는 'Israelites'로 번역) '르우벤 자손', '갓 자손', 그리고 '므낫세 자손'이 민족의 나머지로부터 분리된 제의적, 정치적, 사회적 실체를 나타낸다는 인상을 준다. 그 칭호들은 그 밖의 다른 곳에서 분명하지 않은 어떤 틈새를 보여 주는 듯하다. 더욱이 11절은 세 동편 지파들이 '이스라엘 자손에 속한 편'에 단을 쌓았다고 진술한다. 그 정황은 이것이 요단의 가나안 쪽에 단을

쌓았음을 의미한다. 그러나 요단의 다른 쪽, 곧 르우벤, 갓, 그리고 므낫세 반 지파가 점령한 쪽은 또한 '이스라엘'에게 속한 곳이 아닌가? 누가 이스라엘 자손이고, 누가 아닌지에 관한 모호함은 중요하지 않다. 왜냐하면 동편 지파들은 언젠가 그들이 '이스라엘 자손'으로 여겨지지 않게 될까 봐 두려워했기 때문이었다. 지파 그룹들에 대한 칭호는 그들의 두려움에 대한 정당성을 어느 정도 암시한다. 불일치에 대한 또 다른 미묘한 제안은 요단 동편 땅이 정결하지 않다는 비느하스의 주장이다(19절). 그 언급에는 동편 지파들이 더 이상 주목 받지 않고, 나머지와 동등하지 않으며, 계약 공동체 안에서의 지속적인 위치를 위해서는 거래를 해야 한다는 생각이 덧붙여진다. 이미 관찰했듯이 이 이야기의 이런 모습들은 어떤 시대, 아마도 요단 동편 지역이 비이스라엘 지역으로 여겨지던 포로기 이후의 귀환 시기를 반영한다(참조. 제2부의 첫 부분에 관한 주석, 165-167쪽). 그러므로 동편 지파들이 점령한 땅은 여호수아 22장에서 문제의 중심부에 놓여 있는 것으로 보인다.

이스라엘 민족 내부에 존재하는 이러한 분열의 암시들은 요단 옆에 제단을 건설하는 것과 거기에 잇따른 갈등의 무대가 된다. 여기서 다루어져야 할 필수적인 논지들이 있다. 첫째, 단을 쌓는 것이 왜 이스라엘로 하여금 그의 동족들과 전쟁을 불사하게 할 만큼 심각한 일탈 행위인가? 둘째, 왜 단을 쌓는 것이 민족 전체에게 하나님의 진노를 초래하게 되는가? 첫 번째 질문과 관련하여 비록 드러나게 언급되지는 않지만, 이 이야기는 아마도 신명기의 제사 규정을 전제하고 있는 것 같다. 여기에서의 관심 이면에는 '여호와께서 그 이름을 두시려고 너희 모든 지파 가운데 택하신 그 곳'을 제외한 어떤 곳에서도 예배가 금지되었다는 사실이다(신 12 : 5 ; 비교. 복합적인 제단들을 말하고 있는, 출 20 : 24). 비록 이 특별한 신명기 법은 이전의 가나안 성소에서의 제사를 금지하는 것일 수도 있지만, 제의 중앙화라는 더 넓은 관점에서 이야기 안의 두 가지 핵심들이 이 해석을 지원하고, 또한 여기에 적용된다. (1) 비느하스는 민족에게 단 하나의 제단이 허용되어 단지 거기에서만 제사가 이루어짐을 강조한다(22 : 19).

(2) 서쪽 지파들은 실로에 모여서 제단에 대한 관심을 갖는다. 실로는 여호와의 이름을 두려고 지명된 최초의 장소였기 때문에(렘 7 : 12), 이 장소에 있는 이스라엘 백성들은 신명기 법에 관심을 둔다. 또한 유일한 희생에 대한 관심이 제사장들의 관심사로부터 비롯되었을 가능성이 있다. 왜냐하면 29절에 나오는 성막에 대한 언급이 그들의 전승에서 비롯되었을 것이기 때문이다. 더군다나 이 단을 민수기 25장의 죄에 비유하는 것은 제사장 전승에 속한 기자가 작업했음을 보여 주기도 한다. 그러나 관심 그 자체는 기원보다 이야기를 위해 더 중요하다. 이스라엘 희생 제의를 위해 허가받은 곳은 한곳이며, 동편 지파들은 이 규정을 어겼다는 의혹을 받고 있다.

동편 지파들이 범한 죄는 정치적인 의미였을 뿐만 아니라 종교적이기도 했다. 중앙 성소 이외의 다른 곳에 단을 쌓는 것은 순수성을 훼손한 것이며, 그것은 또한 마치 여로보암이 벧엘과 단에 제단을 쌓은 것에서 분명한 것처럼(왕상 12 : 25-33) 독립을 선언하는 것이기도 하다. 19절에서 표현되는 적용 사항은 두 가지 가능성이 있다. 비느하스는 동편 지파들에게 여호와께 패역하지 말라고(종교적 순수성을 깨뜨리지 말라고) 명령하며, '우리에게도' 패역하지 말라고 한다(정치적 대결의 표시).

왜 제단을 쌓는 것이 민족 전체에게 미치는 여호와의 진노를 초래하는지에 대한 두 번째 필연적인 질문은 간접적으로 이야기 자체를 통해 답변할 수 있다. 비느하스는 이 단을 이스라엘의 과거 두 가지 죄에 비유한다. 첫째, 브올에서의 사건인데(민 25장), 비느하스 자신이 이방의 영향을 받은 진을 진멸했다. 그리고 둘째, 아간이 여리고에서 바쳐진 물건을 훔친 것이다(수 7장). 비록 이 두 가지 불순종이 매우 다른 특징들을 갖고 있지만, 그것들은 하나님으로부터 공통적인 반응을 초래했다. 두 경우에 모두 죄의 결과 때문에 재앙에 준하는 사건이 일어나거나 또는 두려워하게 되었다. 두 경우에 죄는 공동체 전체를 전멸시킬 만큼 위협적인 영적 감염을 초래한 것으로 이해되었다. 이 이야기들은 이스라엘 한 사람의 죄가 공동체 전체의 범죄를 초래했기에 비느하스는 요단 가에 단 쌓는 것으로부터 똑같은 결과를 가져올까 봐 두려워했다는 사실을 보여 준다(참조. 122-133쪽 여호수아 7장에 대한 주석). 19절 마지막 부분을 다르게 번역하면 이 두려움은 더 잘 전달된다. "우리에게도 거역하지 말라"라고 읽는 대신에 "우리를 거역하게 만들지 말라"로 읽을 수 있다. 만약 이 번역을 채택한다면, 그것은 한 사람 또는 한 집단의 거역이 이스라엘 전체의 죄를 초래한다는 사실을 덧붙이는 것이다. 19절에 대한 그러한 이해는 땅의 문제에 강조점을 더한다. 만약 단의 문제가 민족 '전체'를 배교하게 만든다면, 거기에는 동쪽 지파들 자신이 완전히 이스라엘에 통합되어 있다는 전제가 있다. 가장 큰 문제는 지파들 자체의 분열이 아니라 르우벤, 갓, 그리고 므낫세 반 지파가 차지한 땅에 있다.

그 이야기는 논쟁의 핵심이 모세가 신명기 13 : 12~18에서 경고했던 것과 같은 그런 배교임을 제시한다. 모세의 가르침에 순종하여 비느하스는 정말로 동쪽 지파들이 그러한 일에 죄가 되지 않는지를 판단하기 위한 사법적 절차를 진행한다. 만약 죄가 있는 것으로 판명된다면, 아간이 그의 거역 때문에 처형되었듯이 그들은 진멸될 것이다(신 13 : 15). 그러나 르우벤 자손, 갓 자손, 그리고 므낫세 반 지파는 자신들의 결백을 제사장에게 확신시켰다. 동쪽 지파들은 그 단이 희생제사를 위한 것이 아니었다고 비느하스에게 대답했다. 오히려 그것은 단의 '모형'이라고 했다(28절). '모형'으로 번역된 단어는 '형식'(pattern) 또는 '모델'이라고 번역되는 것이 더 나았을 것이다. 열왕기하 16 : 10은 아하스 왕이 제사장 우리야를 보내 배워 오게 한 단의 모델에 대해서 같은 단어를 사용한다. 여호수아 22장에서 모형 단은 다음 세대로 하여금 동쪽에 거주하는 지파들이 제의적으로 부정하지 않았다는 것과 중앙 성소에 제의를 드리러 갈 권리가 있다는 것을 상기시키기 위함이었다. 동쪽 지파들의 반응은 고대 이스라엘에서 사용된 다양한 제단의 목적들을 반영한다. 그것들은 단지 희생제사를 위해 쌓은 것이었을 뿐만 아니라 하나님의 임재와 어떤 공동체가 하나님께 헌신하고 있다는 표시였다. 그러므로 제단은 피난처가 될 수 있었고(왕하 2 : 28), 어떤 정체성을 제공할 수도 있었다. 제단은 중상 성소에서 제사하는 공동체의 일원이라는 증거였다. 제단의 그 나중 용도는 여호수아 22장에 나타난다. 희생제사는 중앙 성소에서 지켜졌지만, 제단은 중앙 성소에서 제사하는 공동체의 일원이라는 증거였다. 동쪽 지파들은 그 땅에 사는 다음 세대가 자신들을 이스라엘 가운데 '분깃'이 없다고 말할까 봐 염려했다(25, 27절). '분깃'(히브리어 : '헬렉'〈ḥeleq〉)이라는 용어는 종종 '기업'(히브리어 : '낙할라'〈naḥalah〉; 수 15 : 13; 19 : 9; 겔 45 : 7)과 동의어이다. 이것은 또다시 근본적인 문제가 동쪽 지파들의 그 땅에 대한 소유권 여부가 바로 계약공동체 안에서의 멤버십에 대한 표지였다는 사실을 보여 준다.

계약공동체 안에서의 멤버십

여호수아 22장은 교회 안에서의 멤버십에 있어서 거룩함과 부정함의 문제와 씨름하는 교회에 대한 말씀인데, 이스라엘 지파들의 통일성에 장애가 되었던 바로 그 문제들로써, 항상 교회의 분열을 위협한다. 무엇이 믿음의 공동체라는 경계의 표지가 될까? 실제로 누가 구성원의 자격이 있는가? 교회는 어느 정도까지 오직 마음이 순수한 사람들에게만 접근을 보장할 수 있는 울타리를 쳐야만 하는가? 믿음의 공동체 내부에 적합한 개방과 봉쇄의 척도는 무엇인가? 증거의 단에 관한 이야기는 이러한 질문에 대하여 답변하지 않는다. 그러나 그것은 적어도 이러한 문제들에 대해서 두 가지의 잠재적인 가이드라인을 제공한다. 첫째, 그것은 어떤 그룹들에 대해서 말하고 있는데, 그들은 너무나 믿음의 공동체 안에 들어오고 싶어서 그 관계를 위해 속임수와 같은 작전까지 썼다. 결과적으로 그들은 라합(수 2장)과 기브온 사람들(수 9장)과 같이 행동했다. 제2장과 제9장에서 비롯된 이와 같은 이야기들과 함께, 여호수아 22장은 그렇게 극단적인 수단들로 그것을 추구한 사람들을 포함시켰다고 보도한다. 달리 말해서 여호수아서는 계약공동체의 일원이기를 추구하는 사람들에 대해서 개방적인 입장에 서 있다. 둘째, 라합과 기브온 사람들에 대한 서술들과 마찬가지로, 이 이야기는 내부에 진입한 모든 사람들은 이스라엘 백성들이 믿는 신조를 고수하고 있었음을 보여 준다. 그들의 행위에 대한 어떤 변화

이전에 요단 건너편 지파들은 확신에 찬 믿음으로 찬양한다. "여호와 신들의 신!"(22절 ; 한글 개역에서는 '전능하신 자 하나님'으로 번역-역자주). 이 핵심적인 선언, 곧 완전하고 절대적인 헌신의 대상으로 여호와를 구별하는 것은 이스라엘의 궁극적 시험 내용이다. 교회는 자신들의 핵심적인 신념, 또는 누가 주님의 상에 앉아 그 자리를 주관할 것인지를 결정하는 믿음의 신조들을 검증하기 위해 남겨진 것이다.

제3부

여호와께서 안식을 주실 때에

여호수아 23~24장

제3부
여호와께서 안식을 주실 때에
여호수아 23~24장

여호수아 23~24장은 그 땅에서의 이스라엘 백성들 삶에 관한 여호수아의 마지막 가르침들을 기록한다. 이 두 개의 장들은 종종 두 개의 분리된 결론으로 보이는데, 여호수아서의 '연결 고리들'을 반영한다. 확실히 제 23장과 24장은 형식이 아주 다르다. 24장에서 여호수아가 이스라엘에게 연설하는 것은 마치 여호수아가 신의 대리인으로서 선지자처럼 행동하는 예식의 일부인 반면, 23장에 나오는 그의 연설은 신명기 역사에 등장하는 다른 핵심적인 지도자들의 고별 연설과 같다. 더군다나 여호수아 23장은 1장과 의미 있는 대조를 이루는데, 율법 준수 언급에 대한 틀을 형성하고, 24장을 분리된 결론 또는 후기처럼 보이도록 만든다. 그럼에도 불구하고 서로 간에 전혀 관계없는 여호수아 23장과 24장의 결론은 통일된 모습으로 보이게끔 한다. 두 장 모두 여호수아의 죽음 이후에도 이스라엘이 올바른 마음을 지속하게끔 하려는 작별사를 포함하는데, 더군다나 여호수아 24 : 1은 23 : 2b~16에 나오는 여호수아의 연설에 바로 뒤따르는 세겜에서의 집회를 전제하는 것처럼 보인다. 그러므로 이 장들을 여호수아의 독자적인 후기를 만드는 부연 설명으로 보는 것이 적절하다.

여호수아 23장

여호수아의 마지막 말들

23장에서 여호수아는 그의 백성들이 그가 틀을 만든 율법 준수를 유지하도록 신학적인 마지막 노래를 부르는 데 있어 모세(신명기), 사무엘(삼상 12장), 그리고 다윗(삼하 23 : 1-7 ; 왕상 2 : 1-9)과 나란히 서 있다. 이 연설의 가치와 현대 독자들에게 주는 의미에 있어서 이 주석은 더 커다란 문학적 정황 안에서의 본 장의 위치를 그려 낼 것이며, 연설의 내용과 구조를 개관하고, 어떻게 이 본문의 신학적 관심을 오늘날의 신자들에게 말할 수 있는지 탐구할 것이다.

문학적 정황과 기능

여호수아 23장은 22장(2-5절)을 보완하면서 대칭되는데, 23장은 모든 이스라엘 백성들에게 하는 고별사인 반면, 앞 구절들은 오직 르우벤, 갓, 그리고 므낫세 반 지파에게 하는 연설이다. 23장의 연설은 이스라엘로 하여금 먼저 하나님의 은혜를 상기시키도록 한 다음에 그들에게 모세의 율법을 준수하라고 명령하는 형식에 있어서 22 : 2~5과 병행한다. 더군다나 여호수아 23장은 22 : 2~5과 마찬가지로 또한 책 전체의 틀을 이루는 데 도움을 주는 신학적 관심을 통해 제1장까지 도달한다. 제1장에 보이는 몇몇 어구들과 신학적 교리들이 23장을 통해 반복된다. 하나님이 여호수아에게 요구하셨듯이 여호수아는 이스라엘에게 '기록된' 문서, 즉 '모세의 율법책'(1 : 8 ; 23 : 6)을 지키라고 당부한다. 이스라엘은 그것을 지켜야 하는데 "그것을 떠나 우로나 좌로나 치우치지 말아야 한다"(1 : 7 ;

23 : 6), 율법 순종이 그 땅을 얻고, 유지하는 데 성공할 수 있는 유일한 방편이다(1 : 7-8 ; 23 : 12-13, 16).

비록 23장에서 여호수아의 연설은 제1장에 나온 것들을 많이 반복하고 재확인하지만, 이 결론은 또한 독자에게 신명기 역사의 남은 부분에서 직면하게 될 것을 예비하도록 촉구한다. 그것은 엄격한 준수의 실패는 하나님이 그 민족들을 이스라엘 앞에서 쫓아내지 않을 것이며, 이스라엘은 "그 아름다운 땅에서 속히 멸망하게 될" 결과에 대하여 경고를 발한다(23 : 16). 이러한 훈계들은 거기에 남아 있는 '민족들'을 의식함으로써(23 : 4, 7, 9, 12-13) 그 땅에 대한 약속을 약화시킨다. 이 책의 앞 단락(제13-22장)은 보장되지 않은 성공에 대한 진술을 포함하고 있었지만(21 : 43-45), 23장은 여호수아서를 넘어서는 이야기의 관점에서 그 행복을 보장하려는 의도를 보인다. 이스라엘의 입장에서 가시와 올무가 될 민족들에 대한 관심은 특별히 사사기 2~16장을 바라보고 있다. 이스라엘이 이 민족들 때문에 멸망할 것이라는 경고는 북쪽과 남쪽 왕국의 패배와 포로생활에 관계된다(왕하 17 : 7-23 ; 21 : 10-15). 그리하여 여호수아 23장은 율법 준수의 역사적 적용에 대한 넓은 관점에서 신명기 역사 안의 '주된 해석 활동'이다(Nelson, *Joshua*, p. 260). 그 이유 때문에 그것은 비슷하게 기능하는 다른 연설들과 함께 읽힐 수 있다(신 1-3 ; 수 1장 ; 삼상 12장 ; 삼하 7장 ; 왕상 8장).

내용과 구조

여호수아의 연설은 '오랜 후에'(1절) 이루어진다. 여호수아가 그 말을 하는 특정한 날짜가 결여된 것은 독자들로 하여금 배경에 대해서 아는 것이 정말로 중요하다는 것, 이를테면 그 연설은 '안식'에 대한 약속이 이스라엘에게 주어졌을 때(1 : 13, 15 ; 21 : 44 ; 22 : 4), 그리고 여호수아가 원숙한 나이에 이르렀을 때 한 것임을 납득하게 한다. 여호수아가 나이를 먹었다는 것은 같은 노년의 상황에서 그것이 땅 분배에서 그랬던 것처럼(13 : 1) 그의 말에 긴박감을 준다.

그 연설은 윤곽이 쉽게 드러나지 않지만 자연스럽게 두 부분으로 나뉘며(2b-13, 14-16절), 둘 다 여호수아가 나이를 먹었다는 것으로 시작하며, 비슷한 수사법을 구사한다. 연설의 첫 부분은 일련의 동기를 유발하는 요약을 하고 있는데(3-5, 9-10절), 이러한 요약들에 기초를 둔 명령들이 그 뒤를 따르고 있다(6-8, 11-13절). 3~5절과 9~10절은 여호수아서의 축소판과 같다. 그것들은 하나님의 활동으로 이스라엘을 위해 가나안을 확보했고 계속 확보할 것이라는 사실을 강조하면서, 땅의 정복과 분배를 말하고 있다. 이 중점 사항은 두 요약에 똑같이 나타나는(히브리어) 단 한 줄로 납득된다. "너희의 하나님 여호와 그는 너희를 위하여 싸우신 이시니라"(3, 10절). 그 동사 '싸우다'의 의미는 히브리어로도 같지만, 번역가들은 정황에 맞춰서 다른 영어 시제를 사용했다(한글 번역도 '싸우신 이'〈3절〉, '싸우심이라'〈10절〉로 시제를 구분했다-역자주). 이 줄과 함께 이들 두 가지 동사 묶음은 무엇이 이 책의 중심적인 신학적 주장이며, 이어지는 교훈들에 대해서 무엇을 준비할 것인지 효과적으로 진술한다.

이스라엘이 모세의 율법에 충실할 것을 권고하는 구절들이(6-8, 11-13절) 두 요약 다음에 이어지는데, 여호수아서의 전형적인 임무 부여 형식이다. 그러나 특별히 고른 율법적 요구들은 그것들이 이전까지는 세부적으로 언급된 적이 없었기 때문에 독자들을 놀라게 한다. 표명되는 관심은 그 땅에 남아 있는 민족들과의 관계 맺기로써(7절), 특별히 그들의 여자들과 결혼하는 것이다(12절). 혼합 결혼 그 자체는 논의 사항이 아니다. 오히려 핵심은 이방인 아내들이 필연적으로 이스라엘의 헌신을 놓고 여호와와 경쟁하게 될 이방 신들을 소개할 것이라는 점이다(7, 13절). 이것은 신명기 기자의 주된 관심이었고(신 7 : 3-4), 열왕기상 11 : 1~13에서 솔로몬이 심하게 정죄되는 이유이다.

7절은 그 땅에 남겨진 이방 신들과 관련하여 네 가지의 분리된, 그러나 관련이 있는 금기 사항들을 담고 있다. 처음의 두 가지 훈계들은 그 신들의 이름과 관계있는 것으로써, 함축된 언어들이 명확하지 않으면 현대 독자들에게는 관계없는 것으로 보일 것이다. 그러므로 어떤 설명들은 우리가 그 명령들을 이해하는 데 도움을 줄 수 있다.

여호수아는 이스라엘 백성들에게 그 민족들의 신들 이름을 '상기시키지 말라'(cause to remember)고 명령하며(NRSV, 'make mention'-역자 주 : '언급하다'), 그 다음에는 그것들을 맹세하는 데 사용하지 말라고 한다. 그 첫 번째 명령은 그 함축된 의미가 정확하지 않기 때문에, 대부분의 번역가들이 지시하는 대로 단순히 신의 이름을 말하는 것을 언급하는 것일 수 있다. 그러나 적어도 두 개의 본문에서 그 사항은 어떤 신의 이름을 새긴 기념물을 세우는 것이었을 가능성을 제기한다. 출애굽기 20 : 24은 여호와의 이름을 기념하게 하는 곳을 진정한 예배처로 언급한다. 같은 동사에 대한 비슷한 의미를 사무엘하 18 : 18에서도 찾을 수 있는데, 거기서 압살롬은 그의 이름을 기념하는 기둥을 세우는바, 그는 그의 이름을 이을 아들이 없었기 때문이었다.

신들의 이름을 기억하는 것에 대한 정확한 의미와 관계없이, 현대 독자들은 왜 이름 그 자체에 초점을 맞추는지 이해하기가 어렵다. 이름은 신의 존재와 힘을 나타냈다. 그러므로 어떤 신의 이름으로 맹세와 저주를 하는 것은 그 신의 능력을 인정하는 것이었으며, 그에게 접근하려는 시도였다. 우리는 이것을 "네 하나님 여호와의 이름을 망령되게 부르지 말라"(출 20 : 7)라는 명령에서 본다. 이스라엘은 자신들의 하나님 이름은 권세가 있지만 개인적인 이익을 위해 그 이름을 사용하지 말라는 명령을 염두에 두어야 했다. 그들은 다른 신들의 이름을 사용하지 않아야 한다. 왜냐하면 그렇게 하는 것은 그들의 실체와 영향력을 인정하는 것이 되어 버리기 때문이다(신 6 : 13 ; 10 : 20).

여호수아 연설의 두 번째 단락은 처음과 같이 하나님이 이스라엘이 그 땅을 차지하도록 도우신 것을 요약하며(14절), 그 다음에 이스라엘이 율법에 충실할 것을 명령한다(15-16절). 그러나 그 훈계의 톤은 14~16절에서는 단호하게 부정적이면서도 위협적이다. 연설 첫 부분의 권면 단락은 이스라엘이 순종할 것을 촉구하는 명령으로 지배되지만, "스스로 조심하여", "너희의 하나님 여호와를 사랑하라". 15~16절에서 이 형식은 인과응

보적으로 들리는 조건문과 비교문에 길을 내준다. "여호와께서 모든 불길한 말씀도 너희에게 임하게 하사"(15절), "너희에게 명령하신 언약을 범하고(면)", "너희가 속히 멸망하리라"(16절). 그러한 위협들은 6~8절과 11~13절에 나타나거나 함축되어 있지만, 15~16절에서는 표면화된다. 그 위협들은 일찍이 여호수아서에서 하나님이 세워 주신 '안식'의(21 : 43-45) 고요한 바다로부터 생겨난 파도처럼 사사기와 열왕기서를 통과하는 불확실한 미래를 향하여 움직인다.

보상신학

여호수아 23장은 때때로 '보상신학'이라 부르는 것들의 보기가 나열되는데, 그것은 인간의 행동이 어떤 적절한 신의 반응을 초래한다는 생각으로써 보상일 수도 있고, 징벌일 수도 있다. 따라서 많은 기독교인 독자들은 하나님의 정의에 관한 고대의 관점이 표현된 것이라 결론 내리면서 여호수아의 연설을 무시한다. 그들은 비극이 믿음 없는 사람에게 미치는 똑같은 이유 때문에 믿음의 사람에게도 닥친다고 생각한다. 왜냐하면 창조의 파괴는 때때로 기대하지 않았던 부정적인 상황을 만들어 냈기 때문이다. 성서 자체는 악이 인간의 불순종 때문에 항상 하나님께로부터 나온다는 어떤 일방적인 관념을 수정한다(욥 42 : 7). 그럼에도 불구하고 여호수아 23장의 신학을 건너뛰는 것은 이 문제에 관한 성서적 사고의 또 다른 축을 잃게 되는 것이다. 악은 때때로 개인 또는 민족의 잘못된 선택 때문에 발생하는데, 자신들을 부패하게 만들고, 하나님의 뜻으로부터 멀어지게 만드는 선택들 때문이다. 더군다나 보상의 정의라는 관념을 전적으로 찬양하는 것도 신학적으로 건전하지 않을 수 있다. 만약 하나님이 죄인을 벌주시는 재판관이 아니라면, 하나님이 정말로 은혜를 베푸실 수 있을까? 그러한 신학적 고려 사항들 가운데서 여호수아 23장은 오늘날의 신자들에게 의미 있는 본문이 된다. 이 장에서 징벌은 회개와 회복을 배제하지 않는다. 반대로 더 커다란 신명기 역사의 정황에서 그 땅에 사는 하나님의 백성들의 미래는 비록 언젠가 그들이 그 땅을 잃게 될지라도(왕상 8 : 46-53), 항상 열려 있다.

율법 순종

여호수아 23장은 이스라엘이 그 땅을 완전히 정복하고, 그것을 누릴 수 있는지 없는지에 대한 판단 기준으로 모세의 율법을 떠받치고 있다. 이 장은 율법을 어겼을 때의 부정적인 의미에 초점을 맞추고 있다. 그러한 불순종은 이스라엘이 '아름다운 땅에서 속히 망하도록' 할 것이다(16절). 그러나 그 연설이 함축한 의미는 또한 그 반대의 상황 역시 사실이다. 성공은 '모세의 율법 책에 기록된 것을 다 지켜 행하는' 데서, 그리고 '우로나 좌로나 치우치지 않는' 데서(6절 ; 참조. 1 : 7-8) 온다. 만약 현대의 독자들이 위에서 언급된 그 보상의 정의라는 개념을 받아들인다면, 그때 여호수아 23장은 하나님의 복을 받는 열쇠로써 성서를 제시하는 것으로 보인다. 확실히 이 관점은 하나님이 성서의 명령들을 지키는 사람에게는 반드시 복을 주셔야 한다는 주장으로 잘못 적용될 수 있다. 그러나 이러한 적용은 여호수아 연설의 핵심을 놓친 것이다. 제23장은 이스라엘로 하여금 하나님이 그들에게 복을 주시도록 '하기 위하여' 모세의 계명에 순종하라고 명령하지 않는다. 사실 그 두 가지 생각들은 연결되어 있는데, 진행 중인 성공이 그러한 충성을 요구한다는 것이다. 그러나 율법에 대한 순종이 요구되는 것은 하나님이 '이미' 그들에게 땅을 주셨고, 그들의 원수를 쫓아내셨기 때문이다. 신자의 삶에서 성서와 순종의 역할에 대한 열쇠는 여호수아의 연설에 나타난 순서에 따른다. 세 가지 경우 안에서(3-5, 9-10, 14절) 이스라엘을 위한 하나님의 행위가 이스라엘이 순종해야만 하는 '이유'로 제시되었다. 하나님의 은혜와 인간의 반응 사이의 관계는 특히 6절과 11절의 영어 번역에서 분명하다. NRSV는 히브리어 접속사(바브〈waw〉)를 영어 therefore(그러므로)로 옮겨서 율법 순종은 하나님이 이미 베푸신 선물에 대한 반응으로 오는 것임을 보여 준다. 하나님의 행사/인간의 반응에 대한 순서를 뒤집는 것은 신약성서도 구약성서도 지지하지 않는 행위로 의로움을 얻는 문을 열게 된다.

결혼에 대한 논의

여호수아 23장에서 언급된 신명기 법의 주된 교리는 종종 잘못 이해되고 잘못 적용된다. 백인 분리주의자들과 다른 인종차별주의 집단들은 타 인종 간의 결혼, 인종 차별 폐지, 공공 기관 동등 접근에 반대하는 시위에서 이방인 분리를 지지하기 위해 이 명령을 사용한다. 사실은 여호수아 23장의 명령은 거의 또는 전혀 그러한 논의와 관계없다. 여호수아서의 문제는 인종적인 순수함이 아니라 영적인 순수함이다. 더 나아가 만약 12절에 표현된 타민족과의 결혼에 대한 신명기적 관심이 오늘날의 사회에 주는 축자적인 명령이라 할지라도, 그것은 아마도 지배적인 문화에 동화되기보다는 독특한 가치 체계를 유지하기 위해 애쓰는 소수집단에게나 적용될 수 있을 것이다. 그럼에도 불구하고 그런 식으로 결혼에 초점을 맞추는 것은 핵심을 놓친 것이다. 그 민족들과 구별되라는 명령은 다른 신들에 대한 신앙과 섞임으로써 이스라엘의 신앙이 타협이나 약화될 유혹의 소지를 낮추자는 의미이다. 진짜 논점은 어떻게 믿음의 백성이 문제투성이의 환경에서 그런 믿음을 고백할 것인가에 있다. 절대적인 권위에 대한 공공연한 부정과 함께 기울어져 가는 현재의 종교적 환경에서, 설교자는 여호수아 연설의 이 부분을 적용할 기회가 많다는 것을 발견해야 할 것이다.

여호수아 24장

누구를 섬길 것인지 선택하라

"……너희가 섬길 자를 오늘 택하라……"(수 24 : 15). 이 명령은 여호수아 24：1~28의 중심 주제이며, 이 책의 마지막 주요 신학적 명령이다. 여호수아의 신앙에 대한 촉구, 그리고 그가 그것을 만드는 더 큰 장면, 그것은 앞에서 제시되었던 많은 주제들 가운데서 가장 큰 정점이다. 예를 들면 모세의 후계자로서의 여호수아의 위치는 여기서 최고조에 달한다. 여호수아가 말할 때, 그는 하나님과 이스라엘 사이에서 계약의 중재자로서 모세와 같은 선지자로 묘사된다. 그러나 신학적으로 가장 중요한 것은 여호수아가 하나님의 백성들에게 촉구한 내용이다. 여호와를 선택하라는 그의 명령은 이 책의 결론에 적합할 뿐만 아니라 구약성서에서 하나님에 대한 중심 사상이 무엇인지 제시하고 있다.

정말로 오직 여호와만 섬기라는 것은 이스라엘의 이웃들이 가진 다신교 신앙 곧 각각 어떤 힘을 대표하는 다수의 신들이 존재한다는 신앙을 논박하는 것이다. 여호수아는 여호와께서만 홀로 이스라엘을 구원할 힘이 있으시고, 그러므로 여호와께서는 이스라엘의 전적인 헌신을 요구하신다는 사실을 효과적으로 선언한다.

여호수아 24장은 해석자들에게 다수의 도전거리를 제공한다. 24：1~28이 어떻게 8：30~35에 연결되는지, 여호수아의 예식에 대한 이야기가 역사적 사건에 대한 기록인지 아닌지, 그리고 어떻게 이 단락이 여호수아서의 나머지들과 창세기에서 민수기까지의 문학적 줄기와 연결되는지에 대한 문제 제기들이 있다.

그러한 질문들은 만약 그것들이 해석의 초점이 된다면, 본문의 신학적 중요성을 모호하게 만들 수 있다. 반면에 이 질문들은 여호수아 24장의 신학적 이해와 믿음의 백성을 위한 이 단락의 메시지를 밝히는 데 도움을 줄 수 있다.

그리하여 우리는 여호와를 선택하라는 주제에 초점을 맞출 것인데, 아브라함의 하나님 안에서 이스라엘의 믿음을 확증하기 위하여 여호수아로부터 이스라엘 백성들에게 주어진 부르심을 듣기 위해, 우리에게 알려진 비평적인 문제들에 관한 논의도 허용할 것이다.

왜 세겜인가?

때때로 여호수아서의 신학적 목적에 도움이 되는 그러한 지리학은 24장 외의 그 어떤 곳에서도 명확하지 않다. 세겜은 계약 체결에 밀접한 관계가 있는데, 24 : 1~28(참조. 8 : 30-35)에서 보도되는 그 예식을 위해 왜 여호수아가 이스라엘 백성들을 거기로 모았는지를 설명하는 데 도움을 준다. 더욱 중요한 것은 이스라엘의 족장들이 이 도시와 특별한 관계가 있다는 점이다. 가나안 땅에서 하나님이 아브라함과 최초로 세겜에서 말씀하신 이래(창 12 : 7), 이곳은 아브라함에게 주어진 약속을 수행할 때 이스라엘이 모이기에 적합한 장소가 되었다. 더 나아가서 야곱이 세겜 근처에 소유지를 장만한 것(창 33 : 18-20)은 요셉의 뼈를 장사하기에 적합한 장소가 되도록 만들었고, 여호수아 24 : 32에 기록된 그 행위가 계약 갱신 예식 직후에 곧바로 이루어진다. 여호수아 24 : 1~28에 대해서 세겜과 가장 관련 있는 족장은 그의 가족을 이끌고 거기서 이방 신상들을 묻어 버리는 예식을 거행한 야곱 이야기인데(창 35 : 2-4), "너희 중에 있는 이방 신들을 치워 버리고"라는 여호수아의 명령은 야곱이 그의 가족에게 한 말을 축자적으로 반복한다(24 : 23 ; 창 35 : 2). 이 관계는 중요하다. 왜냐하면 여호수아 24장은 여호와를 선택하고, 다른 모든 신들을 거부한다는 개념으로 형성된 것이기 때문이다. 그리하여 그 명령의 지리적 위치는 여호수아 시대의 이스라엘의 충성 시도를 그 조상들의 유사한 시도에 연결시켜 준다.

여호수아의 예언자적 지도력

여호수아는 24 : 2~13에서 예언자처럼 말한다. 그는 '여호와의 말씀에'라는 도입 형식에서 이어지는 메시지에 하나님의 말씀처럼 덧붙여서 자신을 여호와의 사자로 인식시킨다. 여기서 여호수아는 분명히 모세의 위치에 서 있는데, 모세는 하나님과 이스라엘 백성 사이의 계약의 중재자로서(출 19 : 3-6) 그 앞 세대를 차지했었다. 그래서 어떤 면에서 이 마지막 장의 여호수아는 이 책의 어떤 곳에서보다 가장 높여진다. 여호수아서 대부분을 통해 주의 깊게 모세에게 종속시킨 후에, 여호수아 24 : 1에서는 호렙 산의 모세처럼 하나님이 이스라엘과 맺으시는 계약의 공식적인 중재자가 된다. 이 마지막 장에서 그는 신명기 18 : 15에서 말한 '모세와 같은' 선지자로 자리매김하는 것으로 보인다(그러나 여호수아 1장, "모세가 죽은 후에"의 논의 참조). 그럼에도 불구하고 그렇게 띄우는 것은 모세를 위해서도 의미가 있다는 사실을 기억하는 것이 중요하다. 모세가 계약 중재자의 역할을 받아들인 것은, 백성들이 산에서 하나님의 불을 본다면 그것은 죽음을 의미한다는 사실을 깨달았기 때문이었다. 그 위대한 율법의 수여자는 그가 '백성 중의'(신 18 : 15) 한 개인으로서 그도 역시 하나님의 영광을 보면 죽게 되리라는 것을 알고 있었음에도 불구하고, 하나님과 백성들 가운데 서는 것에 동의했다(Olson, *Deuteronomy and the Death of Moses*, pp. 84-85). 중재자로서의 모세에 대한 묘사는 예언자의 직분을 영감으로 받은 어떤 사람뿐만 아니라 여호수아에게도 적용될 예언자적인 지도력에 대한 두 가지 진실을 제시한다.

첫째, 하나님과 인간공동체 사이의 중재를 하는 사람에게 예배드릴 여지는 없다. 그 사람은 하나님과 사람들 사이에서 인간의 대표자로서 하나님 앞에 선 것이지, 인간에 대해서 신의 대표자로 선 것이 아니다. 인간을 향한 하나님의 불에 죽을 운명이라는 사실은 모든 인간들과 같다. 그들은 흙으로 돌아간다. 둘째, 예언자의 지도력은 권세보다는 섬김에 더 관계가 있고, 중재자의 역할은 죽음에 참여한다(신 1 : 9-18). 분명히 여호수아 24 : 1~28은 여호수아가 하나님의 불을 볼 것이라는 언급은 하지 않으며, 또한 여호수아의 지도력이 그의 죽음을 초래한다고 말하지도 않는다. 마찬가지로 여호수아는 모세처럼 오직 그가 죽을 때에야 '여호와의 종'이라 불리고(수 24 : 29), 그의 지도력에 의해 계약이 체결된 즉시 그의 죽음이 보도된다(수 24 : 29-30).

여호수아 24장에서 계약의 형태

여호수아 24장의 의미는 부분적으로 그 문학적 형태에 있다. 많은 학자들은 1~28절이 모종의 고대 근동 조약들, 특별히 강력한 히타이트 제국이 그 주변의 더 약한 이웃 국가들과 맺은 조약과 비슷하다는 사실을 주목해 왔다. 이 정치적인 조약문에서 히타이트 왕국의 군주는 자비롭게 그의 봉신들과 상호 신뢰에 관한 합의를 시작하는데, 히타이트는 그 봉신들에게 보호를 약속하면서 대가로 충성을 요구한다. 여호수아 24 : 1~28은 내용상 유사하며, 실제로 이 조약들과 동일한 요소들을 포함하고 있다. (1) 2a절에서 여호수아가 여호와께서 말씀하신다고 소개할 때, 그것은 히타이트 조약의 서문과 닮았는데, 거기서 히타이트 왕은 협의의 주권자로 나타난다. (2) 여호와께서 이스라엘에게 어떻게 당신이 현재까지 그들을 세우시고 지켜 오셨는지 상기시키는 것(2b-13절)은 그 조약들의 역사적인 서문과 매우 닮았는데, 거기에서 그 봉신들에 대한 왕국의 자비로운 지원과 보호를 열거한다. (3) 여호수아가 이스라엘에게 하나님께 충성할 것을 촉구하는 것(14-15절)과 그가 규정들을 세우는 것은 봉신들에 대한 왕의 기대 사항들을 담은 히타이트 조약의 단락과 비교된다. (4) 22절과 27절에서 증인들을 언급하는 것은 히타이트 왕이 그 조약을 보도록 신들을 부르는 것과 비교된다. (5) 이스라엘이 믿음을 파기하는 결과에 대하여 여호수아가 경고하는 것은 히타이트 조약에 제시된 저주들과 매우 비슷하다. (6) 결과적으로 여호수아가 그 계약을 써서 전시하는 것에 대한 기록(26-27절)은 그들의 정치적 합의문들을 보존하고, 널리 공포하는 히타이트 조약을 기억나게 한다(그런 문서에 대한 보기는 Pritchard, *Ancient Near Eastern Text*, pp. 203-206 참조).

이러한 연설의 유형은 깊은 의미들을 갖고 있다. 만약 정말로 여호수아서의 이 단락이 세속적인 외교문서의 유형을 따른 것이라면, 그것은 우리가 24 : 1~28을 위대한 통치자이신 하나님과 도움 받을 곳이 없는 봉신에 불과한 이스라엘 사이의 조약으로 읽어야 한다는 사실을 가리킨다. 다시 말해서 그 단락의 형태는 왕권의 은유에서 이스라엘의 계약에 근거를 두고 있다. 조약의 형태는 독자들로 하여금 하나님에 대해서 시적인 이미지로 생각하도록 만든다. 목자와 같은, 구원자와 같은, 그리고 재판장과 같은 그것은 우리로 하여금 이스라엘이 어떻게 인간 왕을 선택함으로써(삼상 8장) 신의 통치를 거절했는지 생각하게 만든다. 그것은 더 나아가서 하나님의 통치로 인간의 삶과 사회의 윤곽을 그리신 예수의 가르침을 제시한다.

그러나 고대 조약과의 유사성에도 불구하고, 24 : 1~28은 그런 완전한 합의문의 기록을 포함하지 않는다. 여호수아서의 이 단락은 이야기이다. 1절은 계약 예식을 소개하면서 그 배경을 제공한다. 28절은 결론을 맺는다. 더 나아가서 합의 그 자체는 단지 부분적으로 나타난다. 이것은 비록 계약 체결 행위가 그렇게 익숙한 합의 형태로 묘사될 수 있지만, 이 단락의 목적이 조약을 보여 주려는 것이 아니라는 사실을 가리킨다. 이 본문은 여호수아가 이스라엘 백성과 맺은 법 조항이나 규정들을 나열하는 것이 아니라 단지 그러한 것들이 만들어졌다는 것만 언급한다(25절). 확실히 만약 저자의 목표가 조약 체결을 보도하는 것이었다면, 그 합의 조항들은 기록되었을 것이다. 덧붙여서 히타이트 조약에 대한 일반적인 비교는 두 가지 점에서 무산된다. (1) 본문은 계약상 하나님이 지실 의무 사항에 대해 아무것도 말하지 않는다. 대신에 그것은 이스라엘의 충성에 대한 동기로(14-15절) 그분이 과거에 베푸신 은혜를 보도하며, 그리고 그것은 만약 이스라엘이 충성하지 않을 경우 그들을 진멸시키는 여호와의 질투를 강조한다. (2) 여호와께서 계약 체결 과정의 한 부분에 계시는지 분명하지 않다. 오히려 24 : 1~28에서 보도하는 그 예식은 자체적으로 부과하는 여호와께 대한 의무 사항을 포함한 것처럼 보인다. 다시 말해서 본문은 만약 24 : 1~28이 어떤 조약 체결을 보도하고 있을지라도, 이스라엘의 순종에 대한 하나님으로부터의 '요구'를 제시하지 않는다. 그러나 이스라엘 자신의 하나님에 대한 의무 이행과 그분과의 관계를 위한 요구가 반영된다. 오히려 여호수아 24 : 1~28은 이스라엘이 여호와 외에는 그 어떤 신들도 섬겨서는 안 된다는 점을 강조하기 위해 조약 체결의 형태를 사용한 것으로 보인다. 이야기의 각 부분은 그 결론을 바라보면서 작용한다. 여호와께서 그 민족들의 신들에게 행하신 과거 역사에 대한 기억(2-13절), 하나님의 백성이 살기 위해서 준수해야만 하는 규정으로써 이스라엘의 여호와 선택에 대한 여호수아의 제안(14-15절), 어떤 신도 섬기지 않겠다는 이스라엘의 확답(16-18절), "이방 신들을 치워 버리고"라는 첫 권면의 반복과 함께 계약을 체결하는 여호수아(23절). 그리하여 조약의 기본 윤곽은 이스라엘에 대한 여호와의 요구 사항의 핵심 요소들을 지키기 위해 사용될 뿐이다.

예식의 내용

여호와께서 베푸신 은혜로운 행사들(2-13절)

계약 예식의 첫 부분은 이스라엘을 향한 여호와의 은혜로운 행위들을 재수집하는 것으로써, 이스라엘의 순종과 완전한 헌신이라는 반응을 이끌어내기 위해 말한다. 이 단락은 신명기 26 : 5~9 ; 시편 78편 ; 105~106편 ; 136편과 닮았으며, 여호수아 24 : 2~13에 대한 많은 연구는 이 텍스트들과의 비교에 집중되어 왔다. 이 각각의 본문들은 이스라엘 선조들에 관한 이야기로 시작하는데, 그들이 어떻게 메소포타미아에서 이주해 왔으며, 마침내 이집트에서 종이 된 것, 그리고 그 본문들은 하나님이 어떻게 이스라엘 백성들을 압제에서 구원하시고, 가나안 땅에 그들을 세우셨는지 회상한다. 이러한 유사성들에 비추어 여호수아 24 : 2~13을 일종의 신조로 생각하는 것은 일반적이 되었다. 말하자면 이 본문이 과거에 하나님이 베푸신 은혜로운 돌보심에 대하여 이스라엘이 믿는 것에 대한 공식적인 진술로 쓰이는 몇 가지 공식들 가운데 하나였다는 것이다(von Rad, *Old Testament Theology*, vol. 1, pp. 121-128).

2~13절에 관한 이 보편적인 유용성의 관점에도 불구하고, 우리는 또한 이 본문의 독특성과 그것이 여호수아서의 정황에 맞추어 형성되었다는 사실에 관심을 기울여야 한다. 이 본문은 그것이 여호와와 다른 신들 사이

에서의 선택을 강조한다는 방식에서 구약성서의 역사적 요약들 가운데 유일하다. 우리는 특별히 이것을 신명기 26 : 5~9의 역사적 요약과 비교해 보는데, 거기서는 오히려 조상들이 가나안을 통과해서 실제로는 애굽에서 살았고, 번성하게 되었다는 사실적인 문제를 이야기한다. "……내 조상은 방랑하는 아람 사람으로서 애굽에 내려가 거기에서 소수로 거류하였더니 거기에서 크고 강하고 번성한 민족이 되었는데" 이 본문이 얼마나 선조들의 행위를 강조하고 있는지 주목하라. "그가 내려갔고", "그가 거기에 살았고", "그는 큰 민족이 되었다". 그러나 여호수아 24 : 3은 성공을 주도하시고, 도우시는 분으로서 훨씬 더 하나님의 이름에 기울어져 있다. "그때 내가 강 건너편에서 너의 조상 아브라함을 택하고", 가나안 땅을 통과하도록 "그를 인도하여", "그의 자손을 번성하게 만들었다". 정말로 2~13절을 읽는 것은 이스라엘을 위한 하나님 행사에 대한 진술로 말미암아 압도되는 것이다. "내가 택했다.", "내가 주었다.", "내가 보냈다.", "내가 이끌어 냈다.", "내가 넘겨주었다.", "내가 구원했다.", "내가 주었다". 이스라엘을 형성하는 데 있어서 하나님의 주도권에 대한 강조는 다른 신들에게 예배하는 것이 어리석은 짓이라는 더 큰 논의에 대한 근거를 제공하는데, 이 하나님이 이스라엘의 존재를 전적으로 책임지시기 때문이다. 2~13절은 그 뒤를 따르는 "오늘날 너희가 섬길 자를 선택하라"(15절)라는 명령에 대한 강력한 전주곡이다.

2~13절에서 하나님의 행사를 묘사하는 동사들은 인간의 행위를 표현하는 용어들에 비해 두드러진다. 인간의 행위를 전해 주는 단어들은 여호와의 활동을 필요하게 만들고(다른 신들을 섬기는 것, 2절 ; 애굽으로 내려간 것, 4절), 하나님의 반응에 대한 이스라엘 대적들의 행위(6, 8, 9, 11절), 또는 단순히 그 이야기를 따라 움직이는 "유브라데(역자주) 건너편에 살았다"(2절) 또는 "광야에서 거주하였느니라"(7절)와 같은 해가 되지 않는 행위 등을 유발하는 이스라엘의 오도된 행위를 묘사한다. 확실히 복과 구원을 초래하는 모든 목적 있는 행위는 전적으로 여호와의 것이다. 이 메시지는 혼자 힘으로 활동하는 것이 불가능한 이스라엘과 하나님의 도우심을

비교하는 방식으로 결과적으로 13절에서 납득된다. “내가 또 너희가 수고하지 아니한 땅과 너희가 건설하지 아니한 성읍들을 너희에게 주었더니 너희가 그 가운데에 거주하며 너희는 또 너희가 심지 아니한 포도원과 감람원의 열매를 먹는다 하셨느니라” 그리하여 여호수아 24 : 2~13은 이스라엘이 하나님의 섭리와 보호 받는 여정에 있다는 것과 이스라엘의 성공은 직접적으로 완전히 하나님의 공로라는 사실을 묘사한다.

2~3절은 특별히 하나님의 전능하신 행위를 요약한다는 점에서 중요하다. 왜냐하면 메소포타미아에서의 조상들의 역사와 선조들이 한때 다른 신들에게 예배했다는 사실을 이곳이 유일하게 말하고 있기 때문이다. 이러한 우상의 배경이 주어진 것에 관하여, 고대 주석가들은 하나님이 왜 아브라함을 ‘강 건너편으로부터’ 이끌어 내셨는지 궁금하게 여겼다. 아브라함이 그의 아비 데라와 그의 형제 나홀이 섬기던 우상을 거절했다는 것이 가능하지 않았을까? 그의 유일신적인 경향들 때문에 하나님이 아브라함을 선택하려는 동기를 갖게 된 것이 아닐까? 어떤 고대 독자들은 그렇게 생각했다. 「아브라함의 묵시」(*Apocalypse of Abraham*, 히브리어 제목은 sefer yêṣîra〈세페르 예찌라〉로 알려져 있는데, 우리말로 보통 「창조의 서〈書〉」라고 번역한다.-역자주)로 알려진 외경 문서는 아브라함이 우상숭배를 조롱했다고 보도한다. 이 책에 따르면 아브라함은 우상숭배가 무생물에 대한 우스꽝스러운 헌신이라고 생각했으며, 이 확신이 아브라함으로 하여금 그 아비의 신들을 파괴하는 일을 추진하도록 만들었다(참조. *the Apocalypse of Abraham*, 제1, 3장). 이 이야기들은 매혹적이지만, 이것들은 여호수아 24 : 2~3 안에서 명백하게 의도되지 않은 정보들을 읽고 있으며, 더 나아가서 그런 이야기들은 대체로 핵심을 놓치게 한다. 여호수아 24장 본문은 아브라함이 ‘다른 신들’과의 관계를 끊게 된 것은 하나님이 주도하신 것이지, 아브라함의 통찰력 있는 우상 거부에 의한 것이 아님을 알려 준다. 이것은 우리가 여호수아 24 : 3을 이스라엘을 위한 하나님의 행사를 요약하고 있는 다른 구약성서 본문들과 비교할 때 특히 분명해진다. 이스라엘의 구원사를 노래하고 있는 다른 본문들에서 이스라엘을 애굽에서 구원하신

것이 여호와께서 처음 행하신 일이라고 말한다. 반면에 여호수아 24 : 3은 멀리 그 조상들이 메소포타미아에 살았던 시기까지 거슬러 올라간다. "내가 너희의 조상 아브라함을 강 저쪽에서 이끌어 내어……." 그 의미는 만약 하나님이 아브라함에게 유일하신 분에게 헌신하도록 촉구하지 않으셨다면, 그는 계속해서 그의 아비의 신들을 섬겼을 것이라는 뜻이다. 그래서 이스라엘은 심지어 아브라함의 믿음조차도 자랑할 수 없었다. 그것 또한 하나님의 은혜 덕택이었던 것이다.

충성에 대한 당부와 이스라엘의 반응(14-18절)

여호수아가 이스라엘에게 한 당부는 두 개의 명령문으로 시작된다. "여호와를 경외하라"(NRSV 'revere'), 그리고 "그를 섬기라"(14절). 때때로 구약성경에서 "여호와를 경외하라."는 것은 신의 현현이나(출 20 : 18 ; 신 5 : 5) 또는 역사적 사건 가운데 나타난 하나님의 능력을 증거하도록(사 25 : 3) 직면한 사람의 반응을 언급한다. 그러나 여기에서 '경외하라'는 은유적으로 사용된다. 그것은 문자적인 떨림 또는 겁에 질리는 것을 가리키지 않는다. 대신에 그 용어는 헌신과 복종으로 이끄는 경외심(reverence)을 말한다. 그럼에도 불구하고 두려움의 문자적 개념은 시각적 표현을 위한 배경을 제공하며, 하나님께 의탁한 믿음의 사람들을 부르는 모종의 필수적인 양상이다. '여호와를 경외'하는 것은 하나님의 요구 사항들의 규모를 인식하는 것이며, 친구가 친구에게 하듯이 통상적으로 하나님께 접근하는 것이 아니고, 왕에게 부복하듯이 경건하게 다가서는 것이다. 여호수아 24 : 14에서 '두려움'이란 절대적인 신앙을 다짐하는 마음 자세를 가리킨다.

이스라엘에 대한 여호수아의 명령에서 '두려움'이란 단어가 중요한 만큼, '섬기라'는 명령도 이 본문을 주도한다. 이 용어는 14~18절에서 아홉 번 나오는데, 24장 후반부에서 다섯 번 더 나타난다. 이 단어는 두 가지 주요한 신학적 의미들을 갖고 있는데, 두 가지 다 이 단락을 이해하는 데 중요하다. 첫째, 여호수아 24장에서 '섬기다'는 명백하게 "~에 헌신하다."라는 의미를 갖는다. 이 동사는 '진심으로', 그리고 '충성되게'라는 표현으로 수식된다. 완전한 헌신에 관한 이 묘사는 '마음을 다하고 성품을 다하여' 섬기기를 촉구하는 신명기 10 : 12에 나오는 동사의 용법과 매우 닮았는데, 전 존재가 하나님께 대한 헌신의 증거가 된다. 그것은 그 동사가 같은 어근의 보통 형태가 '노예' 또는 '종'을 의미한다는 사실을 밝혀준다. 노예에 대한 은유는 그것이 아마도 그 어떤 인간관계보다 분명하게 전적인 '소유권'을 말한다는 점에서 도움이 된다. 주인이 마음대로 처분할 수 있고, 전혀 독립적이지 않으며, 주인이 부여하지 않는 한 자유를 가질 수도 없는 노예라는 신분은 14~15절에서 촉구하는 전적인 헌신의 올바른 모델이며, 그것이 16~18절에서 이스라엘이 약속하는 내용이다. 이런 의미에서 모세와 여호수아를 '여호와의 종'(servant, 수 1 : 1 ; 24 : 29)이라 부르는 것이며, 사도 바울은 자기 자신을 '예수 그리스도의 노예'(slave)(롬 1 : 1 ; 빌 1 : 1 ; 한글성경에서는 사도 바울 역시 '종'이라는 표현을 사용하지만, 저자는 모세와 여호수아에게 사용한 servant 대신 헬라어 '둘로스'라는 단어의 뉘앙스를 살려 바울에게는 slave를 사용했다. 그 사실을 강조하고자 역자는 '노예'라고 옮겼다.-역자주)라고 표현했다. 그러나 인간 노예와 달리, 여호수아 24 : 14에서 말하는 노예(servitude)는 억압을 받지 않는다. 대신에 그것은 생명과 복을 충분히 인식하도록 이끌어 준다. 그럼에도 불구하고 하나님을 섬기는 것은 제한되어 있으며, 그러한 섬김에 부여된 제한들은 14절의 구조에서 교통된다. 여호와를 섬기라는 명령들은 거의 문장의 처음과 끝에 나타나고, 이 두 가지 명령문들 사이에 "너희의 조상들이 강 저쪽과 애굽에서 섬기던 신들을 치워 버리고"라는 추가적인 당부가 있다. 그리하여 여호와를 섬기는 것은 다른 신들을 '섬기지 않는 것'을 의미한다. 이것은 더 나아가 15절에서 여호수아가 다음과 같이 선언하는 것으로 강조된다. "너희가 섬길 자를 오늘 택하라"

'섬기다'라는 동사의 구약성서 두 번째 용법은 성소에서 제의를 수행하는 것을 언급할 때이다(민 8 : 11). 그 단어의 이런 용법은 첫 용법이 내적인 헌신을 가리키는 반면, 규정대로 준수되어야 하는 외적인 행위를 말하는 것이다. 대부분의 기독교인 독자들은 제의 행위가 섬기는 일임을 평가절하하는데, 부분적으로는 몇몇 구약성서의 예언자들이 진정한 헌신과는 거리가 먼, 이스라엘의 제사가 한때 공허하게 되었을 때의 그런 '섬김'을 비판했기 때문이다(사 43 : 23-24). 확실히 여호수아 24 : 14~18은 '섬기다'라는 용어를 하나님께 내면적으로 헌신할 것을 언급하는 첫 번째 의미로 사용하고 있다. 그러나 내면적인 헌신은 너무 공허하고, 모호하고, 측정이 불가능하기 때문에, 그것은 무의미하다. 아마도 그런 이유 때문에 14절은 창세기 35 : 2~4을 상기시키는데, 거기서 야곱은 우상들을 모아서 묻어 버리는 예식을 주도한다(창 35 : 4). 여호수아 24 : 14은 전적인 헌신의 표시로써 여호와께 도전하는 그 신들을 버리는 예식을 가리킬 수도 있다. 이것은 하나님에 대한 믿음을 약화시키는 그 설득력 있는 사회적, 문화적 영향력을 거절하기 힘든 현대인 신자들을 위해 중요해질 수 있다. 여호수아 24 : 14은 헌신이 예식으로 구체화될 때, 더욱 의미 있을 수 있는데, 우상을 묻어 버리는 실천하는 믿음뿐만 아니라 그것은 또한 대중 앞에서 어떤 이의 행위를 선포하는 것이기도 하다.

16~18절에서 이스라엘은 2~13절에 나오는 여호와의 말씀으로부터 빌려 온 신학적인 진술과 함께 선택을 명령하는 여호수아에게 반응한다. 이 반응은 이스라엘이 다른 신들을 섬긴다는 모든 생각조차 버리겠다는 것으로 시작한다. 여기서 '섬기다'와 '버리다'라는 단어가 짝을 이루는데, 다른 신들을 섬기는 것이 배교라는 사실을 인식시키기 위해서이다(16절). 그때 이스라엘은 하나님께 대한 헌신을 지속할 수 있는 동기를 부여 받는데, 말하자면 여호와께서는 과거에 이스라엘의 구원자였으며, 현재에도 그들을 위해 전능하신 행위들을 계속해서 수행하신다는 동기이다(17-18절). 이러한 믿음의 확신은 말하는 사람들이 자신들을 애굽에서 이끌어 냄을 받고, 광야에서 구원 받은 사람들 가운데에 포함시킨다는 점에서 2~13절을 반영한다(5-10절). 실제로 그들은 출애굽을 경험하지 않은 세대에 속하지만, 그들의 구원은 그 선조들의 것과 밀접하게 연결되어 있다. 18절은 15절에 나오는 여호수아의 선포를 반복하면서 "우리도 여호와를 섬기리

니"라고 이스라엘이 대답하는 것과 "그는 **우리** 하나님이심이니이다"라는 확신을 나누는 것으로 결론 맺는다. 여기서 이스라엘 백성들은 그들이 여호와께 대한 절대적인 헌신에 있어 여호수아 편에 서 있음과 14~15절에 나오는 여호수아의 당부에 대한 반응으로써 여호와 선택의 틀을 이루겠다는 것을 분명하게 진술한다.

"너희가 여호와를 능히 섬기지 못할 것은"(19-27절)

이스라엘 백성들이 여호와를 섬기겠다는 자신들의 소망을 그럴듯하게 확실히 답변한 것에 대해서 여호수아는 주목할 만한 대꾸를 한다. "……너희가 여호와를 능히 섬기지 못할 것은……"(19절). 그 변환은 갑작스럽게 보이고, 그 어조는 14~18절과 너무 달라서 많은 학자들은 19~24절이 후대의 편집자에 의해 추가되었다고 주장해 왔었다. 그러나 자세히 살펴보면 이 단락은 앞의 구절들과 매끄럽게 이어질 뿐만 아니라 14~18절에 나타난 생각들을 완벽하게 표현한다. 실제로 19~24절은 여호와를 섬긴다는 것이 무엇인지, 그리고 왜 그것이 어려운 일인지 매우 정교한 설명이 제시되었던 앞 장에 나타난 하나님에 관한 개념을 채워 주고 있다. 여호수아는 "그는 거룩하신 하나님이시요"(19a절)라는 첫 번째 말로 여호와를 섬기는 것이 불가능함을 설명한다. '거룩'은 창조된 모든 나머지 것들과 하나님을 구별시키는 단어이다. 이스라엘에게 행한 여호수아의 연설 정황에서 그것은 또한 여호와께서 당신을 섬기게 될 인간으로부터 지속적인 관심을 요구하신다는 사실을 의미한다. 트렌트 버틀러(Trent Butler)는 하나님의 거룩하심에 대한 요구를 하나님의 엄위하심(numinous)과 신비로운 특성에 감동 받은 인간의 말 속에 놓았다(*Joshua*, p. 275). 예배자가 너무 감동을 받았기 때문에 그 사람 또는 그녀는 하나님의 그 순전하심을 모방하려고 시도하지만, 그렇게 하는 것이 불가능하다는 사실을 깨닫게 될 것이다. 이것이 여호와의 거룩하심 때문에 이스라엘은 여호와를 섬길 수 없다고 여호수아가 말할 때, 적어도 여호수아서가 의미하는 부분이다.

여호수아는 더 나아가서 "질투하시는 하나님이시니"(19b절)라는 말로써 여호와를 섬기는 것이 불가능함을 정의한다. 여기에는 "하나님에 관한 구약성서 전체의 개념 가운데 기본적인 요소가" 놓여 있다고 어떤 구약 신학자가 적절하게 말한 것이 있다(Eichrodt, *Theology of Old Testament*, p. 210). 질투란 매우 특징적인 이스라엘 하나님의 성품이라 그것은 출애굽기 34 : 14에서 선언하듯이(질투라 이름 하는), 일종의 공식적인 칭호로 쓰인다. 이스라엘이 버려야만 하는 다른 신들로부터 하나님을 구별하는 것이 하나님의 질투에 가깝다. 고대 근동의 다신교에서 사람들은 많은 신들에게 예배하고, 제사를 지냈으며, 그들이 줄 수 있다고 생각되는 것을 위해 그 신들의 이름으로 간구했을 것이다. 이 신들은 질투하지 않았다. 왜냐하면 그들에게 헌신하는 자들은 또한 다른 신들도 섬기고 있었기 때문이었다. 이스라엘의 하나님은 유일하시다. 이스라엘의 하나님은 절대적인 헌신을 기대하신다. 이러한 급진적 기대의 본질과 그것이 고대 신앙체계에서 유일무이한 것이었음을 이해하기 위해서는, 좀더 일반적인 단어 '질투하는'(jealous) 보다는 '열성적인'(zealous)이라는 단어를 더 정확하게 알아야 한다. 영어 단어 'zeal'(열심)은 하나님 본성의 한 측면과 통하는데, 다른 용어는 없다. 말하자면 하나님은 단지 이스라엘이 다른 신들을 따를 때 질투하시는(jealous) 것이 아니라 또한 이스라엘과 맺은 관계의 본질과 깊이에 대해서 열성이 있으시다(zealous). 이스라엘의 하나님은 그 백성들에게 그분과 온전히 사귀자고 요구하시며 삶의 모든 측면에서 그분의 순전함을 드러낼 것을 요구하신다. 이러한 이유 때문에 여호수아는 이스라엘 백성들이 하나님의 요구를 충족할 수 없다고 말하는 것이다. 이 기대는 여호수아가 이스라엘과 맺는 법과 규례를 조망한다(25절). 즉, 이스라엘이 단순히 법률 조항에만 매달려서는 하나님께 계약의 의무를 완수할 수 없다는 것이다. 오히려 특별한 법조문들은 모든 말과 행동에서 이스라엘이 하나님의 거룩하심을 나타내야 한다는 더 커다란 의무에 대한 구체적인 보기들이었던 것이다. 여호와의 열심에 대한 같은 선언이 출애굽기 20 : 5과 신명기 5 : 9의 첫 계명에 대한 설명에 나타난다. 하나님에 대한 이 묘사는 구약의 신앙이 율법적이라는 모든 관념을 쫓아 버린다.

정말로 그것이 여호와께 완전히 헌신하는 외적인 표현으로써 그 계명들의 틀을 이룬다. 비슷한 방식으로 예수는 하나님에 대한 절대적인 사랑이 모든 계명들의 요약이라고 선언하셨다(마 22 : 36-40 ; 막 12 : 28-34 ; 눅 10 : 25-28). 여호수아는 하나님이 요구하시는 것처럼 사람이 완전히 하나님께 헌신하는 것은 불가능하다는 사실을 명확하게 밝힌다.

하나님의 열심(zealousness), 그리고 그것에 수반하는 관계에 대한 기대는 아마도 단지 비유로만 이해할 수 있을 것이다. 현대인들을 위한 적절한 비유는 어떤 사람과 열정적인 애인과의 관계이다. 만약 그 관계가 결혼 약속에 이른다면, 어떤 공식적인 합의가 적용된다. 그러나 애인에 대한 의무는 조항들을 기계적으로 지킨다고 완수되지 않는다. 결혼식날 마지막 순간에 배우자에게 "나는 간음을 하지 않았으므로 오늘 당신에 대한 나의 의무를 완수했소."라고 말하는 어떤 파트너가 있다고 터무니없는 상상을 해 보라. 관계란 법률적으로는 결코 채울 수 없는 복합적인 사랑의 표현을 요구한다. 더군다나 만약 그 짝이 관계를 무시하거나 부정한다면, 애인의 열정은 자연스럽게 분노로 표현될 것이다.

이러한 계약의 관계적인 특성은 하나님의 질투(jealous)에 대한 경고에도 불구하고 왜 여호수아가 이스라엘 백성들로 하여금 그 관계에 들어가도록 했는지 설명해 준다. 여호수아의 경고의 말을 따르는 것은 거의 여호수아와 이스라엘 백성들 사이에서 교대로 부르는 노래이다. 백성들은 또다시 그들이 여호와를 섬길 것이라고 선언한다(21절). 여호수아는 그들에게 만약 그들이 다른 신들에게 돌아서면, 그 약속이 효과적으로 거기에 대한 증거가 될 것임을 일깨워 주고, 백성들은 그 사실을 인식한다(22절). 다음에 여호수아는 이스라엘 백성들에게 또다시 "이방 신들을 치워 버리라"고 명령한다(23절 ; 참조. 14절). 마침내 백성들은 또다시 선언하며 "우리 하나님 여호와를 우리가 섬기고" 그리고서 새로운 약속을 덧붙인다. "그의 목소리를 우리가 청종하리이다"(24절). 이러한 상호 행위 안에 이스라엘로 하여금 하나님을 섬기게 하거나 또는 하나님의 요구 사항을 누그러뜨리는 것을 가능하게 하는 무엇인가가 있는가? 백성들은 그들이 다른 신들을 버리겠다는 예식을 수행하는데, 조상들의 신들이 아니라 그 예식의 시대에 이스라엘 백성들 '가운데' 있는 이방 신들이다. 그러므로 그들은 과거의 배교가 아니라 하나님을 떠나게 만드는 현재의 유혹을 피하겠다고 약속하는 것이다. 그러나 여기서 이스라엘의 행동에 대한 가장 중요한 열쇠는 여호와께 순종하겠다는 약속이다. 그 구절을 히브리어로 문자적으로 읽으면, "그의 목소리를 우리가 청종하리이다"(24절). 이 표현은 한 번 더 계약의 관계적인 면을 지적하고 있다. 이스라엘 백성들은 하나님께 대한 헌신을 완전히 표현할 수 없지만, 계약의 관계 안에서 그들은 지속적으로 하나님과 대화할 수 있다. 그 대화에서 여호와께서 그들이 하나님을 섬기는 것이 불가능함을 인식하실 때, 그들은 하나님의 은혜를 경험한다. 19~24절의 수사학적인 효과는 이스라엘이 계약 안에서 은혜 아래 서 있다는 것이다. 이것은 인간이 비록 하나님의 심판에 대해서는 '불가'(No)이지만, 하나님의 공의에 대해서는 '인가'(Yes) 아래 있다는 칼 바르트(Karl Barth)의 표현과 유사하게 보인다(*Church Dogmatics* Ⅳ, pp. 591-592). 여호수아 24 : 19~24은 비록 하나님의 '불가'(No)는 항상 있을 것임에도 불구하고, 하나님이 주시는 하나님의 '인가'(Yes)를 인식한 것처럼 보인다. 그것이 바로 친밀, 헌신, 충성을 위해 열성적인(zealous) 사람과의 관계의 본질이다.

질투의 하나님과 기독교 신앙

여호수아 24장은 현대교회에게 강력하게 말한다. 특별히 스스로를 계약공동체로 인식하는 교회의 지체들에게 본보기를 제공한다. 여호수아는 이스라엘과 하나님을 계약관계로 연결시키려고 할 때 조상들이 선택받았다는 것은 충분하지 않으며, 오히려 약속의 자손들이 자의식을 갖고 결정해야만 하며, 자신들의 부모들을 헌신자로 삼으신 하나님을 따르겠다고 공식적으로 선언해야 한다고 주장한다. 오늘날의 교회는 마찬가지로 진지하게 세례와 고백에 접근해야 한다. 그러나 이 장에서 교회들에게 가장 중요하다고 촉구하는 것은 하나님에 대한 특별한 관점이다. 여호와의 주요한 특성은 하나님을 섬기려고 하는 자들에게 향한 열성인데, 그것은 하나님을 평범하게 다루거나 편리하게 생각할 때 그분 섬기는 것을 불가능하게 만든다. 오히려 이 하나님은 완전한 헌신을 요구하며, 하나님의 요구는 이 요구에 부응하지 않는 자들에게 위협을 가져온다.

여호수아 24 : 1~28(1-3a, 14-15절) 부분은 말씀 강독 주기의 마지막이나 거의 끝에 사용된다. 그러므로 여호와를 선택하도록 부르는 것이 적절하게 교회에서 그리스도의 탄생을 축하하는 것 다음에 오며, 그분의 십자가 희생을 묵상하고 그분의 부활을 또다시 선언한다. 여호수아가 이스라엘에게 "오늘날 너희가 섬길 자를 선택하라."고 부른 것은 또한 현대의 신앙공동체를 부르는 것이다. 기독교인들은 순종을 위한 동기로서 이스라엘을 위해 베푸신 하나님의 은혜로운 행위들을 생각해야만 한다(24 : 2-13). 그러나 교회력에서 본문의 말씀 강독 주기상의 위치는 여호와를 선택하기 위한 우리의 주된 증거는 그리스도 안에서 행하신 하나님의 전능하신 행위들임을 제안하며, 적절하게도 요한복음 6 : 56~69이 여호수아 24 : 1~3a, 14~15과 짝을 이루는 신약 본문의 하나다. 요한은 예수의 제자들 가운데 많은 사람들이 그분의 급진적인 말씀을 받아들일 수 없었기 때문에 그분 따르기를 멈추었다고 보도한다. 그러나 예수가 그의 열두 제자에게 그들도 떠나느냐고 물으셨을 때, 베드로는 대답한다. "주여 영생의 말씀이 주께 있사오니 우리가 누구에게로 가오리이까"(요 6 : 68).

2~13절에 나오는 이스라엘을 향한 하나님의 은혜스러운 것에 대한 요약은 신의 은총에 관한 교회의 교리에 대해서 강력하게 말한다. 이미 주목했듯이, 이 본문에서 이스라엘 역사의 배경은 이스라엘 혼자 힘으로 아무것도 하지 않았다는 관점에서 형성된 것이다. 여기서 하나님 은총의 주된 표시인 그 땅은 전적으로 하나님의 행사 때문에 이스라엘에게 주어졌다. 여호와께서는 가나안 땅을 취한 것이 "너의 칼과 너의 활로 말미암지 않았다."고 선언하신다(12절). 그러나 본문은 하나님의 절대적인 권한에 대한 그 진술에서 이스라엘은 그 땅 소유를 가능하게 만들었던 자신들 기원의

가장 미숙한 단계에서조차 하나님을 의지했었다고 선언하는 데까지 훨씬 더 나아간다. 그 요약은 어거스틴이 나중에 예정된 은혜라고 불렀던 것을 지지하는데, 그것은 창조주에게 돌아가려는 결심의 바로 그 원리가 하나님이 처음에 인간의 의지에 부여하신 돌아가고자 하는 소망과 능력의 결과라는 것이다(*Saint Augustine : Letters*, vol. 5, no. 217).

그러나 많은 독자들은 이 본문에서 큰 충격을 받지 않는데, 주기적인 말씀 강독 본문들 가운데 오직 한군데만 19~25절을 포함하고 있기 때문이다. 여호수아서에서 신학적으로 매우 비중이 큰 이 단편이 만들어 내는 것은 은혜를 베푸시는 하나님의 주도권에 대한 강조가 하나님의 질투와 엄중한 요구에 대한 진술로 보완되고 완화된다는 것이다. 실제로 19~24절은 택함 받은 백성을 따뜻하고 안락하게 해 주는 하나님의 불이, 만약 그들이 비신앙적일 때는 또한 그들을 다 태워 버릴 수도 있음을 보여 준다. 주기적인 말씀 강독에서 19~24절을 생략한 것은 불행이다. 왜냐하면 하나님의 질투에 대한 경고는 하나님의 구속사적 행사들(2-13절)과 여호와를 섬기라고 부르신 것(14-15절)에 대한 중요한 틀을 주기 때문이다. 비록 이방신들을 섬기는 것에 대한 멸절의 위협(20절)이 지나치게 거슬릴 수도 있지만, 그것이 이스라엘로 하여금 하나님과의 계약 안으로 들어가는 것은 친밀한 관계 속으로 들어가는 것임을 상기시켜 준다. 그 화합의 유익은 만약 신뢰 관계에 금이 간다면, 동반자의 분노라는 그 모험 없이는 즐길 수 없다. 하나님에 대한 어떤 대중적인 관념들은 하나님의 요구 사항들과 하나님과의 관계 유지에 대한 본질적인 위협들을 배제한다. 그러나 하나님과의 계약 묘사에서 19~24절을 배제했을 때 남게 되는 것은 신과의 관계에 대한 빈약한 사상이다. 교회는 우리가 여호수아 24장, 특히 19~20절에서 발견하는 모습에 대항해서 하나님의 특성에 대한 교회의 선포를 저울질할 필요가 있다. 교회가 너무 자주 성서보다는 계몽주의 이상에 더 영향을 받은 하나님에 대한 이해를 장려하고 있다. 실제로 이 본문의 질투하시는 하나님은 멀리 떨어져 '시계 만드는 신'(일단 만들어 놓은 다음에는 일체 간섭하지 않고 저절로 작동되도록 한다는, 신에 대한 이해 방식 가운데 하나를 나타내는 표현-역자주)이 되기를 좋아하는 것과는 종종 거리가 먼데, 하나님에 대한 이 보편적 인식은 신성으로 하여금 심판 없는 사랑으로, 기대 없는 친절로 보이도록 한다. 그런 하나님(a God)은 열정이 없으나, 여호수아의 하나님은 열정을 갖고 있다. 더욱이 그 본문은 이 질투하시는 하나님이 이스라엘에게 마찬가지로 열정적일 것을 기대하신다고 암시한다. 첫 계명에 대한 논쟁에서 웨스트민스터 신앙고백은 그 명령을 수행하기 위한 기대 사항들 가운데에 적절하게도 '질투하기'를 목록에 올렸다(*The Constitution of the Presbyterian Church* 〈*U. S. A*〉, Part I, *Book of Confession* 7. p. 214). 사실상 하나님의 질투에 대한 암시는 믿음의 사람도 하나님을 위해 질투해야 한다는 것이다. 어느 때에도 하나님과의 관계에 자동 항법 조종 장치를 설치할 수는 없고, 어떤 방법으로도 그 관계에 대한 요구 사항들이 어떤 윤리 조항에도 들어맞을 수는 없는데, 비록 그러한 조항이 하나님의 기대 사항들에 관한 묘사와 깨우침에 유용하다 할지라도 그렇다. 이 하나님과 관계를 맺고 있는 사람은 반드시 삶의 매 순간마다, 하나님에게 충성할 것인지 아니면 거기에 대항하는 현실에 굴복할 것인지를 선택해야만 한다. 총체적으로, 하나님의 질투하심은 믿음의 사람에게 "너는 마음을 다하고 뜻을 다하고 힘을 다하여 네 하나님 여호와를 사랑하라"(신 6 : 5)고 요구한다. 이 메시지가 여호수아서의 핵심이요, 복음의 핵심이다.

참고문헌

연구 서적

Auld, A. Graeme. *Joshua, Moses, and the Land : Tetrateuch-Pentateuch in a Generation since 1938*. Edinburgh : T. & T. Clark, 1980.

______. *Joshua Retold : Synoptic Perspectives*. Old Testament Studies. Edinburgh : T. & T. Clark, 1998.

Boling, Robert and G. Ernest Wright. *Joshua*. Anchor Bible 6. New York : Doubleday, 1982.

Bright, John. *A History of Israel*. 4th ed. Louisville, Ky. : Westminster John Knox Press, 2000.

Butler, Trent C. *Joshua*. Word Biblical Commentary, vol. 7. Waco, Tex : Word Books, 1983.

Calvin, John. *Commentaries on the Book of Joshua*. Grand Rapids : Wm. B. Eerdmans, 1948.

Campbell, Antony F. and Mark A. O'Brien. *Unfolding the Deuteronomistic History : Origins, Upgrades, Present Text*. Minneapolis : Fortress Press, 2000.

Davis, Ellen F. "Critical Traditioning : Seeking an Inner Biblical Hermeneutic." *Anglican Theological Review* 82(2000) : 733-751.

Fretheim, Terence. *Deuteronomic History*. Nashville : Abingdon Press,

1983.

Gottwald, Norman. *The Tribes of Yahweh : A Sociology of the Religion of Liberated Israel, 1250–1050 B. C. E.* London : SCM Press, 1980.

Greenspoon, L. J. *Textual Studies in the Book of Joshua.* Harvard Semitic Monographs 28. Chico, Calif. : Scholars Press, 1983.

Hawk, L. Daniel. *Joshua.* Berit Olam : Studies in Hebrew Narrative and Poetry. Collegeville Minn. : Liturgical Press, 2000.

Mayes, A. D. H. *The Story of Israel between Settlement and Exile.* London : SCM Press, 1983.

Mazar, Amihai. *Archaeology of the Land of the Bible, 10,000–586 B. C. E.* New York : Doubleday, 1990.

McBride, S. Dean, Jr. "Polity of the Covenant People." *Interpretation* 41(1987) : 229–244.

Nelson, Richard D. *The Historical Books.* Nashville : Abingdon Press, 1998.

______. *Joshua, A Commentary.* Old Testament Library. Louisville, Ky. : Westminster John Knox Press, 1997.

______. "Josiah in the Book of Joshua." *Journal of Biblical Literature* 100(1981) : 531–540.

Niditch, Susan. *War in the Hebrew Bible : A Study in the Ethics of Violence.* New York : Oxford University Press, 1993.

Noth, Martin. *The Deuteronomistic History.* Journal for the Study of the Old Testament Supplement Series 15. Sheffield : Sheffield Academic Press, 1981.

Polzin, Robert. *Moses and the Deuteronomist : A Literary Study of the Deuteronomistic History.* New York : Seabury Press, 1980.

Rad, Gerhard von. *The Problem of the Hexateuch and Other Essays.* Edinburgh : Oliver & Boyd, 1996.

Soggin, J. Alberto. *Joshua, A Commentary.* Old Testament Library. Philadelphia : Westminster Press, 1972.

Stone, Lawson G. "Ethical and Apologetic Tendencies in the Redaction of the Book of Joshua." *The Catholic Biblical Quarterly* 53(1991) : 25–36.

Van Seters, John. *In Search of History. Louisville.* Ky. : Westminster John Knox Press, 1982.

______. "Joshua's Campaign of Canaan and Near Eastern Historiography." *Scandinavian Journal of the Old Testament* 2(1990) : 1–12.

Wenham, G. J. "The Deuteronomic Theology of the Book of Joshua." *Journal of Biblical Literature* 90(1971) : 140–148.

인용된 문헌

Albright, William Foxwell. *The Excavation of Tell Beit Mirsim.* Vol. 3, *The Iron Age.* New Haven, Conn. : American Schools of Oriental Research, 1943.

Auld, A. Graeme. *Joshua, Judges, and Ruth.* Daily Study Bible. Philadelphia : Westminster Press, 1984.

______. *Joshua, Moses, and the Land : Tetrateuch–Pentateuch in a Generation since 1938.* Edinburgh : T. & T. Clark, 1980.

Barth, Karl. *Church Dogmatics.* Ⅳ, *The Doctrine of Reconciliation,* Part 1. Edinburgh : T. & T. Clark, 1956.

Berkhof, Hendrikus. *Christian Faith : An Introduction to the Study of the Faith.* Translated by Sierd Woudstra. Grand Rapids : Wm. B. Eerdmans, 1979.

Bettenson, Henry, ed. *Documents of the Christian Church.* 2d ed. Oxford :Oxford University Press, 1963.

Brueggemann, Walter. *Revelation and Violence : A Study in Contextualization.* Milwaukee : Marquette University Press, 1986.

Butler, Trent C. *Joshua.* Word Biblical Commentary, vol. 7. Waco, Tex. : Word Books, 1983.

Callaway, Joseph A. "Ai." In *Anchor Bible Dictionary.* Edited by David Noel Freedman. 6 vols. New York : Doubleday, 1994.

Calvin, John. *Commentaries on the Books of Joshua.* Grand Rapids : Wm. B. Eerdmans, 1948.

Childs, Brevard S. "A Study of the Formula 'Until This Day.'" *Journal of*

Biblical Literature 82(1963) : 279–292.

Cross, Frank Moore. *Canaanite Myth and Hebrew Epic : Essays in the History of the Religion of Israel.* Cambridge, Mass. : Harvard University Press, 1973.

Davis, Ellen F. "Critical Traditioning : Seeking an Inner Biblical Hermeneutic." *Anglican Theological Review* 82(2000) : 733–751.

Eichrodt, Walther. *Theology of the Old Testament.* Philadelphia : Westminster Press, 1961.

Fretheim, Terence. *Deuteronomic History.* Nashville : Abingdon Press, 1983.

Ginsberg, Louis. *The Legends of the Jews.* 6 vol. Philadelphia : Jewish Publication Society of America, 1913.

Gottwald, Norman. *The Hebrew Bible : A Socio–Literary Introduction.* Philadelphia : Fortress Press, 1985.

Gustafson, James M. *Treasure in Earthen Vessels : The Church as a Human Community.* New York : Harper & Bros., 1961.

Hawk, L. Daniel. *Joshua.* Berit Olam : Studies in Hebrew Narrative and Poetry. Collegeville, Minn. : Liturgical Press, 2000.

Henry, Matthew. *An Exposition of the Old and New Testaments.* Vol. 2. Edinburgh : C. MacFarqhar and Co., 1708.

Hoffman, Yair. "The Deuteronomistic Concept of the Herem." *Zeitschrift für die alttestamentliche Wissenschaft* 111(1999) : 196–210.

Holladay, John S., Jr. "The Day(s) the Moon Stood Still." *Journal of Biblical Literature* 87(1968) : 166–178.

Kierkegaard, Søren. *Philosophical Fragments.* 2d ed. Translated by D. F. Swenson. Princeton, N. J. : Princeton University Press, 1962.

Mays, James Luther. "Justice : Perspectives from the Prophetic Tradition." *Interpretation* 37(1983) : 5–17.

Mazar, Amihai. *Archaeology of the Land of the Bible, 10,000–586 B. C. E.* New York : Doubleday, 1990.

McBride, S. Dean, Jr. "Polity of the Covenant People." *Interpretation* 41(1987) : 229–244.

McCarthy, Dennis J. "An Installation Genre?" *Journal of Biblical*

Literature 90(1971) : 31–41.

Miller, Patrick D. *The Divine Warrior in Early Israel*. Cambridge, Mass. : Harvard University Press, 1973.

______. *Deuteronomy*. Interpretation : A Bible Commentary for Teaching and Preaching. Louisville, Ky. : John Knox Press, 1990.

Nelson, Richard D. *The Historical Books*. Nashville : Abingdon Press, 1998.

______. *Joshua, A Commentary*. Old Testament Library. Louisville, Ky. : Westminster John Knox Press, 1997.

______. "Josiah in the Book of Joshua." *Journal of Biblical Literature* 100(1981) : 531–540.

Niditch, Susan. *War in the Hebrew Bible : A Study in the Ethics of Violence*. New York : Oxford University Press, 1993.

Noort, Ed. *Das Buch Josua : Forschungsgeschichte und Problemfelder*. Darmstadt : Wissenschaftliche Buchgesellschaft, 1998.

Olson, Dennis T. *Deuteronomy and the Death of Moses : A Theological Reading*. Overtures to Biblical Theology. Minneapolis : Fortress Press, 1994.

______. *Numbers*. Interpretation : A Bible Commentary for Teaching and Preaching. Louisville, Ky. : John Knox Press, 1996.

Origen. *Homélies sur Josué*. Sources Chrétiennes, no. 71. Paris : Tour–Maubourg, 1960.

Paine, Thomas. *The Age of Reason*. Secaucus, N.J. : Citadel Press, 1997.

Parsons, Wilfrid, S. N. D., trans. *The Fathers of the Church*, Vol. 32 : *Saint Augustine : Letters*, Vol. 5(204–270). New York : Fathers of the Church, Inc., 1956.

Perdue, Leo G., Joseph Blenkinsopp, John J. Collins, and Carol Meyers. *Families in Ancient Israel*. The Family, Religion, and Culture Series. Louisville, Ky. : Westminster John Knox Press, 1997.

Polzin, Robert. *Moses and the Deuteronomist : A Literary Study of the Deuteronomistic History*. New York : Seabury Press, 1980.

Pritchard, J. B., ed. *Ancient Near Eastern Texts Relating to the Old Testament*. 3d ed. Princeton, N. J. : Princeton University Press,

1969.

Rad, Gerhard von. *Old Testament Theology*. Vol. 1, *The Theology of Israel's Historical Traditions*. New York : Harper & Row, 1962.

Schroeder, Christoph O. *History, Justice, and the Agency of God : A Hermeneutical and Exegetical Investigation on Isaiah and Psalms*. Biblical Interpretation Series, vol. 52. Leiden : Brill, 2000.

Smend, Rudolf. "Das Gesetz und die Völker : Ein Beitrag zur deuteronomistischen Redactionsgeschichte." In *Probleme biblischer Theologie*. Edited by Hans Walter Wolff. Munich : Chr. Kaiser Verlag, 1971, pp. 494–509.

Soggin, J. Alberto. *Joshua, A Commentary*. Old Testament Library. Philadelphia : Westminster Press, 1972.

Spurgeon, Charles Haddon. *The Treasury of the Bible*. Vol. 1. Grand Rapids : Baker Book House, 1981.

Stone, Lawson G. "Ethical and Apologetic Tendencies in the Redaction of the Book of Joshua." *The Catholic Biblical Quarterly* 53(1991) : 25–36.

Terrien, Samuel. *The Elusive Presence : Toward a New Biblical Theology*. San Francisco : Harper & Row, 1978.

Van Seters, John. *In Search of History*. Louisville, Ky. : Westminster John Knox Press, 1982.

______. "Joshua's Campaign of Canaan and Near Eastern Historiography." *Scandinavian Journal of the Old Testament* 2(1990) : 1–12.

Verhey, Allen D. "The Holy Bible and Sanctified Sexuality : An Evangelical Approach to Scripture and Sexual Ethics." *Interpre- tation* 49(1995, no. 1) : 31–45.

Wesley, John. *John Wesley's Commentary on the Bible*. Edited by G. Roger Schoenhals. Grand Rapids : Francis Asbury Press, 1990.